Coleção
TEMAS DE DIREITO ADMINISTRATIVO

AGÊNCIAS REGULADORAS

Coleção
TEMAS DE DIREITO ADMINISTRATIVO

Direção de
Celso Antônio Bandeira de Mello

1. DA CONVALIDAÇÃO E DA INVALIDAÇÃO DOS ATOS ADMINISTRATIVOS – *Weida Zancaner*
2. CONCESSÃO DE SERVIÇO PÚBLICO NO REGIME DA LEI 8.987/95. CONCEITOS E PRINCÍPIOS – *Benedicto Porto Neto*
3. OBRIGAÇÕES DO ESTADO DERIVADAS DE CONTRATOS INVÁLIDOS – *Jacintho de Arruda Câmara*
4. SANÇÕES ADMINISTRATIVAS – *Daniel Ferreira*
5. REVOGAÇÃO DO ATO ADMINISTRATIVO – *Daniele Coutinho Talamini*
6. O SERVIÇO PÚBLICO E A CONSTITUIÇÃO BRASILEIRA DE 1988 – *Dinorá Adelaide Musetti Grotti*
7. TERCEIRO SETOR – *Sílvio Luís Ferreira da Rocha*
8. A SANÇÃO NO DIREITO ADMINISTRATIVO – *Heraldo Garcia Vitta*
9. LICITAÇÃO NA MODALIDADE DE PREGÃO (Lei 10.520, de 17 de julho de 2002) – *Vera Scarpinella*
10. O PROCESSO ADMINISTRATIVO E A INVALIDAÇÃO DE ATOS VICIADOS – *Mônica Martins Toscano Simões*
11. REMUNERAÇÃO DOS SERVIÇOS PÚBLICOS – *Joaana Paula Batista*
12. AS AGÊNCIAS REGULADORAS. O Estado Democrático de Direito no Brasil e sua Atividade Normativa – *Marcelo Figueiredo*
13. AGÊNCIAS REGULADORAS – *Alexandre Mazza*

ALEXANDRE MAZZA

AGÊNCIAS REGULADORAS

AGÊNCIAS REGULADORAS
© ALEXANDRE MAZZA

ISBN: 85-7420-587-7

Direitos reservados desta edição por
MALHEIROS EDITORES LTDA.
Rua Paes de Araújo, 29, conjunto 171
CEP 04531-940 — São Paulo — SP
Tel.: (0xx11) 3078-7205
Fax: (0xx11) 3168-5495
URL: www.malheiroseditores.com.br
e-mail: malheiroseditores@zaz.com.br

Composição
Acqua Estúdio Gráfico Ltda.

Capa
Criação: Vânia Lúcia Amato
Arte: PC Editorial Ltda.

Impresso no Brasil
Printed in Brazil
01.2005

*À Tatiana,
presente de Deus
na minha vida.*

AGRADECIMENTOS

A Deus, pela vida.
Aos meus pais, Isabel e Lúcio, e ao meu irmão, William (baleiro),
pelo incentivo e apoio que nunca faltaram.
Ao meu orientador, Celso Antônio Bandeira de Mello,
mestre inigualável do Direito Administrativo brasileiro, pela dedicação
e paciência na orientação deste trabalho e, mais ainda, pelo emocionante
exemplo de patriotismo e coragem na defesa dos interesses brasileiros.
Aos professores José Eduardo Cardozo, Weida Zancaner,
Leda Mota e Maria Inês Issa, pelas lições inesquecíveis
e por tudo aquilo que já fizeram por mim.
Aos amigos Flávio Caetano, Marcos Mateus, Ivan Neves,
Ricardo Cury e Davi de Moraes.
E, principalmente, à Tatiana, pelo amor, incentivo,
inteligência e sensibilidade, que tornaram minha vida
e a realização deste trabalho mais alegres.

PREFÁCIO

A nomenclatura *agências reguladoras* entrou na legislação brasileira e assumiu relevo ante o fato de que, nos últimos anos, uma servil e apatetada imitação de modelos de organização administrativa alienígenos, visivelmente inconviventes com os pilares estruturantes do sistema jurídico pátrio, encontrou ingênuos e incautos admiradores. Este desastroso evento, que vem servindo de capa para acobertar os igualmente desastrosos resultados da privatização, até o momento e com raras e honrosas exceções, só tem suscitado uma produção "teórica" laudatória, ou pelo menos insossa, superficial, nutrida de obviedades, que em nada contribui para advertir contra os perigos e inconstitucionalidades que tais sujeitos carregam em seu bojo. Por isto, não dão conta dos verdadeiros problemas técnico-jurídicos que suscitam. É óbvio que os que tem escapado destes reparos merecem os maiores elogios.

O livro do Professor ALEXANDRE MAZZA – sua Dissertação de Mestrado, defendida com brilho na Faculdade de Direito da PUC/SP e cuja orientação não me custou trabalho algum –, é uma das exceções a que aludimos. Dentre todas, é possivelmente a mais direta, menos envolta em circunlóquios, menos tímida no que tem a dizer. Sem quaisquer rodeios, trata do assunto com absoluta simplicidade e rigor. Não se deixa envolver por simpatias ou preconceitos ideológicos e nem busca outra coisa senão aquele que é o único objeto do jurista enquanto tal: reconhecer o regime jurídico que cabe a tais pessoas tendo em vista as exigências do sistema constitucional brasileiro.

Bom exemplo disto é a afirmação singelíssima, dir-se-ia mesmo óbvia, mas de cirúrgica precisão (e que ninguém faz ao propósito destas agências), que o Autor toma como ponto de base para examinar as possibilidades normativas destes sujeitos, qual seja, a de que o art. 84, IV, da Constituição Federal, confere ao Presidente da República *com-*

petência privativa para regulamentar as leis. Como os regulamentos existem para "fiel execução das leis", daí resulta a evidência (que nem todos querem ver) de que inovação na ordem jurídica depende de lei cuja regulamentação só pode ser feita pelo Chefe do Poder Executivo. Fora daí, evidentemente, só poderá se estribar em alguma reação especial travada com o Poder Público e que sirva ela própria de fonte de legitimação para o que venha a ser estabelecido sobre esta base, como ocorre, *exempli gratia*, com os contratos.

Este simples exemplo, parece-nos, basta para apresentar o excelente trabalho do Professor ALEXANDRE MAZZA, cuja leitura empenhadamente recomendo aos estudiosos de Direito Administrativo. Entre tantas estradas tortuosas que abicam em maus resultados, esta é uma avenida bem pavimentada com conceitos jurídicos sólidos e que conduz o transeunte a bom termo.

CELSO ANTÔNIO BANDEIRA DE MELLO

SUMÁRIO

PREFÁCIO DO PROF. CELSO ANTÔNIO BANDEIRA DE MELLO 7
INTRODUÇÃO 15

1. **CONCEITO DE AGÊNCIA REGULADORA E ENTIDADES AFINS**
   1.1 A QUESTÃO TERMINOLÓGICA 29
   1.2 CONCEITUAÇÃO 34
       1.2.1 Sobre o processo de conceituação jurídica 34
       1.2.2 À procura de um conceito 35
       1.2.3 Conceitos apresentados pela doutrina nacional 38
       1.2.4 Nosso conceito 39
       1.2.5 Análise do conceito 39
   1.3 ENTIDADES AFINS 40
       1.3.1 Agências executivas 40
       1.3.2 Autarquias comuns 42
       1.3.3 Banco Central 43
       1.3.4 Conselho Administrativo de Defesa Econômica 45
       1.3.5 Agência Espacial Brasileira 46
       1.3.6 Conselho Monetário Nacional 47
       1.3.7 Agência Brasileira de Inteligência 48
       1.3.8 Organizações sociais 48
       1.3.9 Organizações da sociedade civil de interesse público (Oscips) 50

2. **AGÊNCIAS REGULADORAS NO BRASIL E NO EXTERIOR**
   2.1 O ESTADO REGULADOR NO BRASIL 53
   2.2 HISTÓRIA E ATRIBUIÇÕES DAS AGÊNCIAS REGULADORAS BRASILEIRAS 55
       2.2.1 Aneel 55
       2.2.2 Anatel 58

2.2.3 ANP 60
2.2.4 ANS 62
2.2.5 ANA 66
2.2.6 Anvisa 68
2.2.7 ANTT 70
2.2.8 Antaq 71
2.2.9 Ancine 72
2.2.10 ADA 73
2.2.11 Adene 74
2.2.12 CVM 74
2.3 AGÊNCIAS REGULADORAS ESTADUAIS E MUNICIPAIS 75
2.4 CLASSIFICAÇÃO DAS AGÊNCIAS REGULADORAS 76
2.5 DIREITO COMPARADO 77
 2.5.1 Estados Unidos 77
 2.5.2 França 79
 2.5.3 Inglaterra 80
 2.5.4 Argentina 80

3. NATUREZA AUTÁRQUICA DAS AGÊNCIAS REGULADORAS
3.1 CONSIDERAÇÕES GERAIS 82
3.2 INEVITABILIDADE DA NATUREZA AUTÁRQUICA DAS AGÊNCIAS
 REGULADORAS 83
3.3 CONCEITO DE AUTARQUIA 85
 3.3.1 A origem do termo e a sua utilização no exterior 85
 3.3.2 Espécies e fundamentos políticos das autarquias
   brasileiras 87
 3.3.3 Bases legislativas do conceito de autarquia 88
 3.3.4 O conceito de autarquia segundo os doutrinadores
   nacionais 89
 3.3.5 Análise dos elementos conceituais 90
   3.3.5.1 Autarquias como pessoas jurídicas de
      Direito Público 91
   3.3.5.2 Autarquias como pessoas jurídicas criadas
      por lei 93
   3.3.5.3 Autarquias como pessoas jurídicas com
      capacidade de auto-administração 95
   3.3.5.4 Autarquias como pessoas jurídicas que
      exercem atividades próprias do Estado 95
3.4 CRIAÇÃO, INSTITUIÇÃO E EXTINÇÃO DAS AGÊNCIAS
 REGULADORAS 96

SUMÁRIO 11

3.4.1 Criação das agências reguladoras 97
    3.4.1.1 O sentido da expressão "lei específica" 97
    3.4.1.2 Agências reguladoras criadas por medida
    provisória 101
3.4.2 Instituição das agências reguladoras 104
3.4.3 Prazo de duração das agências reguladoras 105
3.4.4 Extinção das agências reguladoras 105

4. DEVERES E PRIVILÉGIOS DAS AGÊNCIAS REGULADORAS
4.1 AGÊNCIAS REGULADORAS E REGIME JURÍDICO-
ADMINISTRATIVO 108
4.2 SUPREMACIA DO INTERESSE PÚBLICO SOBRE O PRIVADO 108
    4.2.1 Privilégios das agências reguladoras 109
        4.2.1.1 Natureza dos atos praticados pelas
        agências 109
            4.2.1.1.1 Presunção de legalidade ou
            presunção de legitimidade 110
            4.2.1.1.2 Presunção de veracidade 111
            4.2.1.1.3 Imperatividade 112
            4.2.1.1.4 Exigibilidade 112
            4.2.1.1.5 Auto-executoriedade 112
        4.2.1.2 Imunidade tributária 113
        4.2.1.3 Prescrição qüinqüenal 114
        4.2.1.4 Execução especial de seus créditos 115
        4.2.1.5 Ação regressiva contra os agentes
        causadores dos danos 116
        4.2.1.6 Impenhorabilidade de bens e de rendas 117
        4.2.1.7 Imprescritibilidade de bens 117
        4.2.1.8 Gratuidade dos atos processuais 117
        4.2.1.9 Juízo privativo da entidade estatal a que
        pertencem 118
        4.2.1.10 Citações, intimações e notificações devem
        ser feitas pessoalmente 119
        4.2.1.11 Prazos processuais multiplicados 119
        4.2.1.12 Dispensa de mandato 119
        4.2.1.13 Inaplicabilidade dos efeitos da revelia 119
        4.2.1.14 Reexame necessário 120
        4.2.1.15 Privilégios processuais previstos na Lei
        n. 9.494/1997 120
        4.2.1.16 Não-sujeição a concurso de credores 121

4.2.1.17 Retomada de bens havidos ilicitamente 122
4.2.1.18 Prazo especial para desocupação de bens 123
4.2.1.19 Possibilidade de promover desapropriações
ou delas se beneficiar 123
4.2.1.20 Natureza pública dos contratos celebrados ... 124
4.2.1.21 Outros privilégios 125
4.3 INDISPONIBILIDADE DOS INTERESSES PÚBLICOS 125
    4.3.1 Sujeição das agências reguladoras aos princípios
        do Direito Administrativo 126
        4.3.1.1 Princípio da legalidade 128
        4.3.1.2 Princípio da finalidade 130
        4.3.1.3 Princípio da razoabilidade 131
        4.3.1.4 Princípio da proporcionalidade 132
        4.3.1.5 Princípio da obrigatória motivação 134
        4.3.1.6 Princípio da impessoalidade 136
        4.3.1.7 Princípio da publicidade 137
        4.3.1.8 Princípios do devido processo legal, do
                contraditório e da ampla defesa 139
        4.3.1.9 Princípio da moralidade 141
        4.3.1.10 Princípio do controle jurisdicional 141
        4.3.1.11 Princípio da responsabilidade 142
        4.3.1.12 Princípio da eficiência 142
        4.3.1.13 Princípio da segurança jurídica 144
        4.3.1.14 Dever de licitar 146
        4.3.1.15 Procedimentos financeiros 148

5. DIREÇÃO DAS AGÊNCIAS REGULADORAS
    5.1 CONSIDERAÇÕES GERAIS 149
    5.2 DIRETORIA COLEGIADA 150
        5.2.1 Quantidade de membros 150
        5.2.2 Competências 151
        5.2.3 Contrato de gestão 152
        5.2.4 Quóruns 153
    5.3 COMPOSIÇÃO DA DIRETORIA 154
        5.3.1 Forma de investidura 155
        5.3.2 Requisitos e impedimentos para a investidura 156
    5.4 MANDATO DO DIRIGENTE 159
        5.4.1 Duração 159
        5.4.2 Não-coincidência com o mandato do Chefe do
             Executivo 161

SUMÁRIO 13

    5.4.3   Impedimentos durante o exercício do mandato 162
    5.4.4   Extinção do mandato 164
          5.4.4.1   Término do prazo 165
          5.4.4.2   Renúncia 166
          5.4.4.3   Condenação judicial transitada em julgado 166
          5.4.4.4   Processo disciplinar 166
          5.4.4.5   Exoneração imotivada 167
          5.4.4.6   Outras formas 168
  5.5   VINCULAÇÃO TEMPORÁRIA DO EX-DIRIGENTE À AGÊNCIA 168
  5.6   ÓRGÃOS AFINS 169
    5.6.1   Conselho Consultivo 169
    5.6.2   Ouvidoria 170
    5.6.3   Procuradoria 171
    5.6.4   Corregedoria 171
    5.6.5   Auditoria 171

6.   DEVER NORMATIVO DAS AGÊNCIAS REGULADORAS
  6.1   CONSIDERAÇÕES GERAIS 172
  6.2   DEVER NORMATIVO OU PODER NORMATIVO? 173
  6.3   DEVER NORMATIVO E NORMA JURÍDICA 174
  6.4   NATUREZA ADMINISTRATIVA DAS NORMAS EXPEDIDAS PELAS
       AGÊNCIAS REGULADORAS 176
  6.5   CLASSIFICAÇÃO FORMAL DAS NORMAS JURÍDICO-
       ADMINISTRATIVAS 177
    6.5.1   Normas jurídico-administrativas gerais e abstratas
          (regulamentos) 178
          6.5.1.1   Privatividade da competência
                     regulamentar 180
    6.5.2   Normas jurídico-administrativas gerais e concretas 181
    6.5.3   Normas jurídico-administrativas plurais e
          abstratas 181
    6.5.4   Normas jurídico-administrativas plurais e
          concretas 181
    6.5.5   Normas jurídico-administrativas individuais
          e abstratas 181
    6.5.6   Normas jurídico-administrativas individuais
          e concretas 182
    6.5.7   Conclusões sobre a estrutura formal das normas
          administrativas editadas pelas agências
          reguladoras 182

6.6 EXTENSÃO DA COMPETÊNCIA NORMATIVA DAS AGÊNCIAS REGULADORAS 183
    6.6.1 *Extensão territorial* 183
    6.6.2 *Extensão temporal* 184
    6.6.3 *Extensão pessoal* 185
    6.6.4 *Extensão material* 187
    6.6.5 *Supremacia geral e supremacia especial* 187
6.7 PUBLICIDADE DOS ATOS NORMATIVOS 191
6.8 CONTROLE SOBRE O DEVER NORMATIVO DAS AGÊNCIAS REGULADORAS 191

7. RELAÇÕES DAS AGÊNCIAS REGULADORAS
7.1 CONSIDERAÇÕES GERAIS 192
7.2 REGIME DE PESSOAL DAS AGÊNCIAS REGULADORAS 193
    7.2.1 *Contratação temporária* 196
7.3 RELAÇÕES ENTRE AS AGÊNCIAS REGULADORAS E OS PARTICULARES 197
    7.3.1 *Usuários ou consumidores?* 198
    7.3.2 *Tributos arrecadados pelas agências reguladoras* 200
7.4 FORMAS DE CONTROLE SOBRE A ATUAÇÃO DAS AGÊNCIAS REGULADORAS 203
    7.4.1 *Controles exercidos pelo Poder Executivo* 203
    7.4.2 *Controles exercidos pelo Poder Legislativo* 204
    7.4.3 *Controles exercidos pelo Poder Judiciário* 204

CONCLUSÕES 205
BIBLIOGRAFIA 209

INTRODUÇÃO

As agências reguladoras foram criadas no Brasil a pretexto de modernizar e conferir maior eficiência à atuação do Estado em determinados setores. O termo "agências" não tem um significado preciso no Direito brasileiro. Entre nós, foi usado para batizar essas novas entidades por influência da terminologia jurídica corrente nos Estados Unidos, onde é largamente utilizado como sinônimo de órgãos públicos. O qualificativo "reguladoras", retirado da linguagem econômica e de vaga significação para o Direito, sugere competências voltadas a normatizar, controlar e fiscalizar.

No âmbito federal a primeira foi a Aneel (Agência Nacional de Energia Elétrica), criada pela Lei n. 9.427, de 26 de dezembro de 1996, e instituída pelo Decreto n. 2.235/1997, sob a forma de autarquia com regime especial, tendo como atribuições "regular e fiscalizar a produção, transmissão, distribuição e comercialização de energia elétrica, em conformidade com as políticas e diretrizes do governo federal" (art. 2º da referida lei).

Depois vieram a Anatel (Agência Nacional de Telecomunicações – Lei n. 9.472/1997 e Decreto n. 2.338/1997), a ANP (Agência Nacional do Petróleo – Lei n. 9.478/1997 e Decreto n. 2.455/1998), a ANS (Agência Nacional de Saúde Suplementar – Lei n. 9.961/ 2000 e Decreto n. 3.327/2000), a ANA (Agência Nacional de Águas – Lei n. 9.984/2000 e Decreto n. 3.692/2000), a Anvisa (Agência Nacional de Vigilância Sanitária – Lei n. 9.782/1999 e Decreto n. 3.029/1999), a ANTT (Agência Nacional de Transportes Terrestres – Lei n. 10.233/2001 e Decreto n. 4.130/2002) e a Antaq (Agência Nacional de Transportes Aquaviários – Lei n. 10.233/2001 e Decreto n. 4.122/2002), além da Ancine (Agência Nacional do Cinema, criada inconstitucionalmente[1] pela Medida Provisória n. 2.219/2001 – atualmente Medida Provisória n. 2.228-1, de 6.9.2001), da ADA (Agência de Desenvolvimento da Amazônia – criada pela Medida Provisória n. 2.145, atualmente MP 2.157-5, de 24.8.2001) e da Adene (Agência de Desenvolvimento do Nordeste – criada pela Medida Provisória n. 2.145, atualmente MP 2.156-5, de 24.8.2001).

As áreas em que atuam são bastante diversificadas:[2] a) controle de serviços públicos concedidos (Aneel, Anatel, ANTT e Antaq); b) fomento (Ancine, ADA e Adene); c) controle, contratação e fiscalização da indústria do petróleo (ANP); d) poder de polícia (Anvisa e ANS); e) fiscalização do uso de bem público (ANA).

Muitos Estados-membros e Municípios também aderiram à novidade. Na maioria dos casos foram criadas "superagências" dotadas de competência genérica, de modo que uma única entidade possa atuar simultaneamente em mais de uma área como, por exemplo, a Agência Estadual de Regulação de Serviços Públicos de Energia, Transportes e Telecomunicações da Bahia (Agerba) – o que colide com o princípio da especialização das autarquias.

A intervenção estatal nos setores hoje regulados pelas agências não representa inovação alguma pois praticamente todas suas funções já eram desempenhadas por outras entidades, tais como: a) DNAEE – Departamento Nacional de Águas e Energia Elétrica (Aneel); b) Ministério das Comunicações (Anatel); c) Ministério de Minas e Energia e DNC – Departamento Nacional de Combustíveis (ANP); d) Secretaria de Vigilância Sanitária (Anvisa); e) Ministério da Saúde e Fundação Nacional da Saúde (ANS); f) Ministério do Meio Ambiente (ANA); g) Cofer – Comissão Federal de Transportes Ferroviários, DNER – Departamento Nacional de Estradas de Rodagem e Geipot – Empresa Brasileira de Planejamento de Transportes (ANTT e Antaq).

As diversas atividades atualmente desenvolvidas pelas agências reguladoras estão catalogadas no rol de deveres do Estado e sujeitas ao regime de Direito Público. Assim, as agências brasileiras, pelas funções

---

1. A Ancine, a ADA e a Adene, assim como as demais agências reguladoras brasileiras, são autarquias e, por isso, deveriam ter sido criadas por lei e não por medida provisória (art. 37, XIX, da Constituição Federal).
2. Celso Antônio Bandeira de Mello, *Curso de Direito Administrativo*, p. 157.

que exercem, só poderiam mesmo ter natureza autárquica: única entidade administrativa descentralizada apta a personificar o controle sobre serviços públicos concedidos, o exercício do poder de polícia e o fomento. O estatuto geral das autarquias é o próprio regime jurídico-administrativo aplicado quando o Estado atua descentralizadamente. Por isso, a natureza das agências atrai a incidência obrigatória de um complexo normativo comum a toda autarquia, e que confere identidade jurídica a esse tipo de pessoa pública, de modo que o legislador, ao criá-las, não está inteiramente livre para definir quais as regras que lhes são aplicáveis.

Entretanto, o direito das agências não foi elaborado a partir das diretrizes constitucionais mas, apesar delas.

A título de exemplo, entre tantos outros, podem ser mencionados os seguintes casos de afronta ao Texto Constitucional: a) previsão de regime empregatício para o quadro de agentes públicos; b) possibilidade de contratação temporária, fora das hipóteses fixadas na Lei n. 8.745/1993, de pessoal técnico pelo prazo de até trinta e seis meses; c) atribuição de competência regulamentar às agências, a despeito do teor do art. 84, IV, da Constituição Federal; d) capacidade tributária para arrecadar taxas de polícia cuja base de cálculo não guarda relação com o custo da atividade fiscalizatória efetivamente exercida; e) estabelecimento do pregão e da consulta como modalidades licitatórias passíveis de utilização para contratar o fornecimento de quaisquer bens ou serviços.

Isso sem falar no grau acentuado de autonomia atribuído às agências, produto do chamado *regime especial*, um conjunto de características que tem dificuldades para ajustar-se ao sistema presidencialista brasileiro, originando tensões políticas e instabilidade. A fórmula de dirigentes com mandatos fixos e que não podem ser exonerados imotivadamente faz algum sentido em regimes parlamentaristas como proteção frente às constantes alterações na chefia do governo, ou, então, como mecanismo garantidor da independência funcional de certas instituições que, pela natureza de suas atividades, têm, na plena autonomia, a própria razão de sua existência: é o caso das Universidades, dos Tribunais de Contas e do Ministério Público.

No entanto, o mais crítico dos problemas reside na não-coincidência do mandato dos dirigentes com o mandato do Chefe do Executivo. Essa circunstância possibilita, por exemplo, que os dirigentes indicados por um Presidente da República permaneçam ocupando, durante parte do mandato do Presidente seguinte, cargos da maior importância para a condução da política nacional, em flagrante desrespeito à soberania popular e ao princípio republicano.

Portanto, sob a ótica do ordenamento jurídico brasileiro as agências reguladoras representam muito mais um problema do que uma solução.

Por que então esse modelo foi adotado entre nós?

A resposta para essa pergunta fundamental não é encontrada dentro das fronteiras do mundo jurídico. Não obstante o objetivo central deste trabalho seja a análise do regime jurídico das agências, sentimo-nos obrigados a fazer breves considerações sobre as causas extrajurídicas responsáveis pela criação dessas entidades, entre outras razões, para que não se cometa o equívoco, aliás freqüente, de tomar esse novo modelo como uma inevitabilidade histórica ou como algo irreversível.

Neoliberalismo

Dá-se o nome de "neoliberalismo" à teoria econômica que defende: a) hegemonia nas esferas política e econômica de uma maior liberdade para as forças de mercado; b) menor intervenção do Estado; c) desregulamentação; d) privatização do patrimônio público; e) preferência revelada pela propriedade privada; f) abertura para o exterior; g) ênfase na competitividade internacional; h) menor compromisso com a proteção social.[3]

Historicamente, a pregação neoliberal ganhou força com a derrocada do império comunista e a afirmação dos Estados Unidos como potência capitalista hegemônica.

Durante o período da "guerra fria" o planeta presenciou o confronto permanente entre duas visões de mundo radicalmente distintas, que se contrapunham não apenas quanto a temas políticos e econômicos, mas também colocavam em disputa pontos de vista antagônicos a respeito de diversos aspectos da vida em sociedade. Tratava-se, em

3. Reinaldo Gonçalves, *Globalização e Desnacionalização*, p. 205.

última análise, da oposição entre duas concepções absolutas sobre o mundo, tese e antítese uma da outra.

As conseqüências política, cultural, econômica, entre outros aspectos, dessa confrontação de idéias ainda não puderam ser aferidas com precisão, mas não seria exagero afirmar que poucas vezes um ambiente histórico foi tão frutífero, tão rico em experiências, tão propício para sonhos e frustrações na história do homem, quanto as décadas da "guerra fria".

Com o fim do império soviético e o esfacelamento do mundo comunista, as constantes disputas "esquerda *versus* direita", "economia planificada *versus* livre mercado", perderam a dimensão prática até então existente e um clima de apatia atingiu a intelectualidade,[4] havendo mesmo quem proclamasse o "fim da história", "o fim da utopia" ou o "fim das ideologias"[5] para se referir a um suposto esgotamento do marxismo diante dos horrores do comunismo soviético e do sucesso do capitalismo liberal.

Oportunas as palavras de Celso Antônio Bandeira de Mello: "tal campanha (a globalização) foi ensejada por uma oportunidade histórica que os interessados não deixaram passar, a saber: com a implosão da União Soviética deixou de existir a bipolaridade mundial que,

---

4. Isso é algo para lamentar, pois, "numa era de resignação e cansaço políticos, o espírito utópico continua sendo mais necessário do que nunca. Não evoca prisões nem programas, mas a idéia de solidariedade e felicidade humanas. 'Alguma coisa está faltando'. Ernst Bloch citava esta frase de Mohagonny, de Bertold Brecht, como chave do impulso utopista. E alguma coisa está realmente faltando. Uma luz se apagou. Privado de expectativas, o mundo torna-se frio e cinzento" (Russel Jacoby, *O Fim da Utopia*, p. 235).

5. Russel Jacoby é o criador da expressão "Era da Apatia", que, aliás, é parte do subtítulo de seu interessante livro *O Fim da Utopia – Política e Cultura na Era da Apatia*. Nessa mesma obra, o autor menciona "fim da história" como sendo invenção de Francis Fukuyama (cf. *O Fim da História e o Último Homem*). Já "fim das ideologias", ainda segundo Jacoby, é expressão que pode ter sido empregada inicialmente por Albert Camus, num artigo escrito em 1946 (ob. cit., p. 17). No mesmo sentido, H. Marcuse: "Este fim da utopia, ou seja, a recusa das idéias e das teorias que ainda se servem de utopias para indicar determinadas possibilidades histórico-sociais, podemos hoje concebê-lo, em termos bastante precisos, também como fim da história: isto é, no sentido de que as novas possibilidades de uma sociedade humana e de seu ambiente não podem mais ser imaginados como prolongamento das velhas, nem tampouco serem pensadas no mesmo *continuum* histórico" (*O Fim da Utopia...*, pp. 13-14).

além de concorrer para minorar descomedimentos políticos de cada um dos blocos, cumpria uma outra função fundamental: a de bloquear a desenfreada expansão das aspirações de quaisquer dos lados. É que o confronto de idéias provindas dos dois centros produtores de ideologias antagônicas, tanto gerava uma área de fricção, de per si desgastadora de seus extremismos, como, e sobretudo, produzia um natural convite à crítica de ambas, concorrendo para a busca da síntese resultante de tal dialética".

E conclui: "Uma vez livres de qualquer contestação ou contenção, e exorcizado o receio de que os órfãos das benesses do desenvolvimento capitalista pudessem ser um fator inquietante do equilíbrio mundial, as forças nele dominantes puderam exibir sua face oculta e sem qualquer contraponto ideológico propagar tudo que lhes convinha, seja para debilitar as conquistas sociais em todo o mundo, seja para que lhes fossem irrestritamente franqueados os mercados dos países subdesenvolvidos, dos quais, inclusive, no campo dos serviços públicos, expulsaram os Estados nacionais, que até então preenchiam tal espaço e o tinham como reservado".[6]

Nesse ambiente histórico único, os países desenvolvidos, liderados pelos Estados Unidos, puderam expandir sua hegemonia econômica sobre o mundo sem grandes contestações. À moda dos mecanismos modernos de dominação, começaram a surgir teorias com verniz acadêmico veladamente voltadas a propiciar a abertura irrestrita dos mercados internos à ação das empresas transnacionais. Além disso, a obtenção de empréstimos junto a instituições financeiras, como o FMI e o Banco Mundial, ficou vinculada ao acatamento de cartilhas que, sob o mote da modernização, obrigavam especialmente os países subdesenvolvidos a romper monopólios estatais, preparando caminho para o ingresso das grandes empresas internacionais no novo mercado dos serviços públicos e também na exploração mineral e de hidrocarbonetos.

Uma dessas cartilhas foi o chamado "Consenso de Washington", cujas lições podem assim ser resumidas:[7] a) disciplina orçamentária; b)

---

6. *Curso* ..., cit., p. 44, nota 20.
7. J. F. M. Serrano (acesso em 24.8.2002), *El "Consenso de Washington" – Paradigma Econômico do Capitalismo Econômico?* <http://www.fespinal.com/espinal/realitat/pap/pap46.htm>.

alteração nas prioridades de gasto público (ênfase nas áreas de saúde, educação e infra-estrutura); c) reforma fiscal; d) liberalização financeira; e) busca e manutenção de câmbio flutuante; f) liberalização comercial; g) abertura para investimentos externos diretos; h) privatizações; i) desregulamentações; j) garantia dos direitos de propriedade.

De acordo com João Paulo de Almeida Magalhães: "o neoliberalismo, no que se refere aos países subdesenvolvidos, tem como fundamento o chamado Consenso de Washington, decididamente apoiado pelo FMI e pelo Banco Mundial. Trata-se de documento divulgado em 1990 e que pretende definir o comportamento desejável das economias retardatárias. Parte dele, de forma doutrinária, neutra, limita-se a listar pressupostos básicos de qualquer política de desenvolvimento, tais como equilíbrios monetário, fiscal e cambial. O matiz ideológico surge na proposta de irrestrita abertura às importações e ao capital estrangeiro, complementada pela defesa do mercado como regulador exclusivo da economia".[8]

O Consenso de Washington cumpre dupla função: para os subdesenvolvidos fixa as metas exigidas dos países que pretendem atrair investimentos e contrair empréstimos internacionais; para os países desenvolvidos representa um rol de medidas que potencializam oportunidades de lucro e impedem o surgimento de novos adversários na economia mundial.

No caso brasileiro, a adesão político-ideológica do governo Fernando Henrique Cardoso ao Consenso de Washington exigiu a adoção de providências práticas contrárias à Constituição Federal, que não permitia o acesso do grande capital estrangeiro à exploração das riquezas naturais e ao cobiçado setor dos serviços públicos. E não eram dois ou três dispositivos que impediam tal abertura econômica mas todo o modelo de Estado pressuposto pelo ordenamento jurídico pátrio e assentado em um conjunto de diretrizes e normas constitucionais. A começar pelos princípios fundamentais da República Federativa Brasileira (Título I). O art. 1º inaugura o rol de fundamentos da República com o princípio da soberania nacional (inc. I), valor reafirmado também como princípio geral da ordem econômica (art. 170, I). No art. 3º, a garantia do desenvolvimento nacional (inc. II), a erradi-

8. *Brasil Século XXI, uma Alternativa ao Modelo Neoliberal*, p. 17.

cação da pobreza e redução das desigualdades sociais (inc. III) e a promoção do bem de todos (inc. IV) são definidos como objetivos fundamentais da República Federativa do Brasil (*caput*). Havia ainda previsão de: a) tratamento favorecido para empresas brasileiras de capital nacional (art. 170, IX, antes da Emenda n. 6/1995); b) monopólio estatal sobre a pesquisa, lavra, refinação, importação e transporte de petróleo e derivados (art. 177, antes da Emenda n. 9/1995); c) exclusividade estatal no serviço de gás canalizado (art. 25, § 2º, antes da Emenda n. 5/1995), na telefonia e nas telecomunicações (art. 21, XI, antes da Emenda n. 8/1995).

Ou seja, a Constituição Federal de 1988 privilegiou claramente uma concepção de Estado soberano e intervencionista, voltado a reduzir as desigualdades sociais por meio inclusive da prestação direta de serviços públicos: a antítese, portanto, do modelo descrito no Consenso.

Alguns anos antes, sob o governo de Fernando Collor – menos de dois anos após a promulgação do Texto Constitucional – foi instituído, pela Lei n. 8.031/1990, o Programa Nacional de Desestatização (PND), que, cinco anos mais tarde, já na era Fernando Henrique, deflagraria um processo de privatizações sustentado por sucessivas emendas constitucionais e abertamente tendente a eliminar quaisquer normas jurídicas que embaraçassem a satisfação dos interesses econômicos envolvidos.

Antes de seguirmos nessas considerações, convém abrir um breve parêntese a fim de analisar alguns itens específicos no processo de privatizações.

Privatização e desmonte do Estado brasileiro

O primeiro passo necessário para a compreensão do alcance e significação da onda de privatizações que desfigurou a Constituição de 1988 é de ordem terminológica. Isso porque o termo "privatização" pode ser empregado em várias acepções.

Por parecer um roteiro bastante completo, transcreveremos os cinco sentidos indicados por Paulo Otero:[9] a) privatização como um

---

9. *Privatizações, Reprivatizações e Transferências de Participações Sociais no Interior do Sector Público*, pp. 11-13.

processo de desregulação, devolvendo à sociedade civil o poder de auto-regulação; b) privatização no sentido de sujeitar entidades públicas a certas regras de direito privado; c) privatização enquanto transformação de entidades com personalidade de direito público em pessoas de direito privado; d) privatização querendo significar a delegação da prestação de serviços públicos a particulares (concessionários); e) privatização denotando a abertura do capital de entidades públicas à iniciativa privada.

Ainda segundo o mesmo autor, "numa acepção genérica, pode começar por dizer-se que 'privatizar' é sempre tornar privado algo que antes não o era, designando o termo privatização o conteúdo de uma política ou orientação decisória que tende a reduzir a actuação dos poderes públicos, remetendo para o sector privado ou para os seus agentes certas áreas ou zonas até então objeto de intervenção pública".[10]

Para Maria Sylvia Zanella Di Pietro haveria fundamentalmente dois sentidos para o termo "privatizar": o primeiro, mais amplo, abarcando todas as medidas adotadas com o objetivo de diminuir o tamanho do Estado; o segundo, restrito, abrange apenas a transferência de ativos ou de ações de empresa estatal para o setor privado.[11]

Conciliando as duas visões podemos concluir pela existência de seis acepções principais para o vocábulo: 1) privatização-desregulação; 2) privatização-delegação; 3) privatização-sujeição-a-certas-regras-de-direito-privado; 4) privatização-transformação-em-pessoa-de-direito-privado; 5) privatização-abertura-de-capital; 6) privatização-venda.

Privatização-desregulação: o Estado diminui os controles normativos sobre determinado setor ampliando a esfera de autonomia da vontade dos indivíduos.

Privatização-delegação: transfere-se a particulares a prestação de serviços públicos sem que se altere sua titularidade, como ocorre nas concessões e permissões.

Privatização-sujeição-a-certas-regras-de-direito-privado: hipóteses de flexibilização do regime jurídico de certas entidades de Direito Público, com a adoção de normas próprias do Direito Priva-

---

10. *Privatizações*..., cit., p. 11.
11. *Parcerias na Administração Pública*, pp. 15-17.

do. É o que se tentou fazer no Brasil com o regime jurídico do pessoal das agências reguladoras, tema a ser tratado oportunamente.

Privatização-transformação-em-pessoa-de-direito-privado: dá-se na eventualidade de órgão da administração direta ou pessoa jurídica de Direito Público ser transformada em pessoa jurídica de Direito Privado.

Privatização-abertura-de-capital: negociação com privados de parte do capital social de uma entidade pertencente ao Estado.

Privatização-venda: casos em que uma entidade estatal passa ao domínio da iniciativa privada por meio de alienação.

Esses são, portanto, seis sentidos possíveis para o termo "privatização", cada um refletindo diferente grau de intensidade na abertura do Estado ao capital privado.

No Brasil, as sucessivas emendas constitucionais aprovadas a partir de 1995, ora implementaram privatização-delegação – como nos setores do petróleo, telecomunicações e gás canalizado –, ora lançaram mão da privatização-sujeição-a-certas-regras-de-direito-privado.

Tais emendas foram as seguintes:

Emenda Constitucional n. 5, de 15 de agosto de 1995: alterou o § 2º do art. 25, quebrando a exclusividade da prestação direta, pelos Estados-membros, dos serviços locais de gás canalizado ao abrir a possibilidade de concessão a empresas particulares (privatização-delegação).

Emenda Constitucional n. 6, de 15 de agosto de 1995: extinguiu o tratamento favorecido para as empresas brasileiras de capital nacional, especialmente quanto à pesquisa e à lavra de recursos minerais e ao aproveitamento dos potenciais de energia hidráulica (privatização-desregulação).

Emenda Constitucional n. 7, de 15 de agosto de 1995: abriu para embarcações estrangeiras, em determinadas condições, o transporte de mercadorias na cabotagem e a navegação interior (privatização-desregulação).

Emenda Constitucional n. 8, de 15 de agosto de 1995: eliminou a exclusividade estatal na prestação dos serviços de telecomunicações (privatização-delegação) e previu a criação de um órgão regulador para o setor (Anatel).

Emenda Constitucional n. 9, de 9 de novembro de 1995: quebrou o monopólio estatal das atividades de pesquisa e lavra das jazidas, refinação, importação, exportação e transporte de petróleo, bem como de gás natural e outros hidrocarbonetos fluidos (privatização-delegação). Determinou também a criação de um órgão de regulação para o setor do petróleo (ANP).

Após a promulgação dessa seqüência de emendas constitucionais, foram vendidas a grupos estrangeiros inúmeras empresas estatais – algumas muito lucrativas – por valores surpreendentemente subestimados. A dilapidação de todo esse patrimônio público deu-se por um processo bastante obscuro, repleto de escândalos e denúncias.

Do ponto de vista dos interesses nacionais, a onda de privatizações foi precipitada e desvantajosa. Sob a ótica da legalidade, perspectiva em geral relegada a um segundo plano, as reformas subverteram o modelo de Estado intervencionista, previsto na Constituição Federal como instrumento para preservação da soberania e construção de uma sociedade livre, justa e solidária (arts. 1º e 3º), sendo questionável se as profundas alterações causadas em nosso sistema constitucional não extrapolaram os limites do exercício tolerável do poder constituinte derivado.

Nesse ambiente surgiram as agências reguladoras brasileiras: concebidas e criadas sob a influência de uma cultura de desprezo pelo Direito, algo que está refletido nas incoerências e contradições presentes na legislação de tais entidades.

Globalização

Todo esse processo de venda do patrimônio público e abertura indiscriminada da economia ao capital estrangeiro, cujo caminho foi pavimentado pelas emendas constitucionais já citadas – e que culminou na criação das agências reguladoras –, não poderia ter ocorrido sem a eficiente colaboração de um certo discurso elaborado para convencer a opinião pública da urgência na implantação das reformas, conferindo aparente legitimidade e tornando-as inclusive mais palatáveis perante a comunidade jurídica e o Poder Judiciário – peças-chave para determinar o sucesso do empreendimento.

O discurso reformista supervalorizou elementos circunstanciais apresentados como justificativas para as medidas que "deveriam ser adotadas", relegando a um segundo plano os problemas jurídicos envolvidos.

Tal distorção retórica explorou temas como: 1) a ineficiência estatal – sempre analisada sob a ótica da Ciência da Administração e não do Direito; 2) um suposto autoritarismo inerente ao Direito Administrativo – estranho raciocínio que termina por desqualificar os controles exercidos sobre as funções públicas; e, sobretudo, 3) a questão da globalização – o mais comum pretexto empregado para legitimar as reformas.

Quanto aos dois primeiros recursos argumentativos – a ineficiência estatal e o Direito Administrativo autoritário – convém a essa altura apenas deixá-los indicados, pois exigiriam análise muito extensa para as pretensões desta obra.

Em relação ao tema da globalização, algo deve ser dito.

Em geral, entende-se por globalização o processo de crescente integração cultural, política e econômica dos países modernos.[12] Porém, segundo Celso Antônio Bandeira de Mello: "Evidentemente, as pessoas acostumadas profissionalmente ao exercício mental não tiveram dificuldade alguma em perceber que não havia relação alguma entre o desenvolvimento tecnológico, que se dizia ser inexoravelmente responsável pela 'globalização', e as providências político-econômicas que em nome dela eram propagadas como inevitáveis. Com efeito, o fato de ter havido notável progresso no campo da informática e das telecomunicações, que facilitou a rapidez dos contatos entre as pessoas e os Estados – e que foi, na verdade, a transformação significativa recente – não predicava logicamente nem a redução do papel do Estado na vida econômica e social, nem a franquia dos mercados para os grandes grupos econômicos, nem a liberação deles para especulação da finança internacional. Entre uma coisa e outra não há nexo algum de compulsoriedade lógica ou social ou política ou econômica ou jurídica. Tais eventos nada mais são do que o fruto de decisões governamentais, tomadas em função de uma insistente, repetiti-

---

12. Sobre os diversos sentidos para o termo: Reinaldo Gonçalves, *Globalização* ..., cit., pp. 24 e ss.

va e avassaladora divulgação de propostas político-econômicas inseminadas sobretudo entre os países subdesenvolvidos, que as acolheram como lições ditadas pelos mais capazes e experientes".[13]

Conclusão

O modelo das agências reguladoras foi adotado no Brasil como conseqüência de alterações no Texto Constitucional destinadas a abrir a economia e o mercado brasileiros à ação do capital estrangeiro – representado pelas empresas e grupos transnacionais –, abertura esta francamente estimulada pelos Estados Unidos e pelos demais países desenvolvidos, e intermediada por instituições internacionais de crédito como o FMI e o Banco Mundial. Os alvos principais desse processo foram a exploração de recursos naturais e a prestação de serviços públicos, áreas até então protegidas constitucionalmente contra a ação de entidades estrangeiras e que consistiam nos setores mais atraentes do ponto de vista econômico.

13. *Curso* ..., cit., p. 44, nota 21.

Capítulo 1
CONCEITO DE AGÊNCIA REGULADORA E ENTIDADES AFINS

1.1 A questão terminológica. 1.2 Conceituação: 1.2.1 Sobre o processo de conceituação jurídica; 1.2.2 À procura de um conceito; 1.2.3 Conceitos apresentados pela doutrina nacional; 1.2.4 Nosso conceito; 1.2.5 Análise do conceito. 1.3 Entidades afins: 1.3.1 Agências executivas; 1.3.2 Autarquias comuns; 1.3.3 Banco Central; 1.3.4 Conselho Administrativo de Defesa Econômica; 1.3.5 Agência Espacial Brasileira; 1.3.6 Conselho Monetário Nacional; 1.3.7 Agência Brasileira de Inteligência; 1.3.8 Organizações sociais; 1.3.9 Organizações da sociedade civil de interesse público (Oscips).

1.1 A questão terminológica

O termo "agência", derivado da forma latina *agentia*, não tem um significado específico na tradição do direito brasileiro.[1-2] Assim como o modelo das agências reguladoras – que é "uma importação direta do

---

1. A respeito do tema das agências reguladoras muitas obras foram lançadas recentemente no Brasil. Livros nacionais específicos sobre as agências e a regulação estatal (as informações bibliográficas completas estão indicadas no final deste trabalho): Alexandre Santos de Aragão, *Agências Reguladoras e a Evolução do Direito Administrativo Econômico*; Paulo Roberto Ferreira Motta, *Agências Reguladoras*; Marçal Justen Filho, *O Direito das Agências Reguladoras Independentes*; Diogo de Figueiredo Moreira Neto, *Direito Regulatório*; Leila Cuéllar, *As Agências Reguladoras e seu Poder Normativo*; Maria d'Assunção Costa Menezello, *As Agências Reguladoras e o Direito Brasileiro*; Ricardo Antônio Lucas Camargo, *Agências de Regulação no Ordenamento Jurídico-Econômico Brasileiro*; Alexandre de Moraes (org.), *Agências Reguladoras*; Fernando Quadros da Silva, *Agências Reguladoras*; Calixto Salomão Filho (org.), *Regulação e Desenvolvimento*; Arianne Brito Rodrigues Cal, *As Agências Reguladoras no Direito Brasileiro*; Luiz Alberto dos Santos, *Agencifi-*

direito administrativo dos Estados Unidos da América", nas palavras de Tércio Sampaio Ferraz Júnior[3] –, a nomenclatura também foi adotada, no Brasil, por influência norte-americana.

Para Celso Antônio Bandeira de Mello, "é fácil notar que o Governo anterior – e quem sabe até mesmo seu Chefe – foram tomados por um tocante entusiasmo pela nomenclatura 'agência'. Presumivelmente isto se deve ao fato de imaginarem que uma terminologia corrente na organização administrativa norte-americana ('Central Intelligence Agency' – CIA, por exemplo) conferiria prestígio e certa grandiosidade às nossas instituições ornadas com o mesmo nome.

cação, Publicização, Contratualização e Controle Social; Floriano Peixoto de Azevedo Marques Neto, Regulação Estatal e Interesses Públicos. Obras estrangeiras recomendadas: Claude-Albert Colliard e Gérard Timsit (orgs.), Les Autorités Administratives Indépendants; Eloísa Carbonell e José Luis Muga, Agencias y Procedimiento Administrativo en Estados Unidos de América; Felio Bauzá Martorell, La Desadministración Pública; César Carlos Neira, Entes Reguladores de Servicios; Maria João Estorninho, A Fuga para o Direito Privado; Paulo Otero, Privatizações, Reprivatizações e Transferências de Participações Sociais no Interior do Sector Público; Vital Moreira, Administração Autónoma e Associações Públicas; Dusan Kitic, Aspects Juridiques de la Privatisation et des Investissements Étrangers dans les Pays d'Europe Centrale et Orientale. Artigos em revistas nacionais especializadas: Antônio Carlos Cintra do Amaral, "As agências reguladoras de serviço público devem ser extintas?", Revista Interesse Público 18; Tércio Sampaio Ferraz Júnior, "Agências reguladoras: legalidade e constitucionalidade", Revista Tributária e de Finanças Públicas 35/143-158; Eurico de Andrade Azevedo, "Agências reguladoras", RDA, 213/141-148; Romeu Felipe Bacellar Filho, "O poder normativo dos entes reguladores e a participação dos cidadãos nesta atividade. Serviços públicos e direitos fundamentais: os desafios da regulação na experiência brasileira", RDA 230/153-162; Mauro Roberto Gomes de Matos, "Agências reguladoras e suas características", RDA 218/71-91; Paulo Modesto, "Agências executivas: a organização administrativa entre o casuísmo e a padronização", RDA 228/75-84; Luíza Rangel de Moraes e Arnoldo Wald, "Agências reguladoras", Revista de Informação Legislativa 141; Egon Bockmann Moreira, "Agências administrativas, poder regulamentar e o Sistema Financeiro Nacional", RDA 218/93-112; Renata Porto Adri de Rosa, "Reflexão sobre a função reguladora das agências estatais", RDA 226/243-250; Marília de Ávila e Silva Sampaio, "O poder normativo das agências reguladoras", RDA 227/339-347; Marcos Juruena Villela Souto, "Agências reguladoras", RDA 216/125-162 e "Função regulatória", Revista Diálogo Jurídico 11; Caio Tácito, "Agências reguladoras da Administração", RDA 221/1-5; Arnoldo Wald, "Da competência das agências reguladoras para intervir na mudança de controle das empresas concessionárias", RDA 229/27-43.

2. Sobre os vários sentidos do termo na legislação brasileira, v. nota 10.
3. "Agências reguladoras: ...", cit., p. 143.

Aliás, é sabido que países subdesenvolvidos muitas vezes têm uma reverência servil para com os desenvolvidos. Será talvez o atavismo cultural dos colonizados".[4]

Segundo Maria Sylvia Zanella Di Pietro, "o emprego do vocábulo 'agência' não acrescenta nada de útil ou vantajoso ao direito brasileiro (...) trata-se de mais um modismo que acompanha o movimento de globalização".[5]

O fato é que, nos últimos dez anos, na esteira das privatizações neoliberais, surgiu uma grande variedade de entidades estatais denominadas casuisticamente[6] de "agências", a saber: Agência Nacional de Energia Elétrica – Aneel; Agência Nacional de Telecomunicações – Anatel; Agência Nacional do Petróleo – ANP; Agência Nacional de Vigilância Sanitária – Anvisa; Agência Nacional de Saúde Suplementar – ANS; Agência Nacional de Águas – ANA; Agência Nacional de Transportes Terrestres – ANTT; Agência Nacional de Transportes Aquaviários – Antaq; Agência de Desenvolvimento do Nordeste – Adene; Agência de Desenvolvimento da Amazônia – ADA; Agência Nacional do Cinema – Ancine; Agência Espacial Brasileira – AEB; Agência Brasileira de Inteligência – Abin; e a Agência de Promoção de Exportações do Brasil – Apex-Brasil,[7] cuja instituição recentemente foi autorizada pela Lei n. 10.668, de 14.5.2003.[8] Existem ainda as chamadas "agências executivas", qualificação que pode ser atribuída a órgãos ou a pessoas jurídicas das administrações direta e indireta que celebrem contrato de gestão com o Poder Público (art. 37, § 8º, da Constituição Federal; Lei n. 9.649/1998; e Decretos n. 2.487/1998 e n. 2.488/1998).

De acordo com Egon Bockmann Moreira, "de há muito, o direito positivo brasileiro utiliza-se à larga do termo, ora em sentido vulgar (agência telegráfica, agência do correio, agências das capitanias dos portos), ora em sentido específico (Agência Nacional de Telecomunicações – ANATEL, Agência Nacional de Energia Elétrica – ANEEL, Agência Nacional do Petróleo – ANP e Agência Nacional de

---

4. *Curso de Direito Administrativo*, cit., p. 158, nota 16.
5. *Parcerias na Administração Pública*, p. 144.
6. Paulo Modesto, "Agências executivas: ...", cit., p. 76.
7. O art 1º da Lei n. 10.688/2003 determina que a Apex-Brasil terá regime jurídico de Direito Privado.
8. Existe ainda um órgão da Radiobrás que recebe o nome de agência: a Agência Brasil – Texto e Áudio.

Vigilância Sanitária – ANVS), ora em sentido técnico indefinido (Agência Espacial Brasileira e Agência de Água)".[9-10]

Assim, entre nós, o nome "agência", justamente por ser empregado para designar tantas realidades diferentes, termina por não recobrir com precisão instituto jurídico algum.

A respeito do qualificativo "reguladora", sabe-se que foi extraído da linguagem econômica.[11] Aplicado ao campo do Direito, possui variadas conotações. Genericamente, regular é normatizar, disciplinar algo por meio de regras. Assim, tomando a palavra nessa acepção, tudo no Direito é regulação.

Em sentido estrito, segundo Alexandre Santos de Aragão,[12] a noção de regulação implica a integração de diversas funções, incluindo

9. "Agências administrativas, ...", cit., p. 95.
10. No Império, o Decreto n. 514, de 7.6.1847, mandava "expedir por simples portaria os títulos dos agentes, e ajudantes das *agências* dos correios". O Decreto n. 787, de 15.5.1851, regulava "o modo por que, nas administrações e *agências* do correio, se devia proceder à queima das cartas atrasadas, para evitar a perda dos valores e documentos que elas encerravam". Já no século passado, há muitos registros do termo sendo empregado em sentidos bastante diversos. Vejamos exemplificativamente o seguinte ementário: a) o Decreto n. 1.650, de 3.10.1939, regia a "fiscalização das *agências* de turismo"; b) o Decreto-lei n. 1.791, de 22.11.1939, transformou "em *Agências* do Serviço de Economia Rural as antigas Delegacias de Organização e Defesa da Produção"; c) o Decreto-lei n. 1.862, de 12.12.1939, criou "novos quadros para as *Agências* Fiscais do Ministério da Fazenda"; d) a Lei n. 49, de 26.7.1947, autorizou "o Poder Executivo a permitir a venda de selos federais pelas *agências* postais"; e) a Lei n. 1.660, de 19.8.1952, autorizou "o Poder Executivo a abrir, pelo Ministério do Trabalho, Indústria e Comércio, crédito especial para pagamento de despesas com ajuda de custo e passagens do pessoal dos escritórios e *agências* de propaganda no exterior"; f) o Decreto Legislativo n. 10, de 14.9.1959, aprovou a "adesão do Brasil à convenção sobre os privilégios e imunidades das *agências* especializadas da Organização das Nações Unidas"; g) a Lei n. 6.650, de 23.5.1979, autorizou o Executivo a transformar "a *Agência* Nacional, órgão autônomo da Administração Federal direta, em empresa pública"; h) a Lei n. 7.195, de 12.6.1984, estabeleceu que "as *agências* especializadas na indicação de empregados domésticos são civilmente responsáveis pelos atos ilícitos cometidos por estes no desempenho de suas atividades" (art. 1º); i) a Lei n. 9.851, de 27.10.1999, alterou o § 1º, do art. 651, da CLT, determinando que "quando for parte de dissídio agente ou viajante comercial, a competência será da Junta da localidade em que a empresa tenha *agência* ou filial e a esta o empregado esteja subordinado e, na falta, será competente a Junta da localização em que o empregado tenha domicílio ou a localidade mais próxima" (art. 1º).
11. Alexandre Santos de Aragão, *Agências Reguladoras* ..., cit., p. 19.
12. Idem, p. 24.

a edição de regras gerais e abstratas, a aplicação dessas regras, a composição de conflitos e a adoção de medidas concretas.

Ora, fica claro que a expressão "regulação", neste último sentido – em que é mais comumente utilizada –, designa a somatória de funções jurídicas há muito conhecidas dos estudiosos do Direito Administrativo, tais como: o poder regulamentar, o poder de polícia e a prática de atos tendentes à execução da lei.

De qualquer forma, segundo a melhor doutrina, "regular" não se confunde com "regulamentar", pois a primeira expressão é mais abrangente do que esta outra. Em sentido amplo, regulamentar é a ação de dar concretude, de integrar, de tornar viável na prática a aplicação de regras muito genéricas. Fala-se, por exemplo, em normas que regulamentam[13] dispositivos constitucionais.

Estritamente, regulamentar significa expedir regulamentos, atos administrativos infralegais, gerais e abstratos, que são privativos do Chefe de Executivo, e servem para dar fiel execução à lei (art. 84, IV, da Constituição Federal: "compete privativamente ao Presidente da República: (...) IV – sancionar, promulgar e fazer publicar as leis, bem como expedir decretos e *regulamentos* para sua fiel execução").

Apesar das dificuldades semânticas, tanto a fala "agência", quanto os termos "regular", "regulação", "reguladora" e "regulador", já estão bastante difundidos na legislação brasileira.

Segundo Paulo Modesto: "embora a voz agência seja um modismo, algo desnecessário, não há obstáculo no seu uso pelo legislador".[14]

---

13. A utilização do termo "regulamentar" nesse sentido é bastante freqüente, ocorrendo até na Constituição Federal, por exemplo, no art. 5º, LXXI: "conceder-se-á mandado de injunção sempre que a falta de norma *regulamentadora* torne inviável o exercício dos direitos e liberdades constitucionais e das prerrogativas inerentes à nacionalidade, à soberania e à cidadania". Oswaldo Aranha Bandeira de Mello também emprega o termo com essa acepção: "Já a *regulamentação*, em complementação, desses direitos assegurados aos particulares, de liberdade, de igualdade e de propriedade, tendo em vista a harmonia do seu exercício por todos, isto é, o bem dos indivíduos coletivamente considerados, de forma a condicionar o âmbito das faculdades de cada um, diz respeito a outros ramos jurídicos, distintos do Direito Constitucional" (*Princípios Gerais de Direito Administrativo*, v. 1, p. 15). Quanto a José Afonso da Silva, em sua obra *Aplicabilidade das Normas Constitucionais*, o autor prefere as expressões "integrar" e "complementar".
14. "Agências executivas:...", cit., p. 83.

Curiosamente, a expressão "agências reguladoras" – comuníssima tanto em textos doutrinários, como em decisões judiciais[15] – raras vezes foi utilizada na legislação pátria.[16] As leis que criaram as agências reguladoras não tratam tais entidades por esse nome, referindo-se, quase sempre, a "órgão regulador" ou simplesmente "agência".

1.2 Conceituação

Na introdução deste trabalho, foram suscitadas algumas das razões extrajurídicas que levaram à criação das agências reguladoras no Brasil. No item anterior, analisamos questões relacionadas com a nomenclatura que tais entidades receberam da nossa legislação.

Até então vimos nos referindo às agências reguladoras sem a preocupação específica de apresentar o seu conceito jurídico.

Entretanto, antes de conceituar, são necessários alguns esclarecimentos sobre o processo de conceituação.

1.2.1 Sobre o processo de conceituação jurídica

Entende-se por conceito a representação mental de um objeto. Conceituação é o processo cognoscitivo que conduz à apreensão, pelo sujeito, da imagem mental do objeto.

Na Ciência do Direito, a conceituação de um instituto[17] envolve o cumprimento de duas etapas distintas: a) a determinação da categoria de direito em que o instituto se enquadra, ou seja, a definição de sua natureza jurídica; b) a investigação das notas características que diferenciam o instituto dos seus congêneres.

---

15. A forma "agência reguladora" aparece, entre tantos outros, nos seguintes julgados: ADI 2.870-RN; ADI 2.842-AM; ADI 2.473-DF; ADI 2.315-DF; ADI 2.310-DF; ADI 1.906-RJ; ADI 1.843-RJ; ADI 1.842-RJ; ADI 1.826-RJ; ADI 1.775-RJ, todas em curso no STF. No STJ: REsp 431.606; MS 8.058; AgRMC 2.842.

16. No âmbito federal, ao que nos consta, até o presente momento, a expressão "agência reguladora" só é utilizada pela Lei n. 9.986/2000, ocorrendo nesse diploma uma dezena de vezes: 1) na ementa; 2) no art. 1º; 3) no *caput* do art. 2º; 4) no parágrafo único do art. 2º; 5) no *caput* do art. 16; 6) no *caput* do art. 20; 7) no *caput* do art. 21; 8) no art. 26; 9) no art. 31; 10) no *caput* do art. 37.

17. Segundo Umberto Pototschnig, instituto é aquilo que "resulta da disciplina unitária de determinada matéria ou suporte fático" (*I Pubblici Servizi*, p. 7, nota 7).

Ultimado o processo de conceituação jurídica, torna-se possível, finalmente, identificar quais normas incidirão sobre o objeto, revelando-se seu regime jurídico.

1.2.2 À procura de um conceito

A busca de uma conceituação juridicamente adequada das agências reguladoras não é mera preocupação acadêmica, sendo fundamental, por exemplo, para delimitar o alcance de leis como a n. 9.986/2000, que "dispõe sobre a gestão de recursos humanos das agências reguladoras".

É certo que a legislação pátria não define agência reguladora, mas existem elementos no ordenamento jurídico brasileiro que podem orientar a formulação do conceito.

A Lei n. 9.986, de 18 de julho de 2000, embora sem definir o instituto, estabelece o regime de pessoal aplicável às agências reguladoras, mencionando expressamente a Aneel, a Anatel, a ANP, a ANVS (atual Anvisa) e a ANS.

O *caput* do art. 32, por exemplo, reza: "no prazo de até 90 (noventa) dias, contado da publicação desta Lei, ficam extintos os Cargos de Natureza Especial e os Cargos do Grupo-Direção e Assessoramento Superiores – DAS ora alocados à ANEEL, ANATEL, ANP, ANVS, e ANS, e os Cargos Comissionados de Telecomunicações, Petróleo, Energia Elétrica e Saúde Suplementar e as Funções Comissionadas de Vigilância Sanitária".

Portanto, diante da realidade normativa brasileira, essas cinco entidades podem ser tomadas como ponto de partida na busca do conceito doutrinário de agência reguladora.

Indubitavelmente, as agências reguladoras, entre nós, possuem natureza jurídica autárquica, menos porque o legislador as tenha assim definido, mais em razão de desenvolverem atividades que cabem exclusivamente ao Estado.

Assim, o regime jurídico das agências reguladoras é composto na sua integralidade por regras de pelo menos três origens diferentes: a) regras que decorrem do regime jurídico-administrativo pelo fato de as agências, no Brasil, serem autarquias; b) regras derivadas do chamado regime especial das agências; c) regras pertencentes ao patamar normativo particular de cada agência reguladora.

A organização desses níveis normativos permite saber quais os limites que o legislador encontra ao fixar a estrutura e as regras aplicáveis a cada nova entidade. Por exemplo, se o regime jurídico-administrativo estabelece a obrigatoriedade de sujeição das autarquias em geral ao dever de licitar, a lei criadora de uma agência não pode afastar tal exigência. O desenvolvimento mais detalhado dessas idéias será realizado nos capítulos seguintes.

As maiores dificuldades surgem no âmbito do regime especial.

A Lei n. 9.472/1997, que criou a Anatel, em seu art. 8º, § 2º, dispõe: "a natureza de autarquia especial conferida à Agência é caracterizada por independência administrativa, ausência de subordinação hierárquica, mandato fixo e estabilidade de seus dirigentes e autonomia financeira".

No mesmo sentido, a Lei n. 9.782/1999, a Lei da Anvisa, estabelece: "a natureza de autarquia especial conferida à Agência é caracterizada pela independência administrativa, estabilidade de seus dirigentes e autonomia financeira" (art. 3º, parágrafo único).

Igualmente, a Lei n. 9.961/2000 reza, no art. 1º, parágrafo único: "a natureza de autarquia especial conferida à ANS é caracterizada por autonomia administrativa, financeira, patrimonial e de gestão de recursos humanos, autonomia nas decisões técnicas e mandato fixo de seus dirigentes".

Também a Lei n. 10.233/2001 declara: "o regime autárquico especial conferido à ANTT e à Antaq é caracterizado pela independência administrativa, autonomia financeira e funcional e mandato fixo de seus dirigentes" (art. 21, § 2º).

Sobre o assunto, Paulo Modesto preleciona: "a expressão autarquia especial é imprecisa no direito brasileiro. A rigor, como as autarquias são constituídas por lei específica, toda autarquia deveria ser considerada especial. A expressão autarquia especial, porém, tem uso dogmático menos rigoroso. Ela foi empregada, pela primeira vez, na Lei n. 5.540, 28.11.1968, para ressaltar o fato da universidade pública apresentar um grau de autonomia administrativa superior àquele reconhecido às demais entidades autárquicas".[18]

---

18. "Agências executivas: ...", cit., p. 75.

E conclui o respeitado Professor: "as agências reguladoras são definidas como autarquias especiais porque o legislador lhes conferiu, desde o momento da constituição, um conjunto de garantias em face da Administração Direta suficientes para caracterizar uma peculiar ampliação da autonomia decisória, administrativa ou financeira dessas entidades em relação às demais autarquias existentes".[19]

Diz o magistério de Celso Antônio Bandeira de Mello: "ora, 'independência administrativa' ou 'autonomia administrativa', 'autonomia financeira', 'autonomia funcional' e 'patrimonial e da gestão de recursos humanos' ou de quaisquer outros que lhe pertençam, 'autonomia nas suas decisões técnicas', 'ausência de subordinação hierárquica', são elementos intrínsecos à natureza de *toda e qualquer autarquia*, nada acrescentando ao que lhes é inerente. Nisto, pois, não há peculiaridade alguma; o que pode ocorrer é um grau mais ou menos intenso destes caracteres. Assim, o único ponto realmente peculiar em relação à generalidade das autarquias está nas disposições atinentes à investidura e fixez do mandato dos dirigentes destas pessoas".[20]

Portanto, o regime especial reduz-se ao modo de investidura e à fixez dos mandatos dos dirigentes, aliás, o que não é exclusividade das agências reguladoras, pois a Comissão de Valores Mobiliários (CVM) é autarquia e possui essas mesmas características (art. 5º da Lei n. 6.385/1976, alterado pela Lei n. 10.411/2002). Semelhante regime possui também a Universidade de São Paulo (arts. 38 e 39 do Estatuto da USP[21]).

Feitas tais considerações, damos por cumpridas as duas etapas exigidas para a realização do processo de conceituação, conforme visto no item anterior, a saber: a determinação da natureza jurídica e a investigação das notas características que diferenciam o instituto dos seus congêneres.

A natureza jurídica das agências reguladoras brasileiras é de autarquia. E a distinção entre as agências e as autarquias comuns reside na investidura e na fixez do mandato dos dirigentes das primeiras.

---

19. Paulo Modesto, "Agências executivas: ...", cit., p. 76.
20. *Curso* ..., cit., p. 160.
21. Resolução n. 3.461, de 7.10.1988.

Antes, entretanto, de apresentar nosso conceito, vejamos os conceitos formulados por alguns juristas pátrios.

1.2.3 Conceitos apresentados pela doutrina nacional

Marçal Justen Filho: "é uma autarquia especial, criada por lei para intervenção estatal no domínio econômico, dotada de competência para regulação de setor específico, inclusive com poderes de natureza regulamentar e para arbitramento de conflitos entre particulares, e sujeita a regime jurídico que assegure sua autonomia em face da Administração direta".[22]

Alexandre Santos de Aragão: as agências são "autarquias de regime especial, dotadas de considerável autonomia frente à Administração centralizada, incumbidas do exercício de funções regulatórias e dirigidas por colegiado cujos membros são nomeados por prazo determinado pelo Presidente da República, após prévia aprovação pelo Senado Federal, vedada a exoneração *ad nutum*".[23]

Leila Cuéllar: "são pessoas jurídicas de Direito Público, com estrutura formal autárquica e competência para regulamentar, contratar, fiscalizar, aplicar sanções e atender aos reclamos dos usuários/consumidores de determinado serviço público ou atividade econômica".[24]

Diogo de Figueiredo Moreira Neto: "as agências, todavia, são autarquias especiais, dotadas de prerrogativas próprias e caracterizadas por sua autonomia em relação ao Poder Público".[25]

Paulo Roberto Ferreira Motta: "uma agência reguladora deve ser conceituada como um ente administrativo dotado de autonomia, sendo que a sua criação deve ser realizada por lei específica, com personalidade jurídica de direito público interno, patrimônio próprio e competências perfeitamente especificadas no texto legal criador daquela".[26]

Fernando Quadros da Silva: "as agências reguladoras brasileiras são, em essência, autarquias especiais que recebem do legislador a

---
22. *O Direito* ..., cit., p. 344.
23. *Agências* ..., cit., p. 275.
24. *As Agências* ..., cit., p. 81.
25. *Direito Regulatório*, p. 37.
26. *Agências Reguladoras*, p. 101.

autonomia administrativa e são dirigidas por colegiados cujos membros não são demissíveis livremente pelo Presidente da República, o que garantiria a independência de atuação".[27]

Alexandre de Moraes: "no Brasil, as Agências Reguladoras foram constituídas como autarquias de *regime especial* integrantes da administração indireta, vinculadas ao Ministério competente para tratar da respectiva atividade, apesar de caracterizadas pela independência administrativa, ausência de subordinação hierárquica, mandato fixo e estabilidade; ausência de possibilidade de demissão *ad nutum* de seus dirigentes e autonomia financeira".[28]

1.2.4 Nosso conceito

Agências reguladoras são autarquias com autonomia qualificada frente à Administração Direta, criadas para atuar no controle, fiscalização ou fomento de determinados setores.

1.2.5 Análise do conceito

O conceito apresentado é composto por três elementos: I – a natureza autárquica; II – o regime especial; III – as atividades voltadas para o controle, fiscalização ou fomento de determinados setores.

Os dois primeiros – natureza autárquica e regime especial – cumprem, como já dito, as funções, respectivamente, de identificar a categoria jurídica do instituto e de diferenciá-lo dos congêneres.

O terceiro elemento do conceito sintetiza as funções desempenhadas pelas agências reguladoras brasileiras.

Uma preocupação que deve nortear o processo de conceituação é não agregar ao conceito requisitos de validade. Uma coisa é o conceito de agência reguladora, outra, o de agência reguladora validamente criada.

Assim, se ao conceito de agência reguladora for acrescentado, por exemplo, o elemento "criada por lei", as pessoas jurídicas incons-

---

27. *Agências Reguladoras*, p. 97.
28. *Agências Reguladoras*, p. 24.

titucionalmente criadas por medida provisória – como a ADA, Adene e Ancine – estariam fora do conceito, o que, por extensão, afastaria a incidência, sobre tais entidades, da Lei n. 9.886/2000.

1.3 Entidades afins

Elaborada a nossa conceituação de agência reguladora, cumpre apresentar um breve panorama das entidades que, no Brasil, se aproximam desse conceito, mas nele não se enquadram.[29] Trataremos, ainda, de algumas figuras recentemente introduzidas no Direito Administrativo pátrio – as organizações sociais e as organizações da sociedade civil de interesse público (Oscips) –, que, apesar de possuírem natureza jurídica bastante diversa da das agências reguladoras, surgiram também na esteira do processo de reforma do Estado brasileiro.

1.3.1 Agências executivas

O art. 37, § 8º, da Constituição Federal, com redação dada pela Emenda Constitucional n. 19/1998, estabelece: "A autonomia gerencial, orçamentária e financeira dos órgãos e entidades da administração direta e indireta poderá ser ampliada mediante contrato, a ser firmado entre seus administradores e o poder público, que tenha por objeto a fixação de metas de desempenho para o órgão ou entidade, cabendo à lei dispor sobre: I – o prazo de duração do contrato; II – os controles e critérios de avaliação de desempenho, direitos, obrigações e responsabilidade dos dirigentes; III – a remuneração do pessoal".

O referido dispositivo constitucional, apesar de não mencionar a nomenclatura, trata das chamadas "agências executivas", também disciplinadas pela Lei n. 9.649/1998 e pelo Decreto n. 2.487/1998.

---

29. A determinação das entidades que nesta obra são consideradas afins às agências reguladoras não segue um critério científico único. Antes, procuramos tratar de entidades que, seja em função de peculiaridades em sua atuação, seja por conta de meras similaridades terminológicas, têm sido confundidas – até em livros especializados – com as agências reguladoras.

Segundo o art. 51, *caput*, da Lei n. 9.649/1998: "O Poder Executivo poderá qualificar como Agência Executiva a autarquia ou fundação que tenha cumprido os seguintes requisitos: I – ter um plano estratégico de reestruração e de desenvolvimento institucional; II – ter celebrado Contrato de Gestão com o respectivo Ministério supervisor".

O § 1º do mesmo art. 51 determina que a qualificação de agência executiva será atribuída por ato do Presidente da República.

Sobre os efeitos da qualificação preleciona Paulo Modesto: "a qualificação de autarquias e de fundações públicas como agências executivas é ato desencadeador de efeitos jurídicos variados. O efeito imediato é o enquadramento da autarquia ou fundação qualificada nos benefícios gerais previstos em lei para toda e qualquer agência executiva, por exemplo, elevação em vinte por cento do valor dos limites máximos para cada modalidade de licitação, na forma do art. 24, parágrafo único, da Lei n. 8.666, com a redação que lhe deu a Lei n. 9.648, de 27 de maio de 1998. Essa técnica permite estabelecer uma diferenciação abstrata do regime jurídico das autarquias e fundações qualificadas em face das autarquias e fundações públicas não qualificadas, ao passo em que estabelece um mecanismo de padronização entre as autarquias qualificadas".[30]

Acrescenta ainda o citado Mestre: "esses benefícios gerais podem ter matriz legal ou meramente administrativa. Diversos benefícios foram concedidos através do Decreto n. 2.488, de 2 de fevereiro de 1998: I – autorização para edição de ato normativo próprio de registro de assiduidade e pontualidade dos servidores; II – não aplicação às agências executivas dos limites anuais de realização de serviços extraordinários, desde que atestadas a existência de recursos orçamentários disponíveis e a necessidade dos serviços para o cumprimento dos objetivos e metas do contrato de gestão; III – possibilidade de delegação ao dirigente máximo da entidade de decisão sobre limites para a concessão de suprimento de fundos para atender a despesas de pequeno vulto; IV – delegação às agências executivas de regulamento próprio sobre valores de diárias no país e condições especiais para sua concessão; V – dispensa às agências executivas da

---

30. "Agências executivas: ...", cit., pp. 79-80.

celebração de termos aditivos a contratos e convênios de vigência plurianual, quando objetivarem unicamente e identificação dos créditos à conta dos quais devam correr as despesas relativas ao respectivo exercício financeiro".[31]

Importante salientar que a qualificação de "agência executiva" não modifica a natureza da entidade qualificada.

Assim, as diferenças entre uma agência reguladora e uma agência executiva são as mesmas diferenças entre uma agência reguladora, uma autarquia comum e um órgão.

1.3.2 Autarquias comuns

No Brasil, autarquia é "pessoa jurídica de direito público, criada por lei, com capacidade de auto-administração, para o desempenho de serviço público descentralizado, mediante controle administrativo exercido nos limites da lei".[32]

No Capítulo 3, trataremos do instituto mais detalhadamente. Por ora, cabe apenas reafirmar que a diferença essencial entre as agências reguladoras e as autarquias em geral reside no chamado regime especial: um conjunto de prerrogativas jurídicas que conferem às agências uma autonomia qualificada frente à Administração Direta.

Nas palavras de Edmir Netto de Araújo: "as autarquias de regime especial, mais especialmente as agências reguladoras, distinguem-se das autarquias, digamos, 'normais', porque suas leis instituidoras lhes outorgam certas prerrogativas que não são encontráveis na maioria das entidades autárquicas comuns".[33]

O regime especial das agências reguladoras, já o vimos, consiste na estabilidade dos dirigentes e na fixidez de seus mandatos – características que não se apresentam na maioria das autarquias brasileiras. Isso porque, em geral, os dirigentes autárquicos permanecem no cargo por prazo indeterminado, podendo ser afastados imotivadamente e a qualquer tempo pelo Chefe do Executivo.

---

31. Paulo Modesto, "Agências executivas: ...", cit., p. 80.
32. Maria Sylvia Zanella Di Pietro, *Direito Administrativo*, p. 361.
33. "A aparente autonomia das agências reguladoras", pp. 41-42.

1.3.3 Banco Central

O Banco Central da República do Brasil (Bacen) foi criado pela Lei n. 4.595/1964,[34] passando a exercer funções que antes cabiam à 34. Os arts. 10 e 11 da Lei n. 4.595/1964 fixam a seguinte competência do Bacen: I – executar os serviços do meio-circulante; II – determinar o recolhimento de até cem por cento do total dos depósitos à vista e de até sessenta por cento de outros títulos contábeis das instituições financeiras, seja na forma de subscrição de Letras ou Obrigações do Tesouro Nacional ou compra de títulos da Dívida Pública Federal, seja através de recolhimento em espécie, em ambos os casos entregues ao Banco Central do Brasil, a forma e condições por ele determinadas, podendo: a) adotar percentagens diferentes em função: 1. das regiões geoeconômicas; 2. das prioridades que atribuir às aplicações; 3. da natureza das instituições financeiras; b) determinar percentuais que não serão recolhidos, desde que tenham sido reaplicados em financiamentos à agricultura, sob juros favorecidos e outras condições por ele fixadas; III – receber os recolhimentos compulsórios de que trata o inciso anterior e, ainda, os depósitos voluntários à vista das instituições financeiras; IV – realizar operações de redesconto e empréstimos a instituições financeiras bancárias; V – exercer o controle do crédito sob todas as suas formas; VI – efetuar o controle dos capitais estrangeiros; VII – ser depositário das reservas oficiais de ouro e moeda estrangeira e de Direitos Especiais de Saque e fazer com estas últimas todas e quaisquer operações previstas no Convênio Constitutivo do Fundo Monetário Internacional; VIII – exercer a fiscalização das instituições financeiras e aplicar as penalidades previstas; IX – conceder autorização às instituições financeiras, a fim de que possam: a) funcionar no País; b) instalar ou transferir suas sedes, ou dependências, inclusive no exterior; c) ser transformadas, fundidas, incorporadas ou encampadas; d) praticar operações de câmbio, crédito real e venda habitual de títulos da dívida pública federal, estadual ou municipal, ações, debêntures, letras hipotecárias e outros títulos de crédito ou mobiliários; e) ter prorrogados os prazos concedidos para funcionamento; f) alterar seus estatutos; g) alienar ou, por qualquer outra forma, transferir o seu controle acionário; X – estabelecer condições para a posse e para o exercício de quaisquer cargos de administração de instituições financeiras privadas, assim como para o exercício de quaisquer funções em órgãos consultivos, fiscais e semelhantes, segundo normas que forem expedidas pelo Conselho Monetário Nacional; XI – efetuar, como instrumento de política monetária, operações de compra e venda de títulos públicos federais; XII – determinar que as matrizes das instituições financeiras registrem os cadastros das firmas que operam com suas agências há mais de um ano; XIII – entender-se, em nome do Governo Brasileiro, com as instituições financeiras estrangeiras e internacionais; XIV – promover, como agente do Governo Federal, a colocação de empréstimos internos ou externos, podendo, também, encarregar-se dos respectivos serviços; XV – atuar no sentido do funcionamento regular do mercado cambial, da estabilidade relativa das taxas de câmbio e do equilíbrio no balanço de pagamentos, podendo para esse fim comprar e vender ouro e moeda estrangeira, bem como realizar operações de crédito no exterior, inclusive as referentes aos Direitos Especiais de Saque, e separar os mercados de câmbio financeiro e comercial; XVI – efetuar compra e venda de títulos de sociedades de economia mista e empresas do

Superintendência da Moeda e do Crédito – Sumoc, ao Banco do Brasil e ao Tesouro Nacional.

O Bacen é entidade componente do Sistema Financeiro Nacional encarregada de, entre outras tarefas: emitir papel-moeda (art. 164, *caput*, da Constituição Federal); exercer a supervisão das instituições financeiras; emitir pareceres sobre a dívida pública da União, Estados e Municípios; auxiliar o Senado Federal na análise de autorizações para empréstimos externos públicos; comprar e vender títulos de emissão do Tesouro Nacional, com o objetivo de regular a oferta de moeda ou a taxa de juros (art. 164, § 2º, da Constituição Federal); e receber em depósito as disponibilidades de caixa da União (art. 164, § 3º, da Constituição Federal).

No exercício da supervisão das instituições financeiras, a Lei n. 9.447/1997 autoriza o Bacen a instaurar processos administrativos para apuração de irregularidades e aplicação de sanções que podem chegar até à intervenção e liquidação extrajudicial da instituição financeira (Lei n. 6.024/1974).

De acordo com Alexandre Santos de Aragão, o Banco Central "possui relevantes competências regulatórias, tais como a normatização das condições para o exercício de cargos de administração das instituições financeiras privadas (art. 10, X), o estabelecimento de normas acerca dos serviços de compensação de cheques (art. 11) etc. A sua competência normativa é, no entanto, subordinada à do Conselho Monetário Nacional (art. 9º)".[35]

O Bacen possui natureza jurídica de autarquia (art. 8º da Lei n. 4.595/1964). Seu presidente e sua diretoria são nomeados pelo Presidente da República (art. 84, XIV, da CF), mediante prévia aprovação do Senado (art. 52, III, *d*, da CF).

Estado; XVII – emitir títulos de responsabilidade própria, de acordo com as condições estabelecidas pelo Conselho Monetário Nacional; XVIII – regular a execução dos serviços de compensação de cheques e outros papéis; XIX – exercer permanente vigilância nos mercados financeiros e de capitais sobre empresas que, direta ou indiretamente, interfiram nesses mercados e em relação às modalidades ou processos operacionais que utilizem; e XX – prover, sob controle do Conselho Monetário Nacional, os serviços de sua Secretaria.
35. *Agências Reguladoras...*, cit., p. 302. As referências legislativas dizem respeito à Lei n. 9.649/1998.

Porém, não há limites à exoneração *ad nutum* do presidente e dos diretores pelo Presidente da República, pelo que, falta ao Bacen o regime especial próprio das agências reguladoras. Trata-se de autarquia comum.

Por fim, é importante registrar o fortalecimento da visão segundo a qual o Banco Central deveria ter sua autonomia ampliada frente ao Poder Executivo por meio da atribuição de regime especial idêntico ao das agências reguladoras.[36] Nesse sentido, segundo Marçal Justen Filho: "A lei vigente não prevê garantia contra a exoneração discricionária, o que significa que o regime infraconstitucional não conferiu garantias para o exercício da direção do Banco Central com efetiva autonomia, a qual vai sendo delineada como uma proposta política e uma demanda de inúmeros setores da sociedade".[37]

1.3.4 Conselho Administrativo de Defesa Econômica

O Conselho Administrativo de Defesa Econômica (Cade) foi criado pela Lei n. 4.137/1962, tendo inicialmente natureza jurídica de órgão pertencente à Administração Pública Direta. Com a promulgação da Lei n. 8.884/1994, tornou-se uma autarquia vinculada ao Ministério da Justiça (art. 3º da Lei n. 8.884/1994).

Compete ao Cade essencialmente prevenir e reprimir infrações contra a ordem econômica, nos termos da Lei n. 8.884/1994, decidindo sobre a existência da infração e aplicando as penalidades previstas na lei (art. 7º, II).

Segundo o art. 7º da Lei n. 8.884/1994, o Cade, no exercício de suas atribuições, poderá: ordenar providências que conduzam à cessação de infração à ordem econômica (inc. V); aprovar os termos de compromisso de cessação de prática e de compromisso de desempenho (inc. VI); requisitar informações de quaisquer pessoas, órgãos, autoridades e entidades públicas ou privadas, bem como determinar as diligências que se fizerem necessárias ao exercício de suas funções (inc. IX); requisitar dos órgãos do Poder Executivo Federal e solicitar das autoridades dos Estados, Municípios, Distrito Federal e Terri-

---

36. Apesar da menção, não concordamos com a ampliação da autonomia do Banco Central.
37. *O Direito* ..., cit., p. 335.

tórios as medidas necessárias (inc. X); requerer ao Judiciário a execução de suas decisões (inc. XIII); e requisitar serviços e pessoal de quaisquer órgãos e entidades do Poder Público Federal (inc. XIV).

Importante salientar que as competências do Cade para prevenção e repressão da ordem econômica são exercidas, inclusive, nos setores de atuação específica das agências reguladoras (art. 19, XIX, da Lei n. 9.472/1997, art. 10, parágrafo único, da Lei n. 9.478/1997 e art. 31 da Lei n. 10.233/2001).

O plenário do Cade é composto por um presidente e seis conselheiros nomeados pelo Presidente da República – entre cidadãos com mais de trinta anos de idade, de notório saber jurídico ou econômico e reputação ilibada – mediante aprovação prévia do Senado Federal (art. 4º, com nova redação dada pela Lei n. 9.021/1995).

Entretanto, o presidente e os conselheiros poderão, nos termos do art. 5º, *caput*, da Lei n. 8.884/1994, perder os mandatos em virtude de decisão do Senado Federal, por provocação do Presidente da República: hipótese assemelhada à exoneração *ad nutum*.

Assim, o Cade também não possui o regime especial característico das agências reguladoras brasileiras.

1.3.5 Agência Espacial Brasileira

A Agência Espacial Brasileira (AEB), criada pela Lei n. 8.854/1994, é autarquia federal com a finalidade de promover o desenvolvimento das atividades espaciais de interesse nacional (art. 1º).[38]

38. Cabe ainda à AEB: I – executar e fazer executar a Política Nacional de Desenvolvimento das Atividades Espaciais (PNDAE), bem como propor as diretrizes e a implementação das ações dela decorrentes; II – propor a atualização da Política Nacional de Desenvolvimento das Atividades Espaciais e as diretrizes para a sua consecução; III – elaborar e atualizar os Programas Nacionais de Atividades Espaciais (PNAE) e as respectivas propostas orçamentárias; IV – promover o relacionamento com instituições congêneres no País e no exterior; V – analisar propostas e firmar acordos e convênios internacionais, em articulação com o Ministério das Relações Exteriores e o Ministério da Ciência e Tecnologia, objetivando a cooperação no campo das atividades espaciais, e acompanhar a sua execução; VI – emitir pareceres relativos a questões ligadas às atividades espaciais que sejam objeto de análise e discussão nos foros internacionais e neles fazer-se representar, em articulação com o Ministério das Relações Exteriores e o Ministério da Ciência e Tecnolo-

Segundo o art. 7º do referido diploma, os dirigentes da AEB são nomeados pelo Presidente da República. Entretanto, não há previsão de estabilidade no cargo e mandatos fixos.

Assim, apesar de o nome "agência", a AEB é uma autarquia comum, não possuindo o regime especial próprio das agências reguladoras.

1.3.6 Conselho Monetário Nacional

O Conselho Monetário Nacional (CMN) foi criado pela Lei n. 4.595/1964 com a finalidade de formular a política da moeda e do crédito, objetivando o progresso econômico e social do País (art. 2º).

O CMN "é órgão deliberativo governamental, sendo a instituição maior do sistema financeiro, responsável por expedir normas gerais de contabilidade e estatística a serem observadas nas instituições financeiras, coordenar as políticas monetária, creditícia, orçamentária, fiscal, a dívida pública interna e externa e determinar os recolhimentos compulsórios de depósitos e outros títulos contáveis das instituições financeiras. O Ministro da Fazenda, o Ministro do Planejamento, Orçamento e Gestão e o Presidente do Bacen são membros integrantes do CMN. A secretaria do Bacen é responsável pelo suporte ao CMN, publicando os atos normativos e publicações gerados".[39]

Assim, o Conselho Monetário Nacional é mero órgão pertencente ao Ministério da Fazenda (art. 16, VII, da Lei n. 9.649/1998), faltando-lhe a natureza autárquica própria das agências reguladoras.

---

gia; VII – incentivar a participação de universidades e outras instituições de ensino, pesquisa e desenvolvimento nas atividades de interesse da área espacial; VIII – estimular a participação da iniciativa privada nas atividades espaciais; IX – estimular a pesquisa científica e o desenvolvimento tecnológico nas atividades de interesse da área espacial; X – estimular o acesso das entidades nacionais aos conhecimentos obtidos no desenvolvimento das atividades espaciais, visando ao seu aprimoramento tecnológico; XI – articular a utilização conjunta de instalações técnicas espaciais, visando à integração dos meios disponíveis e à racionalização de recursos; XII – identificar as possibilidades comerciais de utilização das tecnologias e aplicações espaciais, visando a estimular iniciativas empresariais na prestação de serviços e produção de bens; XIII – estabelecer normas e expedir licenças e autorizações relativas às atividades espaciais; e XIV – aplicar as normas de qualidade e produtividade nas atividades espaciais (art. 3º).

39. A. A. Grossi Fernandes, *O Brasil e o Sistema Financeiro Nacional*, p. 2.

1.3.7 Agência Brasileira de Inteligência

A Agência Brasileira de Inteligência (Abin) foi criada pela Lei n. 9.883/1999 e tem como atribuições centrais planejar, executar, coordenar, supervisionar e controlar as atividades de inteligência e contrainteligência do país (art. 3º).

Compete ainda à Abin: I – planejar e executar ações, inclusive sigilosas, relativas à obtenção e análise de dados para a produção de conhecimentos destinados a assessorar o Presidente da República; II – planejar e executar a proteção de conhecimentos sensíveis, relativos aos interesses e à segurança do Estado e da sociedade; III – avaliar as ameaças, internas e externas, à ordem constitucional; IV – promover o desenvolvimento de recursos humanos e da doutrina de inteligência, e realizar estudos e pesquisas para o exercício e aprimoramento da atividade de inteligência (art. 4º).

Apesar de batizada como o nome "agência", a Abin não tem natureza jurídica de autarquia, sendo um órgão de assessoramento do Presidente da República (art. 3º). Falta-lhe, portanto, requisito essencial para enquadrar-se no conceito de agência reguladora.[40]

1.3.8 Organizações sociais

A denominação "organizações sociais" foi criada pela Medida Provisória n. 1.648/1998, posteriormente convertida na Lei n. 9.637/1998.

De acordo com o art. 1º do referido diploma legislativo: "O Poder Executivo poderá qualificar como organizações sociais pessoas jurídicas de direito privado, sem fins lucrativos, cujas atividades sejam dirigidas ao ensino, à pesquisa científica, ao desenvolvimento tecnológico, à proteção e preservação do meio ambiente, à cultura e à saúde, atendidos os requisitos previstos nesta Lei".

Como se nota, a atribuição do título de "organização social" a pessoas jurídicas de direito privado sem fins lucrativos é instrumento de que dispõe a Administração Pública para fomentar atividades de interesse público desempenhadas pelo chamado "terceiro setor", que

---

[40]. No mesmo sentido: Celso Antônio Bandeira de Mello, *Curso* ..., cit., p. 158, e Alexandre Santos de Aragão, *Agências Reguladoras* ..., cit., p. 297.

corresponde à área de atuação social situada entre as esferas estatal e empresarial.

Nas palavras de Sílvio Luís Ferreira da Rocha: "Os entes que integram o Terceiro Setor são entes privados, não vinculados à organização centralizada ou descentralizada da Administração Pública, mas que não almejam, entretanto, entre seus objetivos sociais, o lucro e que prestam serviços em áreas de relevante interesse social e público".[41]

E acrescenta o autor: "Não há uma única explicação para o crescimento das entidades do Terceiro Setor. A proliferação delas deve-se ao redescobrimento do princípio da subsidiariedade e à crise do Estado enquanto um prestador eficiente de serviços públicos".[42]

Além de atuar nos setores mencionados e não ter fins lucrativos, a pessoa jurídica de direito privado, para ser organização social, deve ter a qualificação aprovada por meio de um ato discricionário praticado pela Administração.

Nesse sentido, determina o art. 2º, II, da Lei n. 9.637/1998: "Art. 2º. São requisitos específicos para que as entidades privadas referidas no artigo anterior habilitem-se à qualificação como organização social: (...) II – haver aprovação, quanto à conveniência e oportunidade de sua qualificação como organização social do Ministro ou titular de órgão superior ou regulador da área de atividade correspondente ao seu objeto social e do Ministro de Estado da Administração Federal e Reforma do Estado (*atual Ministério do Planejamento, Orçamento e Gestão*)".

Conforme a melhor doutrina, porém, o caráter discricionário atribuído pelo referido dispositivo ao ato administrativo de aprovação da qualificação é flagrantemente inconstitucional, por afrontar o princípio da isonomia (art. 5º, *caput*, da Constituição Federal).

A lei prevê também a celebração de um contrato de gestão firmado entre o Poder Público e as organizações sociais, com vistas à formação de parceria entre as partes para fomento e execução das atividades previstas no contrato (art. 5º).

No contrato de gestão estão discriminadas as atribuições, responsabilidades e obrigações das duas partes (art. 6º).

---

41. *Terceiro Setor*, p. 13.
42. Sílvio Luís Ferreira da Rocha, ob. cit., p. 13.

As entidades que recebem a qualificação de "organizações sociais" são declaradas de interesse social e utilidade pública (art. 11), podendo ainda receber recursos orçamentários e bens públicos necessários ao cumprimento do contrato de gestão (art. 12), como também a cessão especial de servidor público (art. 13).

Por fim, o art. 16 da Lei n. 9.637/1998 disciplina o procedimento de desqualificação da organização social que descumprir as disposições contidas no contrato de gestão: "O Poder Executivo poderá proceder à desqualificação da entidade como organização social, quando constatado o descumprimento das disposições contidas no contrato de gestão. § 1º. A desqualificação será precedida de processo administrativo, assegurado o direito de ampla defesa, respondendo os dirigentes da organização social, individual e solidariamente, pelos danos e prejuízos decorrentes de sua ação ou omissão. § 2º. A desqualificação importará reversão dos bens permitidos e dos valores entregues à utilização da organização social, sem prejuízo de outras sanções cabíveis".

Portanto, pelo que foi visto neste breve panorama pode-se concluir que as organizações sociais não se encaixam no conceito de agências reguladoras porque são entidades privadas estranhas à intimidade do Poder Executivo.

1.3.9 Organizações da sociedade civil de interesse público (Oscips)

A criação e o funcionamento das organizações da sociedade civil de interesse público – conhecidas como Oscips – foram disciplinados pela Lei n. 9.790/1999, cujo art. 1º estabelece: "Podem qualificar-se como Organizações da Sociedade Civil de Interesse Público as pessoas jurídicas de direito privado, sem fins lucrativos, desde que os respectivos objetivos sociais e normas estatutárias atendam aos requisitos instituídos por esta Lei".

As áreas de atuação das Oscips estão elencadas no art. 3º: "promoção da assistência social; promoção da cultura, defesa e conservação do patrimônio histórico e artístico; promoção gratuita da educação; promoção gratuita da saúde; promoção da segurança alimentar e nutricional; defesa, preservação e conservação do meio ambiente e promoção do desenvolvimento sustentável; promoção do voluntariado; promoção do desenvolvimento econômico e social e combate à pobreza; experimentação, não-lucrativa, de novos modelos sócio-produtivos e de sistemas alternativos de produção, comércio, emprego e crédito; promoção de direitos estabelecidos, construção de novos direitos e assessoria jurídica gratuita de interesse suplementar; promoção da ética, da paz, da cidadania, dos direitos humanos, da democracia e de outros valores universais; estudos e pesquisas, desenvolvimento de tecnologias alternativas, produção e divulgação de informações e conhecimentos técnicos e científicos que digam respeito às atividades mencionadas neste artigo".

Como se nota, o âmbito de ação das Oscips é mais extenso do que o das organizações sociais.

Outra diferença fundamental entre umas e outras é que, ao contrário do que ocorre com as organizações sociais, a outorga da qualificação de Oscip é ato administrativo vinculado ao preenchimento, pela entidade candidata, dos requisitos fixados na lei (art. 1º, § 2º). Com isso, a Lei n. 9.790/1999 não incide no mesmo erro da Lei n. 9.637/1998, que, como visto no item anterior, conferiu inconstitucionalmente caráter discricionário ao ato de aprovação da qualificação de organização social, afrontando o princípio da isonomia (art. 5º, *caput*, da Constituição Federal).

Preenchidos os requisitos finalísticos (art. 3º) e estatutários (art. 4º), a entidade que pleiteia o título de Oscip deverá encaminhar requerimento escrito ao Ministério da Justiça (art. 5º), que terá o prazo de 30 dias para deferir ou não o pedido (art. 6º).

Considera-se termo de parceria "o instrumento passível de ser firmado entre o Poder Público e as entidades qualificadas como Organizações da Sociedade Civil de Interesse Público destinado à formação de vínculo de cooperação entre as partes para o fomento e execução das atividades de interesse público previstas no art. 3º desta Lei" (art. 9º).

Perde-se a qualificação de Oscip a pedido da entidade ou mediante decisão proferida em processo administrativo ou judicial, assegurados o contraditório e a ampla defesa (art. 7º).

Por último, segundo Sílvio Luís Ferreira da Rocha: "a fiscalização da execução do objeto do termo de parceria será feita pelo Poder Público, pelos Conselhos de Políticas Públicas em cada nível de governo e pela própria entidade, que integrará a Comissão de Avaliação dos resultados atingidos com a execução do termo de parceria (art. 11, §§ 1º e 2º). Deverá haver prestação de contas ao término de cada exercício financeiro, com observância do que dispõe o art. 12 do Decreto 3.100, isto é, com a apresentação de relatório sobre a execução do objeto do termo de parceria, comparando as metas propostas e os resultados alcançados; demonstrativo integral da receita e da despesa realizada na execução; parecer e relatório de auditoria nos casos em que o total dos recursos for igual ou superior a 600.000 Reais; e entrega do extrato da execução física e financeira".[43]

Em conclusão, as Oscips – assim como as organizações sociais – são entidades privadas que não pertencem à estrutura do Estado, pelo que, têm natureza jurídica bastante diferente da natureza das agências reguladoras.

---

43. Ob. cit., p. 78.

Capítulo 2
AGÊNCIAS REGULADORAS
NO BRASIL E NO EXTERIOR

2.1 O Estado regulador no Brasil. 2.2 História e atribuições das agências reguladoras brasileiras: 2.2.1 Aneel; 2.2.2 Anatel; 2.2.3 ANP; 2.2.4 ANS; 2.2.5 ANA; 2.2.6 Anvisa; 2.2.7 ANTT; 2.2.8 Antaq; 2.2.9 Ancine; 2.2.10 ADA; 2.2.11 Adene; 2.2.12 CVM. 2.3 Agências reguladoras estaduais e municipais. 2.4 Classificação das agências reguladoras. 2.5 Direito comparado: 2.5.1 Estados Unidos; 2.5.2 França; 2.5.3 Inglaterra; 2.5.4 Argentina.

2.1 O Estado regulador no Brasil

Afirma Maria João Estorninho: "se no Estado Absoluto o administrado era encarado como 'súbdito', no Estado Liberal como 'cidadão' e no Estado Social como 'utente' de uma Administração prestadora, neste Estado dos anos noventa, na minha opinião, o administrado parece começar a ser encarado essencialmente como 'consumidor' ou 'cliente' de uma Administração 'gestora e garante'".[1]

Assim, em outros termos, cada diferente etapa da evolução do Estado produziu um tipo próprio de Administração caracterizado por seus fins peculiares e pelos meios de que se serve (Ernst Forsthoff).[2]

No Brasil, com as privatizações levadas a termo na última década, muitas atividades que eram exercidas diretamente pelo Estado foram entregues à prestação por particulares, como se viu no breve roteiro indicado anteriormente.

---

1. *A Fuga para o Direito Privado*, p. 14.
2. *Tratado de Derecho Administrativo*, p. 55.

Diante disso, o Poder Público abandonou a condição de prestador direto de serviços para desempenhar o papel apenas de fiscalizador de sua boa execução.

Houve o que chamamos *privatização-delegação* nos seguintes setores: gás canalizado (Emenda Constitucional n. 5, de 15 de agosto de 1995); telecomunicações (Emenda Constitucional n. 8, de 15 de agosto de 1995); e petróleo (Emenda Constitucional n. 9, de 9 de novembro de 1995). Para desempenhar as atividades de controle e fiscalização desses setores foram criadas agências reguladoras.

Cabe indagar se o sistema de regulação estatal é um mecanismo exclusivo do modelo neoliberal ou se, ao contrário, seria compatível com o Estado Social.

A resposta depende: a) daquilo que se compreende como sistema de regulação estatal; b) de quantas ou quais atividades precisam ser desenvolvidas diretamente por um Estado para ser "Social".

Parece evidente que agências encarregadas de atividades de fomento ou polícia são perfeitamente conciliáveis com um Estado prestador. Porém, tomando como exemplo o caso brasileiro, se houver um processo de privatizações na modalidade delegação, com a transferência da execução de serviços públicos a particulares, a própria implantação de agências para fiscalizar esses setores pressupõe que o Estado tenha deixado de prestar os serviços diretamente.

Assim, para aqueles que, como nós, entendem ser elemento decisivo para a conceituação de Estado Social que ele esteja incumbido do desempenho direto de funções próprias de um modelo intervencionista – como a exploração de recursos minerais, o monopólio das telecomunicações e a prestação dos serviços públicos –, não existe outro caminho senão concluir que o modelo de regulação estatal caracterizado pela presença de agências[3] é incompatível com a essência do Estado dito "Social", a não ser – repita-se – que as agências sejam de mero fomento ou de polícia.[4]

---

3. A ressalva faz-se necessária porque podem existir outros sistemas de regulação estatal sem as agências.
4. Em sentido contrário Alexandre Santos de Aragão, *Agências Reguladoras e a Evolução do Direito Administrativo Econômico*, pp. 266-267.

2.2 História e atribuições das agências reguladoras brasileiras

As agências reguladoras são um instituto sem tradição no Brasil. Sua concepção foi importada há menos de dez anos, quando se intensificou o processo de privatização com o desmonte do aparelho estatal. Foram criadas inicialmente para fiscalizar a execução de atividades que, até então, o texto original da Constituição de 1988 definia como privativas do Estado.

As Emendas Constitucionais n. 8, de 15 de agosto de 1995, e n. 9, de 9 de novembro de 1995, além de abrir à iniciativa privada os setores, respectivamente, das telecomunicações e do petróleo, atribuíram à União a competência para criar, nos termos da lei, *órgãos de regulação* para esses dois setores.

Posteriormente, várias leis criaram agências reguladoras nas esferas federal, estadual e até municipal.

Faremos, a seguir, uma descrição resumida das atribuições de cada agência federal.

Indicaremos, ainda, os nomes de algumas agências reguladoras estaduais e municipais.

2.2.1 Aneel

A Agência Nacional de Energia Elétrica (Aneel) foi criada pela Lei n. 9.427, de 26 de dezembro de 1996, e instituída pelo Decreto n. 2.235/1997, com natureza de autarquia sob regime especial, vinculada ao Ministério de Minas e Energia, tendo por finalidade "regular e fiscalizar a produção, transmissão, distribuição e comercialização de energia elétrica, em conformidade com as políticas e diretrizes do governo federal" (art. 2º).[5]

---

5. Compete à Aneel: "I – implementar as políticas e diretrizes do governo federal para a exploração da energia elétrica e o aproveitamento dos potenciais hidráulicos, expedindo os atos regulamentares necessários ao cumprimento das normas estabelecidas pela Lei n. 9.074, de 7 de julho de 1995; II – promover as licitações destinadas à contratação de concessionárias de serviço público para produção, transmissão e distribuição de energia elétrica e para a outorga de concessão para aproveitamento de potenciais hidráulicos; III – definir o aproveitamento ótimo de que tratam os §§ 2º e 3º do art. 5º da Lei n. 9.074, de 7 de julho de 1995; IV – celebrar e gerir os contratos de concessão ou de permissão de serviços públicos de energia elétrica, de concessão de uso

São atribuições da Aneel no setor de energia elétrica, entre outras: promover licitações; celebrar e gerir contratos de concessão; outorgar permissões; expedir autorizações; exercer ampla fiscalização sobre os serviços e bens concedidos, permitidos e autorizados; dirimir administrativamente controvérsias; estimular a concorrência e impedir a concentração econômica; e fixar multas aplicáveis a concessionários, permissionários e autorizatários (art. 3º).

de bem público, expedir as autorizações, bem como fiscalizar, diretamente ou mediante convênios com órgãos estaduais, as concessões e a prestação dos serviços de energia elétrica; V – dirimir, no âmbito administrativo, as divergências entre concessionárias, permissionárias, autorizadas, produtores independentes e autoprodutores, bem como entre esses agentes e seus consumidores; VI – fixar os critérios para cálculo do preço de transporte de que trata o § 6º do art. 15 da Lei n. 9.074, de 7 de julho de 1995, e arbitrar seus valores nos casos de negociação frustrada entre os agentes envolvidos; VII – articular com o órgão regulador do setor de combustíveis fósseis e gás natural os critérios para fixação dos preços de transporte desses combustíveis, quando destinados à geração de energia elétrica, e para arbitramento de seus valores, nos casos de negociação frustrada entre os agentes envolvidos; VIII – estabelecer, com vistas a propiciar concorrência efetiva entre os agentes e a impedir a concentração econômica nos serviços e atividades de energia elétrica, restrições, limites ou condições para empresas, grupos empresariais e acionistas, quanto à obtenção e transferência de concessões, permissões e autorizações, à concentração societária e à realização de negócios entre si; IX – zelar pelo cumprimento da legislação de defesa da concorrência, monitorando e acompanhando as práticas de mercado dos agentes do setor de energia elétrica; X – fixar as multas administrativas a serem impostas aos concessionários, permissionários e autorizados de instalações e serviços de energia elétrica, observado o limite, por infração, de 2% (dois por cento) do faturamento, ou do valor estimado da energia produzida nos casos de autoprodução e produção independente, correspondente aos últimos doze meses anteriores à lavratura do auto de infração ou estimados para um período de doze meses caso o infrator não esteja em operação ou esteja operando por um período inferior a doze meses; XI – estabelecer tarifas para o suprimento de energia elétrica realizado às concessionárias e permissionárias de distribuição, inclusive às Cooperativas de Eletrificação Rural enquadradas como permissionárias, cujos mercados próprios sejam inferiores a 300 GWh/ano, e tarifas de fornecimento às Cooperativas autorizadas, considerando parâmetros técnicos, econômicos, operacionais e a estrutura dos mercados atendidos; XII – estabelecer, para cumprimento por parte de cada concessionária e permissionária de serviço público de distribuição de energia elétrica, as metas a serem periodicamente alcançadas, visando a universalização do uso da energia elétrica; e XIII – efetuar o controle prévio e *a posteriori* de atos e negócios jurídicos a serem celebrados entre concessionárias, permissionárias, autorizadas e seus controladores, suas sociedades controladas ou coligadas e outras sociedades controladas ou coligadas de controlador comum, impondo-lhes restrições à mútua constituição de direitos e obrigações, especialmente comerciais e, no limite, a abstenção do próprio ato ou contrato" (art. 3º, da Lei n. 9.427/1996, com posteriores alterações).

AGÊNCIAS REGULADORAS NO BRASIL E NO EXTERIOR 57

Assim, em síntese, a Aneel exerce as funções próprias de poder concedente, sendo uma agência reguladora voltada ao controle e à fiscalização da prestação de serviços públicos, nos termos do art. 21, XII, *b*, da Constituição Federal, segundo o qual cabe à União explorar, diretamente ou mediante autorização, concessão ou permissão os serviços e instalações de energia elétrica.

A Aneel é dirigida por um órgão colegiado composto por um diretor-geral e quatro diretores com mandatos não-coincidentes de quatro anos (art. 4º). Os dirigentes são nomeados pelo Presidente da República, mediante aprovação prévia do Senado Federal (art. 5º). O art. 8º da Lei n. 9.427/1996 autorizava a exoneração *ad nutum* dos dirigentes pelo Presidente da República, durante os quatro primeiros meses de seus mandatos. Entretanto, tal dispositivo foi revogado expressamente pelo art. 39 da Lei n. 9.886/2000.

Assim, os dirigentes da Aneel só perderão o mandato em caso de renúncia, de condenação judicial transitada em julgado ou de processo administrativo disciplinar (art. 9º da Lei n. 9.886/2000).

A Lei da Aneel determina a celebração de um contrato de gestão entre a diretoria da agência e o Poder Executivo, que será um instrumento de controle da atuação administrativa da autarquia, servindo também como parâmetro para a avaliação de seu desempenho (art. 7º, § 1º).

A mais expressiva fonte de receitas da Aneel é a taxa de fiscalização de serviços de energia elétrica, instituída pelo art. 12 da Lei n. 9.427/1996, cobrada à alíquota de 0,5% sobre o valor do benefício econômico anual auferido pelos concessionários, permissionários e autorizatários.

Há previsão, ainda, de convênio de cooperação a fim de descentralizar para os Estados e o Distrito Federal a execução das atividades complementares de regulação, controle e fiscalização dos serviços e instalações de energia elétrica, cabendo à Aneel normatizar, acompanhar e avaliar o exercício descentralizado dessas atividades (arts. 20 e 21 da Lei n. 9.427/1996).

Por último, vale lembrar que, antes da criação da Aneel, todas essas funções eram desempenhadas pelo Departamento Nacional de Águas e Energia Elétrica – DNAEE –, cujo acervo técnico e patrimonial foi transferido para a Aneel (art. 31 da Lei n. 9.427/1996).

2.2.2 Anatel

A Agência Nacional de Telecomunicações – Anatel – foi criada pela Lei n. 9.472, de 16 de julho de 1997, e instituída pelo Decreto n. 2.338/1997. Possui natureza de autarquia especial (art. 8º), estando vinculada ao Ministério das Comunicações.

Tem como atribuições centrais "o disciplinamento e a fiscalização da execução, comercialização e uso dos serviços e da implantação e funcionamento de redes de telecomunicações, bem como da utilização dos recursos da órbita e espectro de radiofreqüências" (art 1º, parágrafo único).[6]

6. Compete à Anatel: "I – implementar, em sua esfera de atribuições, a política nacional de telecomunicações; II – representar o Brasil nos organismos internacionais de telecomunicações, sob a coordenação do Poder Executivo; III – expedir normas quanto à outorga, prestação e fruição dos serviços de telecomunicações no regime público; IV – editar atos de outorga e extinção de direito de exploração do serviço no regime público; V – celebrar e gerenciar contratos de concessão e fiscalizar a prestação do serviço no regime público, aplicando sanções e realizando intervenções; VI – controlar, acompanhar e proceder à revisão de tarifas dos serviços prestados no regime público, bem como homologar reajustes; VII – administrar o espectro de radiofreqüências e o uso de órbitas, expedindo as respectivas normas; VIII – editar atos de outorga e extinção do direito de uso de radiofreqüência e de órbita, fiscalizando e aplicando sanções; IX – expedir normas sobre prestação de serviços de telecomunicações no regime privado; X – expedir e extinguir autorização para prestação de serviço no regime privado, fiscalizando e aplicando sanções; XI – expedir normas e padrões a serem cumpridos pelas prestadoras de serviços de telecomunicações quanto aos equipamentos que utilizarem; XII – expedir ou reconhecer a certificação de produtos, observados os padrões e normas por ela estabelecidos; XIII – expedir normas e padrões que assegurem a compatibilidade, a operação integrada e a interconexão entre as redes, abrangendo inclusive os equipamentos terminais; XIV – realizar busca e apreensão de bens no âmbito de sua competência; XV – deliberar na esfera administrativa quanto à interpretação da legislação de telecomunicações e sobre os casos omissos; XVI – compor administrativamente conflitos de interesses entre prestadoras de serviço de telecomunicações; XVII – reprimir infrações dos direitos dos usuários; XVIII – exercer, relativamente às telecomunicações, as competências legais em matéria de controle, prevenção e repressão das infrações da ordem econômica, ressalvadas as pertencentes ao Conselho Administrativo de Defesa Econômica – CADE; XIX – propor ao Presidente da República, por intermédio do Ministério das Comunicações, a declaração de utilidade pública, para fins de desapropriação ou instituição de servidão administrativa, dos bens necessários à implantação ou manutenção de serviço no regime público; XX – arrecadar e aplicar suas receitas; XXI – resolver quanto à celebração, alteração ou extinção de seus contratos, bem como quanto à nomeação, exoneração e demissão de servidores, realizando os procedimentos necessários, na forma

A história da Anatel está diretamente ligada ao processo de privatizações e reforma do Estado brasileiro.

É que a Emenda Constitucional n. 8/1995 deu nova redação ao art. 21, XI, da Constituição Federal, nos seguintes termos: "Compete à União: XI – explorar, diretamente ou mediante autorização, concessão ou permissão, os serviços de telecomunicações, nos termos da lei, que disporá sobre a organização dos serviços, *a criação de um órgão regulador* e outros aspectos institucionais" (grifos nossos).

A Anatel é competente para: expedir normas quanto à outorga, prestação e fruição dos serviços de telecomunicações; celebrar e gerenciar contratos de concessão e fiscalizar sua execução; aplicar sanções administrativas; realizar intervenções; controlar, acompanhar e proceder à revisão de tarifas; compor administrativamente conflitos de interesse; e reprimir infrações dos direitos dos usuários (art. 19).

Assim como a Aneel, a Anatel também é uma agência reguladora incumbida de desempenhar com exclusividade as atividades próprias de poder concedente, que anteriormente eram exercidas na órbita da Administração Direta.

Nesse sentido, o art. 22, parágrafo único, da lei da Anatel, determina: "fica vedada a realização por terceiros da fiscalização de competência da Agência, ressalvadas as atividades de apoio".

A direção da Anatel está a cargo de um conselho diretor composto de cinco membros com mandatos não-coincidentes de cinco anos (art. 20), que são nomeados pelo Presidente da República, mediante aprovação prévia do Senado, entre brasileiros de reputação ilibada, formação universitária e elevado conceito no campo de sua especialidade (art. 23).

em que dispuser o regulamento; XXII – contratar pessoal por prazo determinado, de acordo com o disposto na Lei n. 8.745, de 9 de dezembro de 1993; XXIII – adquirir, administrar e alienar seus bens; XXIV – decidir em último grau sobre as matérias de sua alçada, sempre admitido recurso ao Conselho Diretor; XXV – formular ao Ministério das Comunicações proposta de orçamento; XXVI – elaborar relatório anual de suas atividades, nele destacando o cumprimento da política do setor definida nos termos do artigo anterior; XXVII – enviar o relatório anual de suas atividades ao Ministério das Comunicações e, por intermédio da Presidência da República, ao Congresso Nacional; e XXVIII – promover interação com administrações de telecomunicações dos países do Mercado Comum do Sul – MERCOSUL, com vistas à consecução de objetivos de interesse comum" (art. 19 da Lei n. 9.472/1997).

Não existe previsão de exoneração imotivada de membros da diretoria.

Quanto ao controle das atividades da Anatel, há um título específico (Título IV) versando sobre o tema.

O art. 38 da Lei n. 9.472/1997 afirma que as atividades da Anatel estão juridicamente condicionadas ao cumprimento dos princípios da legalidade, celeridade, finalidade, razoabilidade, proporcionalidade, impessoalidade, igualdade, devido processo legal, publicidade e moralidade.

Além disso, a lei preocupou-se expressamente em assegurar: o acesso do público a documentos e autos (art. 39); a obrigatória motivação dos atos praticados (art. 40); a publicação dos atos normativos no *Diário Oficial da União*, como requisito essencial para produção de seus efeitos (art. 41); o amplo direito de recorrer e peticionar (art. 44).

Ainda como instrumento de controle sobre a atuação da agência, o Presidente da República nomeará um ouvidor com mandato de dois anos, admitida uma recondução (art. 45).

Por fim, o art. 50 da Lei n. 9.472/1997 determinou que o Fundo de Fiscalização das Telecomunicações – o Fistel – passa a ser administrado exclusivamente pela Anatel. O Fistel é composto pelo produto da arrecadação das taxas de fiscalização, de instalação e funcionamento pagas pelos concessionários, permissionários e autorizatários dos serviços de telecomunicações.

2.2.3 ANP

A Agência Nacional do Petróleo (ANP) foi criada pela Lei n. 9.478, de 6 de agosto de 1997, e instituída pelo Decreto n. 2.455/1998, tendo regime autárquico especial e vinculando-se ao Ministério de Minas e Energia. Compete a ela "promover a regulação, a contratação e a fiscalização das atividades econômicas integrantes da indústria do petróleo" (art. 7º, parágrafo único).[7]

---

7. Compete à ANP: "I – implementar, em sua esfera de atribuições, a política nacional de petróleo e gás natural, contida na política energética nacional, com ênfase na garantia do suprimento de derivados de petróleo em todo o território nacional e na proteção dos interesses dos consumidores quanto a preço, qualidade e oferta dos

As atividades componentes da chamada indústria do petróleo são essencialmente sete: a) pesquisa ou exploração – conjunto de operações ou atividades destinadas a avaliar áreas, objetivando a descoberta e a identificação de jazidas de petróleo ou gás natural; b) lavra ou produção – conjunto de operações coordenadas de extração de petróleo ou gás natural de uma jazida e de preparo para sua movimentação; c) importação e exportação; d) refino – preparação do produto para consumo; e) transporte – locomoção do petróleo ou gás natural para os vários Estados brasileiros; f) distribuição – atividade de comercialização por atacado com a rede varejista ou com grandes consumidores; g) revenda – atividade de venda a varejo de combustíveis ao consumidor final.

produtos; II – promover estudos visando à delimitação de blocos, para efeito de concessão das atividades de exploração, desenvolvimento e produção; III – regular a execução de serviços de geologia e geofísica aplicados à prospecção petrolífera, visando ao levantamento de dados técnicos, destinados à comercialização, em bases não-exclusivas; IV – elaborar os editais e promover as licitações para a concessão de exploração, desenvolvimento e produção, celebrando os contratos delas decorrentes e fiscalizando a sua execução; V – autorizar a prática das atividades de refinação, processamento, transporte, importação e exportação; VI – estabelecer critérios para o cálculo de tarifas de transporte dutoviário e arbitrar seus valores, nos casos e da forma previstos na Lei; VII – fiscalizar diretamente, ou mediante convênios com órgãos dos Estados e do Distrito Federal, as atividades integrantes da indústria do petróleo, bem como aplicar as sanções administrativas e pecuniárias previstas em lei, regulamento ou contrato; VIII – instruir processo com vistas à declaração de utilidade pública, para fins de desapropriação e instituição de servidão administrativa, das áreas necessárias à exploração, desenvolvimento e produção de petróleo e gás natural, construção de refinarias, de dutos e de terminais; IX – fazer cumprir as boas práticas de conservação e uso racional do petróleo, dos derivados e do gás natural e de preservação do meio ambiente; X – estimular a pesquisa e a adoção de novas tecnologias na exploração, produção, transporte, refino e processamento; XI – organizar e manter o acervo das informações e dados técnicos relativos às atividades da indústria do petróleo; XII – consolidar anualmente as informações sobre as reservas nacionais de petróleo e gás natural transmitidas pelas empresas, responsabilizando-se por sua divulgação; XIII – fiscalizar o adequado funcionamento do Sistema Nacional de Estoques de Combustíveis e o cumprimento do Plano Anual de Estoques Estratégicos de Combustíveis, de que trata o art. 4º da Lei n. 8.176, de 8 de fevereiro de 1991; XIV – articular-se com os outros órgãos reguladores do setor energético sobre matérias de interesse comum, inclusive para efeito de apoio técnico ao CNPE; e XV – regular e autorizar as atividades relacionadas com o abastecimento nacional de combustíveis, fiscalizando-as diretamente ou mediante convênios com outros órgãos da União, Estados, Distrito Federal ou Municípios" (art. 8º da Lei n. 9.478/1997).

A Emenda Constitucional n. 9, de 9 de novembro de 1995, deu nova redação ao art. 177 da Constituição Federal, passando a permitir que a União contratasse empresas privadas para realizar pesquisa e lavra das jazidas de petróleo e gás natural, refinação do petróleo, importação e exportação de seus produtos e derivados, bem como, transporte marítimo do petróleo bruto.

Antes da Emenda n. 9/1995, tais atividades só poderiam ser desenvolvidas diretamente pela União.

Com o advento da referida emenda, foram ainda acrescentados ao art. 177 os §§ 1º e 2º, sendo que o inc. III do § 2º da Constituição Federal determinou que a lei deveria dispor sobre a estrutura e as funções de um órgão regulador. Atendendo ao comando constitucional, a Lei n. 9.478/1997 criou a ANP.

Cabe à ANP implementar a política nacional de petróleo e gás natural, promover licitações, celebrar contratos de concessão e fiscalizar sua execução, outorgar autorizações, estabelecer critérios para o cálculo de tarifas de transporte dutoviário, aplicar sanções, estimular a pesquisa e a adoção de novas tecnologias, e regular as atividades relacionadas com o abastecimento nacional de combustíveis (art. 8º).

Em linhas gerais, a ANP, assim como a Aneel e a Anatel, centraliza as atribuições próprias de poder concedente, tais como fazer editais, realizar licitações, celebrar contratos, fiscalizar sua execução e aplicar sanções.

A ANP é dirigida por órgão colegiado composto de um diretor-geral e quatro diretores (art. 11) com mandatos não-coincidentes de quatro anos (art. 11, § 3º), nomeados pelo Presidente da República, mediante aprovação prévia do Senado (art. 11, § 2º). Não há previsão de exoneração *ad nutum* dos membros da diretoria.

2.2.4 ANS

A Agência Nacional de Saúde Suplementar (ANS) foi criada pela Lei n. 9.961, de 28 de janeiro de 2000, e instituída pelo Decreto n. 3.327/2000, sob a forma de autarquia com regime especial, vinculada ao Ministério da Saúde, cabendo-lhe "normatizar, controlar e fiscalizar as atividades que garantam a assistência suplementar à saúde" (art. 1º).

Determina ainda o art. 3º: "A ANS terá por finalidade institucional promover a defesa do interesse público na assistência suplementar à saúde, regulando as operadoras setoriais, inclusive quanto às suas relações com prestadores e consumidores, contribuindo para o desenvolvimento das ações de saúde no país".[8]

8. Compete à ANS: "I – propor políticas e diretrizes gerais ao Conselho Nacional de Saúde Suplementar – Consu para a regulação do setor de saúde suplementar; II – estabelecer as características gerais dos instrumentos contratuais utilizados na atividade das operadoras; III – elaborar o rol de procedimentos e eventos em saúde, que constituirão referência básica para os fins do disposto na Lei n. 9.656, de 3 de junho de 1998, e suas excepcionalidades; IV – fixar critérios para os procedimentos de credenciamento e descredenciamento de prestadores de serviço às operadoras; V – estabelecer parâmetros e indicadores de qualidade e de cobertura em assistência à saúde para os serviços próprios e de terceiros oferecidos pelas operadoras; VI – estabelecer normas para ressarcimento ao Sistema Único de Saúde – SUS; VII – estabelecer normas relativas à adoção e utilização, pelas operadoras de planos de assistência à saúde, de mecanismos de regulação do uso dos serviços de saúde; VIII – deliberar sobre a criação de câmaras técnicas, de caráter consultivo, de forma a subsidiar suas decisões; IX – normatizar os conceitos de doença e lesão preexistentes; X – definir, para fins de aplicação da Lei n. 9.656, de 1998, a segmentação das operadoras e administradoras de planos privados de assistência à saúde, observando as suas peculiaridades; XI – estabelecer critérios, responsabilidades, obrigações e normas de procedimento para garantia dos direitos assegurados nos arts. 30 e 31 da Lei n. 9.656, de 1998; XII – estabelecer normas para registro dos produtos definidos no inciso I e no § 1º do art. 1º da Lei n. 9.656, de 1998; XIII – decidir sobre o estabelecimento de sub-segmentações aos tipos de planos definidos nos incisos I a IV do art. 12 da Lei n. 9.656, de 1998; XIV – estabelecer critérios gerais para o exercício de cargos diretivos das operadoras de planos privados de assistência à saúde; XV – estabelecer critérios de aferição e controle da qualidade dos serviços oferecidos pelas operadoras de planos privados de assistência à saúde, sejam eles próprios, referenciados, contratados ou conveniados; XVI – estabelecer normas, rotinas e procedimentos para concessão, manutenção e cancelamento de registro dos produtos das operadoras de planos privados de assistência à saúde; XVII – autorizar reajustes e revisões das contraprestações pecuniárias dos planos privados de assistência à saúde, de acordo com parâmetros e diretrizes gerais fixados conjuntamente pelos Ministérios da Fazenda e da Saúde; XVIII – expedir normas e padrões para o envio de informações de natureza econômico-financeira pelas operadoras, com vistas à homologação de reajustes e revisões; XIX – proceder à integração de informações com os bancos de dados do Sistema Único de Saúde; XX – autorizar o registro dos planos privados de assistência à saúde; XXI – monitorar a evolução dos preços de planos de assistência à saúde, seus prestadores de serviços, e respectivos componentes e insumos; XXII – autorizar o registro e o funcionamento das operadoras de planos privados de assistência à saúde, bem assim, ouvidos previamente os órgãos do sistema de defesa da concorrência, sua cisão, fusão, incorporação, alteração ou transferência do controle societário; XXIII – fiscalizar as atividades das operadoras de planos privados de assistência à saúde e

As principais atribuições da ANS são: fixar as características gerais dos contratos utilizados pelas operadoras do setor de saúde suplementar; estabelecer critérios para o credenciamento e descredenciamento de prestadores de serviços junto às operadoras; determinar parâmetros e indicadores de qualidade e de cobertura em assistência à saúde; normatizar os conceitos de doença e lesão preexistentes; criar critérios de aferição e controle da qualidade dos serviços oferecidos pelas operadoras de planos privados de assistência à saúde; autorizar reajustes e revisões dos planos de saúde; autorizar o registro dos planos de saúde; fiscalizar a atuação das operadoras e prestadoras de serviços de saúde com relação à abrangência das coberturas; estimular a competitividade no setor de planos de assistência à saúde; proceder à liquidação extrajudicial e autorizar o liquidante a requerer a falência ou insolvência civil das operadoras de planos privados de assistência à saúde (art. 4º).

zelar pelo cumprimento das normas atinentes ao seu funcionamento; XXIV – exercer o controle e a avaliação dos aspectos concernentes à garantia de acesso, manutenção e qualidade dos serviços prestados, direta ou indiretamente, pelas operadoras de planos privados de assistência à saúde; XXV – avaliar a capacidade técnico-operacional das operadoras de planos privados de assistência à saúde para garantir a compatibilidade da cobertura oferecida com os recursos disponíveis na área geográfica de abrangência; XXVI – fiscalizar a atuação das operadoras e prestadores de serviços de saúde com relação à abrangência das coberturas de patologias e procedimentos; XXVII – fiscalizar aspectos concernentes às coberturas e o cumprimento da legislação referente aos aspectos sanitários e epidemiológicos, relativos à prestação de serviços médicos e hospitalares no âmbito da saúde suplementar; XXVIII – avaliar os mecanismos de regulação utilizados pelas operadoras de planos privados de assistência à saúde; XXIX – fiscalizar o cumprimento das disposições da Lei n. 9.656, de 1998, e de sua regulamentação; XXX – aplicar as penalidades pelo descumprimento da Lei n. 9.656, de 1998, e de sua regulamentação; XXXI – requisitar o fornecimento de informações às operadoras de planos privados de assistência à saúde, bem como da rede prestadora de serviços a elas credenciadas; XXXII – adotar as medidas necessárias para estimular a competição no setor de planos privados de assistência à saúde; XXXIII – instituir o regime de direção fiscal ou técnica nas operadoras; XXXIV – proceder à liquidação das operadoras que tiverem cassada a autorização de funcionamento; XXXV – promover a alienação da carteira de planos privados de assistência à saúde das operadoras; XXXVI – articular-se com os órgãos de defesa do consumidor visando a eficácia da proteção e defesa do consumidor de serviços privados de assistência à saúde, observado o disposto na Lei n. 8.078, de 11 de setembro de 1990; XXXVII – zelar pela qualidade dos serviços de assistência à saúde no âmbito da assistência à saúde suplementar; e XXXVIII – administrar e arrecadar as taxas de sua competência" (art. 4º da Lei n. 9.961/2000, com alterações posteriores).

O serviço de saúde constitui o que Celso Antônio Bandeira de Mello chama de "serviço que o Estado tem obrigação de prestar, mas sem exclusividade".[9]

Isso porque o art. 196 da Constituição Federal estabelece que: "A saúde é direito de todos e dever do Estado, garantido mediante políticas sociais e econômicas".

O art. 197 dispõe: "São de relevância pública as ações e serviços de saúde, cabendo ao Poder Público dispor, nos termos da lei, sobre sua regulamentação, fiscalização e controle, devendo sua execução ser feita diretamente ou através de terceiros *e, também, por pessoa física ou jurídica de direito privado*" (grifos nossos).

E, mais adiante, o art. 199 determina: "A assistência à saúde é livre à iniciativa privada".

Nesse sentido, afirma Maria Sylvia Zanella Di Pietro: "Outros serviços públicos podem ser executados pelo Estado ou pelo particular, neste último caso mediante autorização do Poder Público. Tal é o caso dos serviços previstos no Título VIII da Constituição, concernentes à ordem social, abrangendo saúde (arts. 196 e 199), previdência social (art. 201, § 8º), assistência social (art. 204) e educação (arts. 208 e 209)".[10]

Dessa forma, à ANS cabe normatizar e fiscalizar a prestação, por particulares, dos serviços de assistência à saúde, regulando especialmente a atuação das empresas operadoras dos planos de saúde.

Portanto, ao contrário da Aneel, da Anatel, da ANP, da ANTT e da Antaq, a ANS não desenvolve atribuições típicas de poder concedente. Antes, é uma agência reguladora que, assim como a Anvisa, exerce fundamentalmente poder de polícia, ou seja, age restringindo a liberdade e a propriedade particulares em favor do interesse público.

A ANS é dirigida por um diretor-presidente e até mais quatro diretores (art. 6º da Lei n. 9.961/2000) com mandatos de três anos, sendo nomeados pelo Presidente da República, mediante aprovação prévia do Senado (art. 6º, parágrafo único).

---

9. *Curso de Direito Administrativo*, cit., p. 637.
10. *Direito Administrativo*, pp. 105-106.

Sobre a possibilidade de haver exoneração *ad nutum* dos dirigentes da ANS, o art. 8º admite que isso ocorra, desde que durante os quatro meses iniciais de seus mandatos.

Estranhamente, a Lei n. 9.986/2000 não revogou de modo expresso tal dispositivo, como fez com norma equivalente que existia na lei instituidora da Aneel (art. 8º da Lei n. 9.427/1996).

2.2.5 ANA

A Agência Nacional de Águas (ANA) foi criada pela Lei n. 9.984, de 17 de julho de 2000, e instituída pelo Decreto n. 3.692/ 2000, com natureza de autarquia de regime especial, vinculada ao Ministério do Meio Ambiente, tendo competência para "implementação da Política Nacional de Recursos Hídricos, estabelecendo regras para a sua atuação, sua estrutura administrativa e suas fontes de recursos" (art. 1º).[11]

11. Compete à ANA: "I – supervisionar, controlar e avaliar as ações e atividades decorrentes do cumprimento da legislação federal pertinente aos recursos hídricos; II – disciplinar, em caráter normativo, a implementação, a operacionalização, o controle e a avaliação dos instrumentos da Política Nacional de Recursos Hídricos; III – fiscalizar os usos de recursos hídricos nos corpos de água de domínio da União; IV – elaborar estudos técnicos para subsidiar a definição, pelo Conselho Nacional de Recursos Hídricos, dos valores a serem cobrados pelo uso de recursos hídricos de domínio da União, com base nos mecanismos e quantitativos sugeridos pelos Comitês de Bacia Hidrográfica, na forma do inciso VI do art. 38 da Lei n. 9.433, de 1997; V – estimular e apoiar as iniciativas voltadas para a criação de Comitês de Bacia Hidrográfica; VI – implementar, em articulação com os Comitês de Bacia Hidrográfica, a cobrança pelo uso de recursos hídricos de domínio da União; VII – arrecadar, distribuir e aplicar receitas auferidas por intermédio da cobrança pelo uso de recursos hídricos de domínio da União, na forma do disposto no art. 22 da Lei n. 9.433, de 1997; VIII – planejar e promover ações destinadas a prevenir ou minimizar os efeitos de secas e inundações, no âmbito do Sistema Nacional de Gerenciamento de Recursos Hídricos, em articulação com o órgão central do Sistema Nacional de Defesa Civil, em apoio aos Estados e Municípios; IX – promover a elaboração de estudos para subsidiar a aplicação de recursos financeiros da União em obras e serviços de regularização de cursos de água, de alocação e distribuição de água, e de controle da poluição hídrica, em consonância com o estabelecido nos planos de recursos hídricos; X – definir e fiscalizar as condições de operação de reservatórios por agentes públicos e privados, visando a garantir o uso múltiplo dos recursos hídricos, conforme estabelecido nos planos de recursos hídricos das respectivas bacias hidrográficas; XI – promover a coordenação das atividades desenvolvidas no âmbito da rede hidrometeorológica nacional,

Cabe à ANA, entre outras competências: outorgar autorização e fiscalizar o uso de recursos hídricos em corpos de água de domínio da União; arrecadar, distribuir e aplicar receitas auferidas por intermédio da cobrança pelo uso de recursos hídricos do domínio da União; planejar e promover ações destinadas a prevenir ou minimizar os efeitos de secas e inundações; e definir e fiscalizar as condições de operação de reservatórios por agentes públicos e privados, visando garantir o uso múltiplo dos recursos hídricos (art. 4º).

A atuação da ANA é bastante diferente do conjunto de atividades desenvolvidas pelas demais agências reguladoras existentes atualmente no Brasil. Não é agência que desempenha as tarefas de poder concedente (Aneel, Anatel, ANP, Antaq e ANTT), tampouco agência de polícia (ANS e Anvisa) ou de fomento (Ancine, ADA e Adene).

Na verdade, a ANA é agência de "regulação do uso de bem público".[12]

A diretoria da ANA é formada por cinco membros nomeados pelo Presidente da República, com mandatos não-coincidentes de quatro anos (art. 9º).

A Lei n. 9.984/2000, por falha do legislador, não menciona a aprovação pelo Senado Federal dos dirigentes nomeados pelo Presidente da República, o que, porém, deve ocorrer por força do art. 5º, parágrafo único, da Lei n. 9.986/2000.

O art. 10 autoriza a exoneração imotivada dos dirigentes pelo Presidente da República, desde que durante os quatro primeiros meses de seus mandatos.

Recentemente, a Medida Provisória n. 124, de 11 de julho de 2003, foi editada dispondo sobre o quadro de pessoal da ANA.

---

em articulação com órgãos e entidades públicas ou privadas que a integram, ou que dela sejam usuárias; XII – organizar, implantar e gerir o Sistema Nacional de Informações sobre Recursos Hídricos; XIII – estimular a pesquisa e a capacitação de recursos humanos para a gestão de recursos hídricos; XIV – prestar apoio aos Estados na criação de órgãos gestores de recursos hídricos; e XV – propor ao Conselho Nacional de Recursos Hídricos o estabelecimento de incentivos, inclusive financeiros, à conservação qualitativa e quantitativa de recursos hídricos" (art. 4º da Lei n. 9.984/2000).
    12. Celso Antônio Bandeira de Mello, Curso ..., cit., p. 158.

2.2.6 Anvisa

A Agência Nacional de Vigilância Sanitária (Anvisa) foi criada pela Lei n. 9.782/1999, de 26 de janeiro de 1999, e instituída pelo Decreto n. 3.029/1999, com natureza de autarquia sob regime especial, vinculada ao Ministério da Saúde, tendo como finalidade "promover proteção da saúde da população, por intermédio do controle sanitário da produção e da comercialização de produtos e serviços submetidos à vigilância sanitária, inclusive dos ambientes, dos processos, dos insumos e das tecnologias a eles relacionados, bem como o controle de portos, aeroportos e de fronteiras" (art. 6º).[13]

13. Compete à Anvisa: "I – coordenar o Sistema Nacional de Vigilância Sanitária; II – fomentar e realizar estudos e pesquisas no âmbito de suas atribuições; III – estabelecer normas, propor, acompanhar e executar as políticas, as diretrizes e as ações de vigilância sanitária; IV – estabelecer normas e padrões sobre limites de contaminantes, resíduos tóxicos, desinfetantes, metais pesados e outros que envolvam risco à saúde; V – intervir, temporariamente, na administração de entidades produtoras, que sejam financiadas, subsidiadas ou mantidas com recursos públicos, assim como nos prestadores de serviços e ou produtores exclusivos ou estratégicos para o abastecimento do mercado nacional, obedecido o disposto no art. 5º da Lei n. 6.437, de 20 de agosto de 1977, com a redação que lhe foi dada pelo art. 2º da Lei n. 9.695, de 20 de agosto de 1998; VI – administrar e arrecadar a taxa de fiscalização de vigilância sanitária; VII – anuir com a importação e exportação dos produtos mencionados em lei; VIII – conceder registros de produtos, segundo as normas de sua área de atuação; IX – conceder e cancelar o certificado de cumprimento de boas práticas de fabricação; X – interditar, como medida de vigilância sanitária, os locais de fabricação, controle, importação, armazenamento, distribuição e venda de produtos e de prestação de serviços relativos à saúde, em caso de violação da legislação pertinente ou de risco iminente à saúde; XI – proibir a fabricação, a importação, o armazenamento, a distribuição e a comercialização de produtos e insumos, em caso de violação da legislação pertinente ou de risco iminente à saúde; XII – cancelar a autorização de funcionamento e a autorização especial de funcionamento de empresas, em caso de violação da legislação pertinente ou de risco iminente à saúde; XIII – coordenar as ações de vigilância sanitária realizadas por todos os laboratórios que compõem a rede oficial de laboratórios de controle de qualidade em saúde; XIV – estabelecer, coordenar e monitorar os sistemas de vigilância toxicológica e farmacológica; XV – promover a revisão e atualização periódica da farmacopéia; XVI – manter sistema de informação contínuo e permanente para integrar suas atividades com as demais ações de saúde, com prioridade às ações de vigilância epidemiológica e assistência ambulatorial e hospitalar; XVII – monitorar e auditar os órgãos e entidades estaduais, distrital e municipais que integram o Sistema Nacional de Vigilância Sanitária, incluindo-se os laboratórios oficiais de controle de qualidade em saúde; XVIII – coordenar e executar o controle da qualidade de bens e produtos relacionados em lei, por meio de análises previstas na legislação sanitária, ou de

As mais relevantes atribuições da Anvisa são: estabelecer normas, propor, acompanhar e executar as políticas, as diretrizes e as ações de vigilância sanitária; conceder registros de produtos, segundo as normas de sua atuação; interditar, como medida de vigilância sanitária, os locais de fabricação, controle, importação, armazenamento, distribuição e venda de produtos e de prestação de serviços relativos à saúde, em caso de violação da legislação pertinente ou de risco iminente à saúde; proibir a fabricação, a importação, o armazenamento, a distribuição e a comercialização de produtos e insumos, em caso de violação da legislação pertinente ou de risco iminente à saúde; cancelar a autorização de funcionamento de empresas; monitorar a evolução dos preços de medicamentos, equipamentos, componentes, insumos e serviços de saúde; controlar, fiscalizar e acompanhar a propaganda e publicidade de produtos submetidos ao regime de vigilância sanitária; definir, em ato próprio, os locais de entrada e saída de entorpecentes, psicotrópicos e precursores no país (art. 7º).

Como se vê, as competências atribuídas por lei à Anvisa fazem dela uma agência de polícia, criada para substituir a antiga Secretaria de Vigilância Sanitária (art. 30 da Lei n. 9.782/1999).

Para custear o funcionamento da Anvisa, a Lei n. 9.782/1999, em seu art. 23, criou a Taxa de Fiscalização de Vigilância Sanitária, cobrada das pessoas físicas e jurídicas que exercem atividades de fabricação, distribuição e venda de produtos e prestação de serviços mencionados no art. 8º da lei.

O art. 27 estabelece ainda: "Os valores cuja cobrança seja atribuída por lei à Agência e apurados administrativamente, não recolhidos no prazo estipulado, serão inscritos em dívida ativa própria da Agência e servirão de título executivo para cobrança judicial, na forma da Lei".

A Anvisa é dirigida por um órgão colegiado composto de cinco membros nomeados pelo Presidente da República, mediante aprovação prévia do Senado, para mandatos de três anos (arts. 10 e 11).

programas especiais de monitoramento da qualidade em saúde; XIX – fomentar o desenvolvimento de recursos humanos para o sistema e a cooperação técnico-científica nacional e internacional; XX – autuar e aplicar as penalidades previstas em lei" (art. 8º da Lei n. 9.782/1999).

Os dirigentes poderão ser exonerados *ad nutum* pelo Presidente da República durante os quatro primeiros meses dos mandatos (art. 12).

2.2.7 ANTT

A Agência Nacional de Transportes Terrestres (ANTT) foi criada pela Lei n. 10.233, de 5 de junho de 2001, e instituída pelo Decreto n. 4.130/2002, submetida ao regime de autarquia especial, vinculada ao Ministério dos Transportes, tendo as seguintes finalidades: I – implementar, em sua esfera de atuação, as políticas formuladas pelo Conselho Nacional de Integração de Políticas de Transporte e pelo Ministério dos Transportes; II – regular ou supervisionar as atividades de prestação de serviços e de exploração da infra-estrutura de transportes, exercidas por terceiros, com vistas a: a) garantir a movimentação de pessoas e bens, em cumprimento a padrões de eficiência, segurança, conforto, regularidade, pontualidade e modicidade nos fretes e tarifas; b) harmonizar, preservado o interesse público, os objetivos dos usuários, das empresas concessionárias, permissionárias, autorizadas e arrendatárias, e de entidades delegadas, arbitrando conflitos de interesses e impedindo situações que configurem competição imperfeita ou infração da ordem econômica (art. 20).

Entre as competências específicas da ANTT, destacamos: elaborar e editar normas relativas à exploração de vias e terminais, garantindo isonomia no seu acesso e uso, bem como à prestação de serviços de transporte; fomentar a competitividade no setor de transportes terrestres; administrar os contratos de outorga para exploração de infraestrutura e prestação de serviços de transporte terrestre; proceder à revisão e ao reajuste das tarifas; e fiscalizar a prestação dos serviços e aplicar penalidades (art. 24).

Vale mencionar que a ANTT é competente para regular duas modalidades de transportes terrestres: o ferroviário (art. 25) e o rodoviário (art. 26).

Como se vê, as funções desempenhadas pela ANTT são aquelas próprias do poder concedente, razão pela qual a atuação da ANTT, dentro da área de sua especialização, equipara-se às atuações da Anatel, da Aneel, da ANP e da Antaq nos respectivos setores.

O art. 77, III, prevê a cobrança de taxas de fiscalização da prestação de serviços e exploração de infra-estrutura, mas não consta da Lei n. 10.233/2001 nenhum parâmetro para instituição tributo.

Por fim, a ANTT é dirigida por órgão colegiado formado por cinco diretores nomeados pelo Presidente da República, mediante aprovação prévia do Senado, para mandatos de quatro anos (art. 54). Não há na Lei n. 10.233/2001 dispositivo autorizando a exoneração imotivada dos dirigentes da ANTT.

2.2.8 Antaq

A Agência Nacional de Transportes Aquaviários (Antaq) também foi criada pela Lei n. 10.233, de 5 de junho de 2001, e instituída pelo Decreto n. 4.122/2002, com natureza de autarquia especial, vinculada ao Ministério dos Transportes (art. 21), tendo as mesmas finalidades gerais da ANTT, a saber: I – implementar, em sua esfera de atuação, as políticas formuladas pelo Conselho Nacional de Integração de Políticas de Transporte e pelo Ministério dos Transportes; II – regular ou supervisionar as atividades de prestação de serviços e de exploração da infra-estrutura de transportes, exercidas por terceiros, com vistas a: a) garantir a movimentação de pessoas e bens, em cumprimento a padrões de eficiência, segurança, conforto, regularidade, pontualidade e modicidade nos fretes e tarifas; b) harmonizar, preservado o interesse público, os objetivos dos usuários, das empresas concessionárias, permissionárias, autorizadas e arrendatárias, e de entidades delegadas, arbitrando conflitos de interesses e impedindo situações que configurem competição imperfeita ou infração da ordem econômica (art. 20).

Constituem a esfera de atuação da Antaq: a navegação fluvial, lacustre, de travessia, de apoio marítimo, de apoio portuário, de cabotagem e de longo curso; os portos organizados; os terminais portuários privados; o transporte aquaviário de cargas especiais e perigosas; a exploração da infra-estrutura aquaviária federal (art. 23).

As mais relevantes competências da Antaq são: elaborar e editar normas e regulamentos relativos à prestação de serviços de transporte e à exploração da infra-estrutura aquaviária e portuária; celebrar atos de outorga de permissão e autorização de prestação de serviços de transporte aquaviário; administrar os referidos instrumentos de outorga; aprovar as propostas de revisão e de reajuste de tarifas; e estabelecer normas e padrões para serem observados pelas autoridades portuárias (art. 27).

Portanto, a Antaq também é uma agência reguladora que exerce preponderantemente atividades específicas de poder concedente.

Há previsão, no art. 77, III, da Lei n. 10.233/2001, de cobrança, por parte da Antaq, de taxas de fiscalização da prestação de serviços e exploração de infra-estrutura.

Quanto à direção da agência, será exercida por órgão colegiado formados por três diretores nomeados pelo Presidente da República, mediante aprovação prévia do Senado, para mandatos de quatro anos (art. 54), não havendo previsão legislativa de exoneração imotivada.

2.2.9 Ancine

A Agência Nacional do Cinema (Ancine) foi criada inconstitucionalmente pela Medida Provisória n. 2.228-1, de 6 de setembro de 2001, e instituída pelo Decreto n. 4.121/2002, com estrutura de autarquia especial, vinculada ao Ministério do Desenvolvimento, Indústria e Comércio Exterior, tendo como finalidade "fomentar, regular e fiscalizar a indústria cinematográfica e videofonográfica" (art. 5º).

Não se pode deixar de registrar que criação de autarquia por medida provisória é vedada pelo inc. XIX, do art. 37, da Constituição Federal, *in verbis*: "somente por lei específica poderá ser criada autarquia e autorizada a instituição de empresa pública, de sociedade de economia mista e de fundação, cabendo à lei complementar, neste último caso, definir as áreas de sua atuação".

As principais competências da Ancine são: fiscalizar o cumprimento da legislação referente à atividade cinematográfica e videofonográfica; promover o combate à pirataria de obras audiovisuais; aplicar multas e sanções; regular a atividade de fomento e proteção à indústria cinematográfica e videofonográfica nacional; e gerir programas e mecanismos de incentivo ao setor (art. 7º).

Assim, depreende-se que a Ancine é uma agência reguladora encarregada especialmente do fomento e fiscalização dos setores cinematográfico e videográfico.

A direção da agência está a cargo de um órgão colegiado composto por quatro diretores, com mandatos de quatro anos, nomeados pelo Presidente da República, após aprovação do Senado (art. 8º), não havendo previsão de exoneração imotivada.

2.2.10 ADA

A Agência de Desenvolvimento da Amazônia (ADA) também foi criada de modo inconstitucional pela Medida Provisória n. 2.157-5, de 24 de agosto de 2001, e instituída pelo Decreto n. 4.125/2002, com a estrutura de autarquia sob regime especial, vinculada ao Ministério da Integração Nacional, tendo como objetivo implementar políticas e viabilizar instrumentos de desenvolvimento da Amazônia (art. 11), substituindo a extinta Sudam – Superintendência do Desenvolvimento da Amazônia (art. 21).

Compete à ADA: propor e coordenar a implantação do Plano de Desenvolvimento da Amazônia; gerir e liberar recursos do Fundo de Desenvolvimento da Amazônia; fortalecer as estruturas produtivas da região; promover ações voltadas ao desenvolvimento social da região; e implementar programas de capacitação gerencial, de formação e qualificação de recursos humanos adequados ao mercado regional (art. 15).

A ADA pode ser classificada, tomando como critério as atividades que desenvolve, como uma agência reguladora puramente de fomento.

A direção da ADA está a cargo de um órgão colegiado formado por um diretor-geral e três diretores (art. 12), todos indicados pelo Presidente da República após aprovação do Senado, sendo pelo menos um deles escolhido dentre servidores públicos federais (art. 13).

A Medida Provisória n. 2.157-5/2001 não prevê exoneração *ad nutum* dos dirigentes da ADA.

Recentemente, o Presidente da República anunciou a intenção de recriar a Sudam,[14] o que, ocorrendo, extinguiria a ADA.

14. Mensagem ao Congresso Nacional n. 405/2003.

2.2.11 Adene

A Agência de Desenvolvimento do Nordeste (Adene) também não foi criada por lei – como determina o art. 37, XIX, da Constituição Federal – mas pela Medida Provisória n. 2.146-1, com alterações feitas pela Medida Provisória n. 2.156-5, de 24 de agosto de 2001, e instituída pelo Decreto n. 4.126/2002, com natureza de autarquia sob regime especial, vinculada ao Ministério da Integração Nacional, tendo por objetivo "implementar políticas e viabilizar instrumentos de desenvolvimento do Nordeste" (art. 11).

Trata-se de agência essencialmente de fomento, cujas competências mais relevantes são: propor e coordenar a implantação do Plano de Desenvolvimento do Nordeste; gerir e liberar recursos do Fundo de Desenvolvimento do Nordeste; fortalecer as estruturas produtivas e promover ações voltadas ao desenvolvimento social da região; e implementar programas de capacitação gerencial, de formação e qualificação de recursos humanos adequados ao mercado regional.

A Adene é dirigida por um órgão colegiado composto por um diretor-geral e três diretores (art. 12) indicados pelo Presidente da República, com aprovação prévia do Senado, sendo pelo menos um deles escolhido dentre servidores públicos federais (art. 13), vedada a exoneração imotivada.

Atualmente tramita no Congresso Nacional o projeto de Lei Complementar n. 76/2003, de iniciativa do Executivo, que, se aprovado, recriará a Sudene – com natureza de autarquia especial –, extinguindo a Adene (art. 13).

2.2.12 CVM

A Comissão de Valores Mobiliários (CVM) foi criada pela Lei n. 6.385/1976, com alterações introduzidas pelas Leis n. 10.303/2001 e n. 10.411/2002, tendo natureza de autarquia com regime especial.

A CVM possui entre suas atribuições: I – regulamentar, com observância da política definida pelo Conselho Monetário Nacional, as matérias expressamente previstas na lei de sociedades por ações; II – administrar os registros instituídos por lei; III – fiscalizar permanentemente as atividades e os serviços do mercado de valores mobiliários, bem como a veiculação de informações relativas ao mercado, às pessoas que dele participem, e aos valores nele negociados; IV – propor ao Conselho Monetário Nacional a eventual fixação de limites máximos de preço, comissões, emolumentos e quaisquer outras vantagens cobradas pelos intermediários do mercado; e V – fiscalizar e inspecionar as companhias abertas dada prioridade às que não apresentem lucro em balanço ou às que deixem de pagar o dividendo mínimo obrigatório (art. 8º da Lei n. 6.385/1976).

Em síntese: "a CVM é responsável por normatizar e fiscalizar o mercado de capitais e a atuação dos seus protagonistas".[15]

No mesmo sentido, de acordo com Fábio Ulhoa Coelho, "essa autarquia foi criada pela Lei n. 6.385, de 1976, e juntamente com o Banco Central exerce a supervisão e o controle do mercado de capitais, de acordo com as diretrizes traçadas pelo Conselho Monetário Nacional – CMN".[16]

Segundo o art. 5º da Lei n. 6.385/1976, com redação dada pela Lei n. 10.411/2002, a CVM é "dotada de autoridade administrativa independente, ausência de subordinação hierárquica, mandato fixo e estabilidade de seus dirigentes, e autonomia financeira e orçamentária".

Seus dirigentes são nomeados pelo Presidente da República, mediante aprovação prévia do Senado (art. 6º), não havendo previsão de exoneração *ad nutum*.

Em suma, trata-se de uma autarquia com regime jurídico de agências reguladoras. Assim, não há dúvida: leis que disciplinam aspectos do regime das agências reguladoras em geral (como a Lei n. 9.986/2000) aplicam-se também à CVM.

2.3 Agências reguladoras estaduais e municipais

A criação de agências reguladoras não se tem restringido à esfera da União, havendo também agências estaduais e municipais.

Até o momento registramos a implantação das seguintes agências estaduais:[17] 1. Agência Estadual de Regulação de Serviços Públicos de Energia, Transportes e Comunicações da Bahia (Agerba); 2. Agên-

---

15. A. A. Grossi Fernandes, *O Brasil e o Sistema Financeiro Nacional*, p. 15.
16. *Manual de Direito Comercial*, p. 182.
17. Os nomes das agências estaduais e municipais constam do *site* oficial da Associação Brasileira de Agências de Regulação (Abar), no endereço <http://www.abar.org.br> (acesso em 28.8.2003).

cia Reguladora de Serviços Públicos Delegados do Estado do Ceará (Arce); 3. Agência Estadual de Serviços Públicos do Estado do Espírito Santo (Agesp); 4. Agência Reguladora de Transportes do Estado de São Paulo (Artesp); 5. Agência Estadual de Regulação dos Serviços Públicos Delegados do Estado do Mato Grosso (Ager); 6. Agência Estadual de Regulação de Serviços Públicos de Minas Gerais (Arsemg); 7. Agência Estadual de Regulação e Controle de Serviços Públicos do Estado do Pará (Arcon); 8. Agência Reguladora de Serviços Públicos Concedidos do Estado do Rio de Janeiro (Asep); 9. Agência Reguladora de Serviços Públicos do Rio Grande do Norte (Arsep); 10. Agência Estadual de Serviços Públicos Delegados do Estado do Rio Grande do Sul (Agergs); 11. Agência Catarinense de Regulação e Controle (SC-Arco); 12. Comissão de Serviços Públicos de Energia do Estado de São Paulo (CSPE); 13. Agência Reguladora de Serviços Concedidos do Estado de Sergipe (Ases); 14. Agência Goiana de Regulação, Controle e Fiscalização de Serviços Públicos (AGR); 15. Agência Estadual de Regulação dos Serviços Públicos Delegados de Pernambuco (Arpe); 16. Agência Reguladora dos Serviços Públicos Concedidos do Estado do Amazonas (Arsam); 17. Agência Reguladora de Serviços Públicos do Estado de Alagoas (Arsal); 18. Agência Estadual de Regulação de Serviços Públicos de Mato Grosso do Sul (Agepan); 19. Agência Estadual de Energia Elétrica da Paraíba (Ageel); 20. Agência Estadual do Acre (Ageac); 21. Agência de Águas, Irrigação e Saneamento da Paraíba (Aagisa).

Diferentemente das federais, as agências reguladoras estaduais possuem competências para atuação mais genérica, de modo que uma única entidade trata da regulação de todos os serviços públicos titularizados pelo respectivo Estado.

Quanto às agências municipais, há registro de apenas três casos no Brasil: a Agência Municipal de Regulação dos Serviços de Saneamento de Cachoeiro de Itapemirim (Agersa), a Agência de Campo Grande e a Agência Reguladora de Água e Saneamento Básico de Cascavel (Aras).

2.4 *Classificação das agências reguladoras*

Seja por razões de ordem prática, seja para fins simplesmente didáticos, as agências reguladoras podem ser divididas em classes, segundo diversos critérios.

Quanto à origem podem ser federais, estaduais, distritais ou municipais.

Quanto à atividade preponderante podem ser agências reguladoras de serviços públicos – Aneel, Anatel, ANTT e Antaq –, agências reguladoras de polícia – ANS e Anvisa –, agências de fomento – Ancine, ADA e Adene – ou agências reguladoras do uso de bens públicos – ANA.

Quanto à abrangência de ação podem ser agências reguladoras de atuação especializada (Anatel, Aneel, ANP, Anvisa, ANS, ANA, ANTT, Antaq, Ancine, ADA e Adene) ou agências de atuação genérica (Agerba – Agência Estadual de Regulação de Serviços Públicos de Energia, Transportes e Comunicações da Bahia).

Quanto à espécie legislativa utilizada para a criação podem ser agências criadas por lei (Aneel, Anatel, Anvisa) ou agências criadas por medida provisória (Adene, ADA e Ancine).

Por fim, "há ainda as agências reguladoras com 'referência' constitucional, ainda que mediata (Anatel e ANP – arts. 21, XI e 177, § 2º, III, CF, respectivamente), e as com referência exclusivamente legal (todas as demais)".[18]

2.5 Direito comparado

O instituto das agências reguladoras foi importado para o Direito brasileiro há menos de dez anos, sendo fundamental indicar rapidamente a estrutura e as atribuições das entidades que, no exterior, serviram de modelo para o nosso legislador.

2.5.1 Estados Unidos

Nos Estados Unidos,[19] o termo "agência" é usado para designar um conjunto vastíssimo de entidades, abrangendo qualquer autoridade do Governo dos Estados Unidos, com exclusão do Congresso e dos Tribunais.[20]

---

18. Alexandre Santos de Aragão, *Agências Reguladoras* ..., cit., p. 291.
19. Para um roteiro bastante detalhado sobre as agências americanas: Marçal Justen Filho, *O Direito das Agências Reguladoras Independentes*, pp. 54-285.
20. Maria Sylvia Zanella Di Pietro, *Parcerias na Administração Pública*, p. 133.

A primeira agência de que se tem notícia foi a *Interstate Commerce Commission*, criada em 1887, com a finalidade de regular o transporte ferroviário interestadual.[21]

Como se sabe, as agências norte-americanas, diversamente do ocorrido no Brasil, não surgiram após um processo de privatizações, mas estão arraigadas profundamente no modelo de Estado liberal que, com maior ou menor intensidade, sempre caracterizou aquele país.

As justificativas para a atribuição de independência às agências ligam-se a idéias como:

a) uma necessária imparcialidade na atuação em alguns setores;

b) a desconfiança do Congresso em relação ao Presidente;

c) a exigência de profissionalização das atividades, que só seria possível mediante o distanciamento do jogo político;

d) maior controle do Congresso sobre a Administração.

Entende-se que tais entidades "podem ditar normas jurídicas e atos administrativos se o Congresso ceder poderes que o povo, na Constituição, delegou ao Legislativo e ao Judiciário".[22]

Exercem, assim, competências comumente chamadas de quase-legislativas e quase-jurisdicionais. As primeiras envolvem a potestade regulamentar; as segundas, poderes para solucionar conflitos de interesse.

As maiores controvérsias, no entanto, giram em torno da constitucionalidade das delegações feitas pelo Congresso, pois não encontram expressa previsão no Texto Maior.

Questiona-se, ainda, a legitimidade das agências diante dos princípios da tripartição de poderes, da representatividade e da responsabilidade democrática.[23]

Por fim, dividem-se as agências americanas em duas classes: independentes e executivas. Nas agências independentes, a destituição dos dirigentes se condiciona à existência de boas razões.[24] Nas executivas, e exoneração é livre.

---

21. Alexandre Santos de Aragão, *Agências Reguladoras...*, cit., p. 229.
22. E. Carbonell e J. L. Muga, *Agencias y Procedimiento Administrativo en Estados Unidos de América*, pp. 21-22.
23. E. Carbonell e J. L. Muga, ob. cit., p. 21.
24. E. Carbonell e J. L. Muga, ob. cit., p. 51.

2.5.2 França

Na França, as autoridades administrativas independentes são entidades dotadas de certos poderes decisórios, voltadas a velar pela aplicação da lei no domínio particular da sua competência especializada e não submetidas aos princípios de subordinação e hierarquia próprios da Administração.[25]

Foram concebidas para fazer frente ao crescimento atual de novos poderes como o midiático, o burocrático, o técnico e científico, representando uma difração do poder estatal.[26]

A sua criação na França é também recente e liga-se ao forte apelo liberalizante das últimas décadas. Podem ser destacadas três etapas:[27] de 1941 a 1972, caracterizada pelo nascimento lento e espaçado das autoridades independentes; de 1973 a 1978, marcada por uma aceleração no crescimento do número dessas entidades; e de 1978 a 1982, uma interrupção na criação de novas autoridades independentes, cujo surgimento só voltou a ocorrer após 1982.

Ao contrário do que ocorre no Brasil, as autoridades administrativas independentes francesas não são dotadas de personalidade jurídica própria, "sendo orçamentariamente ligadas às estruturas ministeriais".[28]

As polêmicas envolvendo tais entidades giram em torno principalmente do seu enquadramento nas categorias clássicas da tripartição de poderes.

Em síntese, podem-se classificar as autoridades independentes francesas em três categorias:[29] autoridades de regulação de atividades econômicas e financeiras; autoridades de regulação da informação e da comunicação; e autoridades de avaliação da Administração Pública.

---

25. Claude-Albert Colliard, no Prefácio da obra coletiva *Les Autorités Administratives Indépendantes*, organizada por Claude-Albert Colliard e Gérard Timsit, pp. 10-11.
26. C. Teitgen-Colly, "Histoire d'une institution", artigo publicado na obra coletiva *Les Autorités* ..., ob. cit., organizada por Claude-Albert Colliard e Gérard Timsit, p. 26.
27. Idem, p. 26.
28. Alexandre Santos de Aragão, *Agências Reguladoras* ..., cit., p. 238.
29. Alexandre Santos de Aragão, ob. cit., p. 242.

2.5.3 Inglaterra

Na Inglaterra, o tema das autoridades administrativas independentes não tem a relevância e a extensão existentes na Europa continental porque uma profunda descentralização administrativa sempre caracterizou o modelo de organização estatal daquele país. Alguns "quangos" (*quasi autonomous non governmental organizations*), nome dado a órgãos administrativos de várias naturezas e funções, exercem atividades aproximadas às de agências americanas.

2.5.4 Argentina

O modelo de Estado regulador adotado na Argentina é bastante similar ao brasileiro, inclusive quanto às circunstâncias políticas e econômicas que ajudaram a criar o cenário para o seu nascimento.

Os entes reguladores argentinos começaram a surgir a partir de 1989, na esteira dos processos de privatização e reforma do Estado iniciados com as Leis n. 23.696/1989 e n. 23.697/1989. A Lei n. 23.696 declarou estado de emergência na prestação de serviços públicos e determinou:[30] a) a intervenção em todos os organismos, empresas e sociedades estatais com o objetivo de proceder ao reordenamento e racionalização do setor público; b) a privatização das empresas indicadas pelo Congresso e a modificação do *status* jurídico da empresas que continuem na propriedade do Estado; c) a venda, no todo ou em parte, do capital acionário de empresas estatais aos funcionários do estabelecimento; d) readequação dos contratos administrativos, autorizando-se o Poder Executivo a rescindir todos os contratos de obra pública; e) a proteção do emprego e da situação laboral do trabalhador durante as privatizações; f) a suspensão da execução das sentenças e laudos arbitrais que condenem ao pagamento de alguma quantia o Estado nacional e os entes da Administração Pública Nacional centralizada e descentralizada, pelo tempo de dois anos.

Por trás dessas medidas estão princípios como: a) subsidiariedade do Estado; b) desregulação; c) desmonopolização; e d) deslegalização.[31]

---

30. César C. Neira, *Entes Reguladores de Servicios*, pp. 18-19.
31. César C. Neira, ob. cit., p. 20.

Subsidiariedade: a intervenção do Estado só se justifica quando a iniciativa privada torna-se insuficiente, não existe ou é inconveniente.

Desregulação: consiste na eliminação do sistema normativo-burocrático no setor econômico.

Desmonopolização: com o fim de excluir mecanismos legais que dificultem as privatizações.

Deslegalização: autorizando o Poder Executivo a dispor sobre exclusão de privilégios legais (como os monopólios), outorgar benefícios tributários e perdoar dívidas.[32-33]

---

32. César C. Neira, ob. cit., p. 20.
33. As mais importantes agências reguladoras argentinas são: a) *Comissão Nacional de Correios e Telégrafos* – CNCT, criada pelo Decreto n. 214/1992; b) *Ente Nacional Regulador da Eletricidade* – Enre, autarquia criada pela Lei n. 24.065/1992; c) *Ente Nacional Regulador do Gás* – Enargas, autarquia criada pela Lei n. 24.076/1992; d) *Autoridade Regulatória Nuclear* – Enren, entidade de natureza autárquica criada pela Lei n. 24.804/1997; e) *Ente Tripartite do Município da Cidade de Buenos Aires, Governo da Província de Buenos Aires e das Obras Sanitárias da Nação* – Etoss, autarquia criada pelo Decreto n. 999/1992; f) *Órgão de Controle das Concessões da Rede de Acessos à Cidade de Buenos Aires* – Ocraba, autarquia criada pelo Decreto n. 1.994/1993; g) *Comissão Nacional de Telecomunicações* – CNC, autarquia criada pelo Decreto n. 1.185/1990; h) *Comissão Nacional de Transporte Automotor* – Conta, autarquia criada pelo Decreto n. 104/1993; i) *Órgão de Controle das Concessões Viárias* – OOCV, autarquia criada pelo Decreto n. 2.039/1990; j) *Comissão Nacional de Transporte Ferroviário* – CNTF, autarquia criada pelo Decreto n. 1.836/1993.

Capítulo 3
NATUREZA AUTÁRQUICA
DAS AGÊNCIAS REGULADORAS

3.1 Considerações gerais. 3.2 Inevitabilidade da natureza autárquica das agências reguladoras. 3.3 Conceito de autarquia: 3.3.1 A origem do termo e a sua utilização no exterior; 3.3.2 Espécies e fundamentos políticos das autarquias brasileiras; 3.3.3 Bases legislativas do conceito de autarquia; 3.3.4 O conceito de autarquia segundo os doutrinadores nacionais; 3.3.5 Análise dos elementos conceituais: 3.3.5.1 Autarquias como pessoas jurídicas de Direito Público; 3.3.5.2 Autarquias como pessoas jurídicas criadas por lei; 3.3.5.3 Autarquias como pessoas jurídicas com capacidade de auto-administração; 3.3.5.4 Autarquias como pessoas jurídicas que exercem atividades próprias do Estado. 3.4 Criação, instituição e extinção das agências reguladoras: 3.4.1 Criação das agências reguladoras: 3.4.1.1 O sentido da expressão "lei específica"; 3.4.1.2 Agências reguladoras criadas por medida provisória; 3.4.2 Instituição das agências reguladoras; 3.4.3 Prazo de duração das agências reguladoras; 3.4.4 Extinção das agências reguladoras.

3.1 Considerações gerais

No Capítulo 1, vimos que o regime jurídico das agências reguladoras é composto por regras de pelo menos três origens diferentes: a) regras que decorrem do regime jurídico-administrativo pelo fato de as agências, no Brasil, serem autarquias; b) regras derivadas do chamado regime especial das agências; c) regras pertencentes ao patamar normativo particular de cada agência reguladora.

O objetivo central do presente Capítulo é analisar alguns temas gerais pertinentes ao caráter autárquico das agências.

No Capítulo seguinte, serão investigados especificamente os privilégios e os deveres das agências reguladoras, que, a bem da verdade, também são características autárquicas, mas, pela extensão e complexidade, exigem tratamento à parte.

3.2 Inevitabilidade da natureza autárquica das agências reguladoras

No Brasil, as agências reguladoras são autarquias. Tal afirmação vem inequivocamente expressa nos diplomas normativos criadores das agências: art. 1º da Lei n. 9.427/1996 (Aneel); art. 8º, *caput*, da Lei n. 9.472/1997 (Anatel); art. 7º, *caput*, da Lei n. 9.478/1997 (ANP); art. 3º, *caput*, da Lei n. 9.782/1999 (Anvisa); art. 1º, *caput*, da Lei n. 9.961/2000 (ANS); art. 1º da Lei n. 9.984/2000 (ANA); art. 21, *caput*, da Lei n. 10.233/2001 (ANTT e Antaq); art. 11, *caput*, da Medida Provisória n. 2.156-5/2001 (Adene); art. 11, *caput*, da Medida Provisória n. 2.157-5/2001 (ADA); e art. 5º, *caput*, da Medida Provisória n. 2.228-1/2001 (Ancine).

À condição autárquica das agências reguladoras também faz menção o art. 23 da Lei n. 9.986/2000: "os regulamentos próprios das Agências referidos nesta Lei serão aprovados por decisão da instância de deliberação superior de cada Autarquia, com ampla divulgação interna e publicação no *Diário Oficial da União*".

Conforme dito anteriormente, as agências possuem natureza jurídica de autarquias, menos porque o legislador as tenha assim definido, mais em razão de desenvolverem atividades que são próprias do Estado.

Cumpre-nos, nesse passo, esclarecer o sentido da assertiva.

O conjunto de funções exercidas pelas agências reguladoras pode ser reduzido a três principais: o poder de polícia, o fomento e as atribuições de poder concedente.

Justamente por serem próprios do Estado, esses cometimentos estão sujeitos à incidência obrigatória de princípios e normas do Direito Público, de um lado, para munir quem os desempenha de mecanismos específicos viabilizadores da sua boa execução e, de outro, a fim de impor controles adequados à proteção dos indivíduos atingidos por tais ações.

Não há hipótese, assim, de desenvolvimento das sobreditas atividades sob regime de Direito Privado.

Sendo, portanto, funções sujeitas aos princípios e às normas do Direito Público, o Estado dispõe de duas técnicas para exercê-las:[1] a desconcentração ou a descentralização.

Desconcentração é a técnica de distribuição interna de competências entre órgãos da Administração Pública Direta não dotados de personalidade jurídica própria e subordinados hierarquicamente ao Poder Central.

Descentralização, ao contrário, consiste no mecanismo de atribuição de competências administrativas a pessoas jurídicas estatais autônomas em relação à Administração Direta e, portanto, não submetidas ao poder hierárquico.

A respeito da distinção entre as duas técnicas, preleciona Celso Antônio Bandeira de Mello: "descentralização e desconcentração são conceitos claramente distintos. A descentralização pressupõe pessoas jurídicas diversas: aquela que originariamente tem ou teria titulação sobre certa atividade e aqueloutra ou aqueloutras às quais foi atribuído o desempenho das atividades em causa. A desconcentração está sempre referida a uma só pessoa, pois cogita-se da distribuição de competências na intimidade dela, mantendo-se, pois, o liame unificador da hierarquia. Pela descentralização rompe-se uma unidade personalizada e não há vínculo hierárquico entre a Administração Central e a pessoa estatal descentralizada. Assim, a segunda não é 'subordinada' à primeira".[2]

Dessa forma, as atividades exercidas pelas agências reguladoras só poderiam ser atribuídas a órgãos da Administração Pública Direta (desconcentração) ou a pessoas jurídicas de Direito Público pertencentes à Administração Pública Indireta – as autarquias (descentralização).

Entretanto, ainda que juridicamente admissível, a natureza de órgãos públicos não seria adequada, seguindo a "lógica" do discurso reformista, para o tipo de atuação das agências, seja pela necessidade de um agir especializado, seja em função do exigido grau de autonomia – considerado pelos simpatizantes do modelo como a grande vir-

---

1. Deve-se descartar a possibilidade de transferência da execução de tais atividades a particulares – o que seria uma terceira técnica – já que o poder de polícia, o fomento e as atribuições de poder concedente são indelegáveis.
2. *Curso de Direito Administrativo*, cit., p. 141.

tude de um sistema moderno de regulação –, metas difíceis de atingir debaixo da subordinação hierárquica própria dos órgãos públicos.

Portanto, a criação das agências reguladoras brasileiras como autarquias não foi resultado da escolha, pelo legislador, de um entre vários caminhos possíveis, ao contrário, a natureza jurídica autárquica era precisamente a única compatível com o modo de atuação e com o tipo de atividade exercidos por tais entidades.

3.3 Conceito de autarquia

O debate sobre o conceito jurídico de autarquia é tema dos mais controvertidos na seara do Direito Administrativo, assim no Brasil, como – e especialmente – no exterior.

Entre nós, as dificuldades são agravadas pela escassez de literatura específica sobre as entidades autárquicas, ao que se soma ainda a baixa qualidade dos diplomas legislativos voltados a disciplinar o instituto em questão.

Contudo, dada sua importância para o estudo do regime jurídico das agências reguladoras, não contornaremos o problema do conceito de autarquia, devendo a análise iniciar-se pelas questões relacionadas à origem e à utilização do termo em outros países.

3.3.1 A origem do termo e a sua utilização no exterior

De acordo com Oswaldo Aranha Bandeira de Mello: "a palavra autarquia foi transplantada do grego para a língua de origem latina moderna, e, em primeiro lugar, para a língua italiana. É formada de dois elementos justapostos *autos* (próprio) e *arquia* (comando, governo, direção). Portanto, etimologicamente, significa comando próprio, governo próprio, direção própria".[3]

Segundo o mesmo autor, a divulgação do termo "autarquia" e a primeira tentativa de conceituação do instituto devem-se a Santi Romano, que, no início do século passado, incorporou a idéia de autarquia ao repertório do Direito Administrativo italiano, a partir de onde, posteriormente, ela se irradiou para diversos países.

3. *Princípios Gerais de Direito Administrativo*, v. 2, p. 186.

Em Portugal, o vocábulo "autarquia" é utilizado para designar pessoas jurídicas de Direito Público exclusivamente territoriais, como os distritos e as freguesias.[4]

Na Argentina, o termo abrange entidades, territoriais ou de serviços, com personalidade jurídica própria e capacidade de auto-administração.[5] Assim, Rafael Bielsa afirma: "denomina-se entidade autárquica a toda pessoa jurídica pública que, dentro dos limites do direito objetivo e com capacidade para administrar-se, é considerada vinculada ao Estado como um de seus órgãos, porque o fim da entidade autárquica é a realização de seus próprios interesses, que são também interesse do Estado".[6]

Outro autor argentino, Agustín Gordillo,[7] esclarece que não se confundem as noções de autarquia – ente com capacidade para administrar-se a si mesmo – e autonomia – que engloba, além da auto-administração, a capacidade de ditar suas próprias normas, dentro do marco normativo geral dado por um ente superior.

No Direito Administrativo uruguaio, não se emprega a fala "autarquia", havendo preferência pelas expressões genéricas "entes autônomos" e "serviços descentralizados".[8]

No Direito francês, a expressão "autarquia" também não é utilizada. Fala-se em "estabelecimentos públicos" para se referir a entidades com atuação assemelhada à das nossas autarquias.

Para Jean Rivero,[9] a definição de estabelecimento público (*établissement public*) – vocábulo que, na França, chegou a designar indiferentemente pessoas públicas e pessoas privadas de interesse geral – envolve três elementos: estabelecimento público é uma pessoa coletiva; é uma pessoa de Direito Público; tem por objeto a gestão de um serviço público.

Nesse sentido, André de Laubadère[10] menciona a distinção entre estabelecimentos públicos (*établissements publics*), que são organis-

4. Oswaldo Aranha Bandeira de Mello, *Princípios* ..., cit., v. 2, p. 187.
5. Idem, ibidem.
6. *Derecho Administrativo*, v. 2, p. 8.
7. *Tratado de Derecho Administrativo*, v. 1, item XIV, pp. 19-20.
8. Enrique Sayagués Laso, *Tratado de Derecho Administrativo*, v. 2, p. 141.
9. *Direito Administrativo*, p. 528.
10. *Droit Administratif*, pp. 581-582.

mos públicos gestores de serviços públicos, e estabelecimentos de utilidade pública (*établissements d'utilité publique*), entidades não-estatais que exercem atividades privadas reconhecidas, por decreto, como de utilidade pública.

Na Alemanha, segundo Oswaldo Aranha Bandeira de Mello, "em lugar da palavra autarquia se emprega o termo 'corpo de administração autônoma' (*Selbstverwaltungskörper*), que corresponde ao estabelecimento público. E na Inglaterra se distinguem os *Public Bodies*, estabelecimentos públicos no sentido clássico, das *Public Corporations*, estabelecimentos públicos industriais e comerciais".[11]

3.3.2 Espécies e fundamentos políticos das autarquias brasileiras

No Brasil, em linhas gerais, autarquias são pessoas jurídicas públicas ligadas à estrutura do Poder Executivo e criadas para desempenhar descentralizadamente atividades próprias do Estado.

Entre nós, reconhece-se a existência de diversas espécies autárquicas: *autarquias de serviços*, cuja atribuição principal consiste na prestação de serviços públicos; *autarquias corporativas*, aquelas compostas por determinadas classes profissionais e voltadas exclusivamente ao desenvolvimento de atividades de interesse dessas classes; *autarquias fundacionais*, constituídas mediante a destinação de acervo patrimonial a uma dada finalidade; *autarquias territoriais*, organizações administrativas criadas como instrumento para o autogoverno de certas regiões geográficas.

Sobre os fundamentos políticos das autarquias diz o magistério de Celso Antônio Bandeira de Mello: "a complexidade das tarefas do Estado é gigantesca. Sem cogitar da atividade legislativa ou da jurisdicional, no estrito âmbito da atividade administrativa, é sumamente variado e de difícil realização prática o desempenho eficiente das funções que competem ao Estado".[12]

E conclui: "a realização de todos estes cometimentos, em tese, pode ser desenvolvida diretamente, por meio dos órgãos da Adminis-

---

11. *Princípios* ..., cit., v. 2, p. 188.
12. *Natureza e Regime Jurídico das Autarquias*, pp. 10-11.

tração Central. Sucede que a diversidade dos objetos de sua ação e a multiplicidade deles, exigem, por razões de eficiência e dinamismo, que se destaquem determinadas atividades ou conjuntos de atividades, libertando-as das peias e amarras que se vinculam ao corpo orgânico do Executivo, para que possam se desenvolver com maior liberdade em benefício dos objetivos públicos que consagram e do bem-estar dos administrados. Cumpre, por um lado, instrumentá-las, através da regulamentação adequada, com os recursos materiais e jurídicos especificamente adaptados aos fins que lhes são inerentes, e, por outro lado, atribuir-lhes certa independência em relação à Administração Central, com o objetivo de lhes conferir maior dinamismo e liberdade".[13]

Portanto, as diversas espécies de autarquias têm fundamentos políticos mais ou menos comuns, tais como a busca por uma atuação administrativa mais eficiente, o anseio de auto-administração de determinadas classes profissionais e a necessidade de gestão especializada de serviços públicos.

3.3.3 Bases legislativas do conceito de autarquia

O conceito de autarquia vem expressamente previsto na legislação brasileira desde o Decreto-lei n. 6.016, de 22 de novembro de 1943, segundo o qual autarquia é "o serviço estatal descentralizado, com personalidade de direito público, explícita ou implicitamente reconhecida por lei".[14]

Atualmente, vigora o Decreto-lei n. 200, de 25 de fevereiro de 1967, cujo art. 5º, I, conceitua autarquia como sendo: "o serviço autônomo, criado por lei, com personalidade jurídica, patrimônio e receitas próprios, para executar atividades típicas da Administração Pública, que requeiram, para seu melhor funcionamento, gestão administrativa e financeira descentralizada".

Analisando o dispositivo citado, Celso Antônio Bandeira de Mello esclarece: ":como definição, o enunciado normativo não vale nada. Sequer permite ao intérprete identificar quando a figura legalmente

13. Celso Antônio Bandeira de Mello, *Natureza* ..., cit., pp. 11-12.
14. Maria Sylvia Zanella Di Pietro, *Direito Administrativo*, p. 359.

instaurada tem ou não natureza autárquica, pois deixou de fazer menção ao único traço que interessaria referir: a personalidade de Direito Público. Exatamente por serem pessoas de Direito Público é que as autarquias podem ser *titulares* de interesses públicos, ao contrário de empresas públicas e sociedades de economia mista, as quais, sendo pessoas de Direito Privado, podem apenas receber qualificação para o exercício de atividades públicas; não, porém, para titularizar as atividades públicas".[15]

De fato, a crítica procede. Inquestionável que o Decreto-lei 200/ 1967 deixou de mencionar o único elemento juridicamente essencial para caracterizar as autarquias: a personalidade de Direito Público.

Como nenhum outro diploma legal oferece adequada definição, deve-se buscar na doutrina o ponto de apoio para o conceito de autarquia.

3.3.4 O conceito de autarquia segundo os doutrinadores nacionais

Celso Antônio Bandeira de Mello: "autarquia é a pessoa jurídica de direito público exclusivamente administrativa".[16]

Hely Lopes Meirelles: "são entes administrativos autônomos, criados por lei específica, com personalidade jurídica de Direito Público interno, patrimônio próprio e atribuições estatais específicas".[17]

Maria Sylvia Zanella Di Pietro: "pessoa jurídica de direito público, criada por lei, com capacidade de auto-administração, para o desempenho de serviço público descentralizado, mediante controle administrativo exercido nos limites da lei".[18]

Lúcia Valle Figueiredo: "são pessoas jurídicas de direito público, de capacidade administrativa, criadas pelo Estado para persecução de finalidades públicas; de conseguinte, submetem-se ao regime jurídico de direito público".[19]

---

15. *Curso* ..., cit., pp. 147-148.
16. *Natureza* ..., cit., p. 226.
17. *Direito Administrativo Brasileiro*, p. 329.
18. *Direito Administrativo*, p. 361.
19. *Curso de Direito Administrativo*, p. 130.

José Cretella Júnior: "é toda pessoa jurídica pública que, dentro dos limites do direito objetivo e com capacidade para administrar-se, é considerada pelo Estado como um de seus entes".[20]

Toshio Mukai: "são entes administrativos autônomos com personalidade jurídica de direito público, criadas por lei, com patrimônio próprio e atribuições típicas do Estado".[21]

Cabe transcrever, ainda, trecho da lavra de Tito Prates da Fonseca a respeito das características principais das entidades autárquicas: "os elementos constitutivos essenciais das autarquias são de duas ordens: intrínsecos e extrínsecos. Eis os elementos intrínsecos: 1º) a realização de função administrativa ou prestação de um serviço público; 2º) a personalidade jurídica e conseqüente capacidade específica de direito público; 3º) a afetação de recursos próprios ou um patrimônio. São elementos extrínsecos: 1º) a criação legal ou emanação de um organismo politicamente autônomo, com poder legislativo, portanto; 2º) a tutela administrativa".[22]

3.3.5 Análise dos elementos conceituais

Analisando as definições apresentadas pela doutrina nacional é possível destacar quatro elementos que constituem o núcleo central do conceito de autarquia: a) personalidade jurídica de Direito Público; b) criação por meio de lei; c) capacidade de auto-administração; d) exercício de atividades próprias do Estado.

Assim, a justaposição desses elementos resulta no seguinte conceito: autarquias são pessoas jurídicas de Direito Público, criadas por lei, com capacidade de auto-administração e voltadas ao desempenho de tarefas próprias do Estado.

Cumpre, então, investigar o sentido e o alcance de cada um dos elementos.

---

20. *Curso de Direito Administrativo*, p. 42.
21. *Direito Administrativo Sistematizado*, p. 31.
22. *Lições de Direito Administrativo*, p. 89. A referência que o autor faz à existência de poderes legiferantes como característica extrínseca das autarquias deve-se, indubitavelmente, à extensão mais ampla dada por ele ao conceito de autarquia, abrangendo também as chamadas "autonomias", entidades com competências administrativas e legislativas.

3.3.5.1 Autarquias como pessoas jurídicas de Direito Público[23]

Conforme lição de Pontes de Miranda, "personalidade é a capacidade de ser titular de direitos, pretensões, ações e exceções e também de ser sujeito (passivo) de deveres, obrigações, ações e exceções".[24] Assim, "ser pessoa é ser capaz de direitos e deveres".[25]

Dizer que as autarquias são pessoas jurídicas significa enfatizar sua aptidão genérica para centralizar direitos e deveres.[26]

De acordo com Lúcia Valle Figueiredo: "a aquisição de personalidade jurídica, na verdade, transforma as pessoas em centros de imputação. Assim entendido, quanto este centro de imputação se colocar em determinada relação jurídica em que em uma das pontas do binômio encontra-se o Estado, determinados princípios afloram, e, com estes, um conjunto de regras com características próprias. Em suma, a relação fundamenta-se em princípios diferentes. Portanto, podemos afirmar que ter *personalidade de direito público* implica sejam carreadas as regras nucleares do regime de Direito Público" (grifo do original).[27]

Dessa forma, se ter personalidade jurídica é estar habilitado a centralizar direitos e deveres, ser pessoa jurídica pública consiste em estar apto a centralizar direitos e deveres atribuídos segundo os princípios e normas do Direito Público.

---

23. A Lei n. 10.406/2002, o novo Código Civil, em seu art. 41, inclui as autarquias no rol das pessoas jurídicas de Direito Público interno, *in verbis*: "São pessoas jurídicas de direito público interno: I – a União; II – os Estados, o Distrito Federal e os Territórios; III – os Municípios; IV – as autarquias; V – as demais entidades de caráter público criadas por lei". O Código Civil de 1916, promulgado em época anterior ao desenvolvimento teórico do instituto da autarquia, não mencionava, no artigo que enumerava as pessoas jurídicas de direito público, as autarquias: "Art. 14. São pessoas jurídicas de direito público interno: I – a União; II – cada um dos seus Estados e o Distrito Federal; III – cada um dos Municípios legalmente constituídos".
24. *Tratado de Direito Privado*, t. I, p. 209.
25. Ob. cit., t. I, p. 353.
26. A idéia da personalidade jurídica como aptidão genérica para adquirir direitos e contrair obrigações é de Caio Mário da Silva Pereira, *Instituições de Direito Civil*, v. 1, p. 198.
27. *Curso ...*, cit., pp. 127-128.

É pois, um traço inolvidável das autarquias que estejam subsumidas ao regime administrativo. "À falta deste inexiste pessoa autárquica".[28-29]

Conseqüentemente, a personalidade de direito público permite às autarquias titularizar as tarefas públicas atribuídas pela lei, que passam a ser suas tarefas, no sentido de não mais pertencerem ao domínio da Administração Pública Direta.

De igual modo, o patrimônio, as receitas e os servidores autárquicos têm vinculação direta e exclusiva com a autarquia, sendo seu patrimônio, suas receitas e seus servidores.

Da personalidade pública decorre, ainda, o dever de ressarcimento dos prejuízos materiais e morais causados, no patrimônio de particulares, pela ação de servidores ligados ao seu quadro de pessoal.

Assim, a própria entidade autárquica deve suportar os custos da indenização, não podendo, no primeiro momento, ser o Estado acionado em lugar da autarquia – nem tampouco solidariamente – pois a responsabilidade estatal, nesse caso, é apenas residual, subsidiária.

Cabe lembrar, por fim, que às autarquias, como pessoas jurídicas, aplicam-se as regras constitucionais e infraconstitucionais de

---

28. Celso Antônio Bandeira de Mello, *Natureza* ..., cit., p. 9. No mesmo sentido, afirma mais adiante o Mestre paulista: "isto posto, conclui-se, necessariamente, que ao se dizer que a autarquia é pessoa de direito público vai implícita a afirmação de que se trata de um sujeito norteado essencialmente pelas regras de direito público, isto é, de um titular de direitos e obrigações definidos como públicos. Este conjunto de direitos e obrigações em sua totalidade ou complexo dá margem ao que se pode chamar de 'regime jurídico'" (idem, p. 234). São ainda de Celso Antônio as seguintes palavras: "autarquia e regime de direito privado são uma 'contraditio in terminis'" (idem, p. 236).
29. "Consoante Celso Antônio Bandeira de Mello, as pessoas privadas têm as seguintes características básicas: a) origem na vontade do particular; b) fim geralmente lucrativo; c) finalidade de interesse particular; d) liberdade de fixar, modificar, prosseguir ou deixar de prosseguir o próprio escopo; e) liberdade de se extinguir; f) sujeição ao controle negativo do Estado ou a simples fiscalização; g) ausência de prerrogativas autoritárias. Doutra parte, caracterizam as pessoas públicas: a) origem na vontade do Estado; b) fins não lucrativos; c) finalidade de interesse coletivo; d) ausência de liberdade na fixação ou modificação dos próprios fins e obrigação de cumprir os escopos; e) impossibilidade de se extinguirem pela própria vontade; f) prerrogativas autoritárias, de que geralmente dispõem" (in Lúcia Valle Figueiredo, *Curso* ..., p. 128 – o trecho de Celso Antônio foi extraído, pela Autora, da obra *Natureza* ..., cit., p. 319).

proteção dos direitos da personalidade (art. 52 da Lei n. 10.406/2002, o novo Código Civil).

3.3.5.2 Autarquias como pessoas jurídicas criadas por lei[30]

Ao contrário das pessoas jurídicas de Direito Privado – cuja criação em geral só se aperfeiçoa após registro cartorial[31] – a personalidade jurídica da autarquia, entidade de Direito Público, surge por força da promulgação de lei específica, tal qual determinado pelo art. 37, XIX, da Constituição Federal.

Por isso, afirma Oswaldo Aranha Bandeira de Mello: "é-lhe estranho o processo de criação próprio das pessoas de direito privado, previsto no Código Civil. Por conseguinte, a sua criação se não faz mediante contrato, através de escritura pública ou privada. Outrossim, independem de registro os seus estatutos. Estes são baixados por decreto do Executivo e complementados pelos regimentos elaborados pelos órgãos dirigentes da pessoa jurídica de direito público".[32]

Assim, deve-se encarecer a desnecessidade de escritura pública e registro das autarquias,[33] bastando, para que se opere integralmente sua criação jurídica, a publicação da lei.

Por óbvio que seja, convém frisar que a aludida desnecessidade de escritura e registro vale também para as fundações públicas – es-

---

30. Já tivemos oportunidade, no Capítulo 1 do presente trabalho, de manifestar nossa discordância quanto à inclusão do elemento "criação por lei" no conceito de agências reguladoras, pois se trata de requisito de validade, e não de existência do instituto. Pelas mesmas razões, não entendemos que o conceito de autarquia deva mencionar a criação por meio de lei, isso porque as agências reguladoras criadas por medida provisória não deixam de ser autarquias apesar do vício de origem.
31. Nesse sentido dispõe o art. 45 da Lei n. 10.406/2002, o novo Código Civil: "Começa a existência legal das pessoas jurídicas de direito privado com a inscrição do ato constitutivo no respectivo registro, precedida, quando necessário, de autorização do Poder Executivo, averbando-se no registro todas as alterações por que passar o ato constitutivo". O Código Civil de 1916 continha semelhante disposição: "Art. 18. Começa a existência legal das pessoas jurídicas de direito privado com a inscrição dos seus contratos, atos constitutivos, estatutos ou compromissos no seu registro peculiar, regulado por lei especial, ou com a autorização ou aprovação do Governo, quando precisa".
32. *Princípios* ..., v. 2, p. 197.
33. No mesmo sentido, Celso Antônio Bandeira de Mello, *Natureza* ..., cit., pp. 419 e ss.

pécie do gênero autarquia. Não se devendo cogitar, portanto, da aplicação, sobre tais entidades, da regra contida no art. 62 do novo Código Civil (Lei n. 10.406/2002): "Para criar uma fundação, o seu instituidor fará, por escritura pública ou testamento, dotação especial de bens livres, especificando o fim a que se destina, e declarando, se quiser, a maneira de administrá-la".

É que, evidentemente, o art. 62 trata das fundações de direito privado e não daquelas criadas pelo Poder Público com a finalidade de prestar serviços próprios do Estado, finalidade esta, aliás, que nem consta do parágrafo único do mesmo art. 62: "A fundação somente poderá constituir-se para fins religiosos, morais, culturais ou de assistência".

Assim, como pessoas jurídicas de Direito Público, as fundações públicas devem ser criadas por lei, dispensando escritura e registro. Tais entidades só não estão elencadas nominalmente no rol do art. 41 do novo Código Civil – que enumera as pessoas jurídicas de Direito Público interno – porque ali as autarquias já são mencionadas (inc. IV) e, uma vez incluído o gênero, redundante tornar-se-ia a citação da espécie.[34]

Outro ponto importante: a exigência de criação das autarquias por meio de lei afasta qualquer possibilidade de a própria Administração Pública, valendo-se de algum de seus instrumentos infralegais de ação – tais como decretos, regulamentos ou atos administrativos em geral –, dar nascimento a pessoas públicas.

Uma vez mais, torna-se oportuno citar o magistério de Celso Antônio Bandeira de Mello: "com efeito, bem ponderada a questão, verifica-se o porquê da impossibilidade de criação de autarquia por decreto. Este, é veículo de expressão da vontade do Executivo e, por sua própria natureza, exprime em grau secundário a vontade do Estado, a qual, em grau primário, só é formulado através de lei. Portanto, se o Executivo ao manifestar sua vontade tem-na necessariamente conformada a um pronunciamento anterior de força inaugural, não pode inaugurar no Direito por virtude própria, o que aconteceria se criasse

---

34. Além do que, seria um contra-senso se o Código Civil, diploma regulador de relações e atividades de natureza privada, viesse a disciplinar a criação e o funcionamento das autarquias, pessoas jurídicas de Direito Público e, como tais, sujeitas a princípios e normas de outra categoria.

um ser novo, a autarquia. A existência desta depende, por isso mesmo, de vontade com força criadora original".[35]

E conclui: "é a lei que contém em si esta propriedade: expressão primária da vontade do Estado".[36]

No item 3.4 voltaremos ao tema, enfocando especificamente a criação de agências reguladoras – de autarquias, portanto – por meio de medida provisória.

3.3.5.3 Autarquias como pessoas jurídicas com capacidade de auto-administração

Sendo pessoas jurídicas autônomas em relação à Administração Pública Direta, as autarquias governam seus próprios negócios.

De acordo com Celso Antônio Bandeira de Mello: "a palavra 'autarquia' significa, literalmente, conforme sua origem grega, administração de si mesmo, administração própria, auto-administração. Entre nós, como de resto em toda parte, sempre se afirma que as entidades autárquicas se auto-administram. Às vezes se usa dizer que são autônomas, desejando ressaltar a mesma idéia".[37]

Assim, a referência normalmente feita pela doutrina à capacidade de auto-administração tem como objetivo enfatizar o grau de independência na atuação das entidades autárquicas diante do Poder Central, reforçando sua natureza de pessoas jurídicas autônomas.

3.3.5.4 Autarquias como pessoas jurídicas que exercem atividades próprias do Estado

As autarquias são entidades criadas para o desenvolvimento descentralizado, indireto, de tarefas administrativas atribuídas pelo ordenamento jurídico ao Estado.

Esclarece Celso Antônio Bandeira de Mello: "a autarquia costuma ser designada administração indireta. Com a expressão em tela ressaltam-se dois elementos. O primeiro, é a circunstância de que sua

---

35. *Natureza* ..., cit., p. 418.
36. Ob. cit., p. 418.
37. Ob. cit., p. 177.

atividade se caracteriza perfeitamente como administração pública, isto é, de interesse público, da alçada do Estado e demais entidades políticas. O segundo, põe em relevo o fato de que a administração em apreço não se realiza diretamente através dos órgãos integrados no Estado e por isso mesmo dissolvidos na personalidade dele, mas por meio de pessoa jurídica distinta, embora co-participe de sua natureza".[38]

As vantagens do sistema de administração por meio desse gênero de pessoas públicas autônomas fizeram com que o campo de atuação das autarquias – originariamente reduzido à prestação de serviços públicos – fosse ampliado sobremodo, alcançando, nos dias de hoje, praticamente todos os domínios da atividade administrativa, como o poder de polícia, o fomento e as ações típicas de poder concedente.

Desse modo, não são satisfatórias as definições de autarquia que indicam a prestação de serviços públicos como elemento essencial do conceito, ao menos que se amplie a noção de serviços públicos, nela incluindo todas as atividades supramencionadas, o que acabaria por desvestir a noção de qualquer utilidade prática.

A propósito, importa reforçar a idéia, já desenvolvida nos itens anteriores, de que, sendo necessariamente estatais os cometimentos atribuídos às autarquias, o complexo normativo aplicável a essas entidades é o regime jurídico de Direito Público, o qual, a um só tempo, prevê mecanismos próprios para o adequado desenvolvimento das tarefas estatais e consagra mecanismos específicos para a defesa dos indivíduos atingidos por tais ações.

3.4 Criação, instituição e extinção das agências reguladoras

As agências reguladoras, sendo autarquias, estão submetidas a regras especiais que disciplinam o modo pelo qual devem validamente nascer e se extinguir as pessoas jurídicas de Direito Público. Assim, como entidades de natureza pública, não se lhes aplicam os dispositivos contidos no Título II do novo Código Civil – que tratam, e só podem tratar, da criação e da extinção das pessoas jurídicas de Direito Privado –, ao contrário, as agências sujeitam-se aos princípios e normas do regime jurídico-administrativo.

38. Ob. cit., p. 233.

O presente item tem como objeto temas relacionados com a criação e extinção das agências reguladoras.

3.4.1 Criação das agências reguladoras

No Brasil, a falta de lei versando sobre o regime das agências reguladoras em geral não impede a conclusão, por todos aceita, de que tais entidades – como de resto todas aquelas pertencentes ao gênero autárquico – só podem ser criadas e extintas por meio de lei específica. Nesse sentido, determina o art. 37, XIX, da Constituição Federal: "somente por lei específica poderá ser criada autarquia (...)". Na mesma esteira, o Decreto-lei n. 200/1967 define autarquias como entidades "criadas por lei" (art. 5º, I).

Obviamente, se para a criação das autarquias a Constituição Federal exige lei, a extinção delas também depende de lei.[39]

Porém, a unanimidade doutrinária e jurisprudencial em torno dos pontos mencionados contrasta com o silêncio a respeito de duas questões correlatas: a) o que se deve entender por "lei específica"? b) quais os desdobramentos jurídicos decorrentes da criação de agência reguladora por meio de instrumento normativo inadequado?

Tratemos das indagações separadamente.

3.4.1.1 O sentido da expressão "lei específica"

O deslinde da questão a respeito do significado da expressão "lei específica" depende da investigação de dois pontos: o que se entende por "lei" e qual o conteúdo do qualificativo "específica".

A análise desse temas reveste-se de importância prática inegável.

É que das onze agências reguladoras federais existentes até o presente momento, oito foram criadas mediante lei ordinária – a Aneel (Lei n. 9.427/1996), a Anatel (Lei n. 9.472/1997), a ANP (Lei n. 9.478/1997), a ANS (Lei n. 9.961/2000), a ANA (Lei n. 9.984/2000), a

---

39. Nas palavras de Celso Antônio Bandeira de Mello: "só a lei extingue autarquia. O que foi feito em nível de norma primária, só neste nível pode ser desfeito. Obviamente, nem o decreto, nem a simples vontade autárquica podem derrogar preceito legal" (*Natureza* ..., cit., p. 425).

Anvisa (Lei n. 9.782/1999), a ANTT (Lei n. 10.233/2001) e a Antaq (Lei n. 10.233/2001). Três por meio de medida provisória: a Ancine (Medida Provisória n. 2.219/2001, atualmente MP n. 2.228-1, de 6.9.2001), a ADA (Medida Provisória n. 2.157-5/2001) e a Adene (Medida Provisória n. 2.156-5/2001).

Além disso, apenas três desses diplomas normativos cuidaram exclusivamente de criar as respectivas agências reguladoras – a Lei n. 9.427/1996 (Aneel), a Lei n. 9.961/2000 (ANS) e a Lei n. 9.984/2000 (ANA). Nos demais casos, os diplomas normativos tratam de diversos assuntos, inclusive a criação das agências.

Há o caso, ainda, de uma única lei – a Lei n. 10.233/2001 – que criou, simultaneamente, três autarquias: a ANTT, Antaq e o DNIT – Departamento Nacional de Infra-Estrutura de Transportes.[40]

Assim, a exata fixação do sentido da expressão "lei específica", prevista no art. 37, XIX, da Constituição Federal, é fundamental para analisar se as agências reguladoras brasileiras foram criadas validamente.

Em primeiro lugar, convém investigar o conteúdo do vocábulo "lei".

No Texto Constitucional, o termo "lei" é empregado em mais de um sentido. O art. 5º, II, por exemplo, determina: "ninguém será obrigado a fazer ou deixar de fazer alguma coisa senão em virtude de lei".

Aqui, a palavra "lei" vem utilizada em sua acepção ampla, abrangendo todas as espécies legislativas elencadas no art. 59 da Constituição Federal: emendas à Constituição; leis complementares; leis ordinárias; leis delegadas; medidas provisórias; decretos legislativos; e resoluções.

Em sentido amplo, o termo consta também do art. 5º, XXXVI: "a lei não prejudicará o direito adquirido, o ato jurídico perfeito e a coisa julgada".

Noutros dispositivos, a fala "lei" é utilizada com significado menos extenso, como, por exemplo, no art. 5º, XXXIX: "não há crime sem lei anterior que o defina, nem pena sem prévia cominação legal". Nesse caso, a expressão não abrange todas as espécies legislativas,

---

40. O DNIT, entretanto, não é agências reguladora, mas autarquia comum (art. 79 da Lei n. 10.233/2001).

estando excluída a medida provisória – que não pode ser editada sobre matéria de Direito Penal (art. 62, § 1º, b, da CF).

Na Constituição Federal há contextos normativos, ainda, em que a palavra "lei" designa apenas as leis ordinárias e as leis complementares – e não as emendas constitucionais, as leis delegadas, as medidas provisórias, os decretos legislativos e as resoluções. É o caso do art. 61, § 1º: "são de iniciativa privativa do Presidente da República as leis que: I – fixem ou modifiquem os efetivos das Forças Armadas; II – disponham sobre: a) criação de cargos, funções ou empregos públicos na administração direta e autárquica ou aumente sua remuneração (...)".

Por essas razões, a abrangência do termo demanda um esforço interpretativo que permita determinar em qual dos vários sentidos possíveis a fala "lei" está utilizada no art. 37, XIX, da Constituição Federal.

O primeiro ponto essencial é realçar, uma vez mais, que se a Constituição Federal exige lei específica deve-se descartar por completo a possibilidade de atos administrativos de qualquer natureza – inclusive os regulamentares – criarem agências reguladoras.[41]

Dito isso, outra observação merece destaque: a lei que cria agência reguladora federal é de iniciativa privativa do Presidente da República,[42] a teor do disposto no art. 61, § 1º, II, alíneas a e e, da Constituição Federal.[43-44]

Sendo assim, conclui-se ser impossível a criação de agência reguladora por meio de lei delegada, de decreto legislativo ou de resolução.

No caso da lei delegada, a conclusão se impõe porque tal espécie legislativa só tem cabimento em relação a matérias de iniciativa não-privativa do Presidente da República.

---

41. Agência reguladora eventualmente "criada" por ato administrativo deve ser tida como inexistente para o Direito, de modo que os particulares podem se opor manus militaris à tentativa de execução dos atos praticados pela entidade.
42. Nos âmbitos estadual, distrital e municipal, a iniciativa de leis criadoras das agências, por analogia, também é privativa dos respectivos Chefes do Executivo.
43. Marçal Justen Filho, O Direito das Agências Reguladoras Independentes, p. 413.
44. Porém, nada impede, segundo cremos, que a lei criadora de agência seja de iniciativa popular (art. 61, § 2º, da Constituição Federal).

Quanto ao decreto legislativo e à resolução, são veículos normativos introdutores de assuntos da competência exclusiva do Congresso Nacional, não podendo, portanto, ser utilizados para a criação de entidades pertencentes à estrutura do Poder Executivo.

Sobre a hipótese de agência reguladora criada por meio de emenda constitucional ou lei complementar – situação de ocorrência prática pouco provável em função dos quóruns mais rigorosos –, não há barreiras jurídicas que impeçam a adoção dessas espécies legislativas para tal finalidade.

Assim, apesar de possível a utilização de emenda constitucional e lei complementar, o veículo normativo próprio para a criação de agência reguladora é mesmo a lei ordinária, proposta pelo Presidente da República (art. 61, § 1º, da CF), com discussão e votação iniciadas na Câmara dos Deputados (art. 64, *caput*), e revisão pelo Senado (art. 65) – podendo o Presidente da República solicitar urgência na apreciação (art. 64, § 1º) –, após o que, se aprovado nas duas Casas, o projeto será enviado ao Chefe do Executivo para sanção ou veto (art. 66, § 1º) e conseqüente promulgação (art. 66, § 7º).

A respeito da criação de agências reguladoras por medida provisória, trataremos do tema no item seguinte.

Esclarecido o sentido do termo "lei", cabe investigar o significado do qualificativo "específica".

Pode-se dizer, em primeiro lugar, que a exigência de lei específica afasta a possibilidade de o legislador autorizar o Executivo a criar autarquia.

Além disso, a Constituição Federal, em seu art. 37, XIX, proíbe que autarquias sejam criadas no bojo de diplomas normativos multitemáticos.

É que essa prática – tão freqüente no Brasil – de inserir, no corpo de uma lei, matérias estranhas ao seu conteúdo predominante tem diversos inconvenientes: a) durante o processo legislativo, compromete a transparência das votações no Parlamento, prejudicando o controle dos eleitores sobre o conteúdo dos projetos e a atuação dos congressistas; b) cria dificuldades na análise sobre a competência para propositura do projeto de lei; c) afeta a estabilidade social e a segurança jurídica; d) diminui a confiança da população no Legislativo.

A propósito do tema, a Lei Complementar n. 95, de 26 de fevereiro de 1998 – que, nos termos do art. 59, parágrafo único, da Constituição Federal, disciplina a elaboração, a redação, a alteração e a consolidação das leis em geral (art. 1º) – determina: "a lei não conterá matéria estranha a seu objeto ou a este não vinculada por afinidade, pertinência ou conexão" (art. 7º, II).

Ao nosso ver, tal dispositivo auxilia a compreensão da exigência constitucional de lei específica para criação de autarquia. Não que a interpretação da Constituição se possa fazer a partir de normas infraconstitucionais, o que feriria um dos mais comezinhos princípios da hermenêutica jurídica. Mas, o significado do art. 37, XIX, da Constituição Federal, pode ser expresso por meio de fórmula semelhante à contida na citada lei complementar.

Para ser específica, a lei não precisa tratar exclusivamente da criação de autarquia. Atende de igual modo à exigência de especificidade o diploma que cria entidade autárquica e disciplina também matérias afins, pertinentes ou conexas.

Nada obsta a que determinada lei crie agência reguladora e, ao mesmo tempo, fixe princípios e normas aplicáveis ao respectivo setor de atuação.

Igualmente válida é a lei que, criando certa agência, extingue pessoa jurídica encarregada das mesmas atribuições.

Por fim, a criação de duas agências reguladoras por meio de uma única lei é possível desde que haja conexão entre as correspondentes áreas de atuação, como ocorreu com a Agência Nacional de Transportes Terrestres (ANTT) e a Agência Nacional de Transportes Aquaviários (Antaq), ambas criadas pela Lei n. 10.233, de 5 de junho de 2001.

3.4.1.2 Agências reguladoras criadas por medida provisória

A exigência de lei específica, consoante norma contida no art. 37, XIX, da Constituição Federal, exclui a possibilidade de que agências reguladoras sejam validamente criadas por medida provisória.

No ordenamento jurídico brasileiro, a medida provisória é instrumento de que dispõe o Presidente da República para fazer frente a situações excepcionais. Daí determinar expressamente o Texto Constitucional que tais medidas só podem ser editadas em caso de relevância e urgência, devendo ser submetidas de imediato ao Congresso Nacional (art. 62, *caput*).

A recente Emenda Constitucional n. 32, de 11 de setembro de 2001, entre outras inovações, acrescentou o § 3º ao art. 62, com a seguinte redação: "As medidas provisórias, ressalvado o disposto nos §§ 11 e 12 perderão eficácia, desde a edição, se não forem convertidas em lei no prazo de sessenta dias, prorrogável, nos termos do § 7º, uma vez por igual período, devendo o Congresso Nacional disciplinar, por decreto legislativo, as relações jurídicas delas decorrentes".

Assim, a medida provisória tem, por natureza, eficácia passageira, temporária, transitória, circunstância que contribui para explicar o amplo rol de matérias que a Constituição Federal, em seu art. 62, § 1º, exclui do âmbito de ação de tal veículo normativo: "É vedada a edição de medidas provisórias sobre matéria: I – relativa a: a) nacionalidade, cidadania, direitos políticos, partidos políticos e direito eleitoral; b) direito penal, processual penal e processual civil; c) organização do Poder Judiciário e do Ministério Público, a carreira e a garantia de seus membros; d) planos plurianuais, diretrizes orçamentárias, orçamento e créditos adicionais e suplementares, ressalvado o previsto no art. 167, § 3º; II – que vise a detenção ou seqüestro de bens, de poupança popular ou qualquer outro ativo financeiro; III – reservada a lei complementar; IV – já disciplinada em projeto de lei pelo Congresso Nacional e pendente de sanção ou veto do Presidente da República".

Segundo Celso Antônio Bandeira de Mello: "por serem, como visto, *excepcionais, efêmeras, precárias, suscetíveis de perder eficácia desde o início e cabíveis* apenas *ante questões relevantes* que demandem *urgente* suprimento, é óbvio que só podem ser expedidas quando (*a*) situação muito grave reclame providências imediatas, que tenham de ser tomadas incontinenti, pena de perecimento do interesse público que devem suprir, e (*b*) a natureza da medida seja compatível com a fragilidade inerente ao seu caráter efêmero e precário" (grifos do original).[45]

Dessa forma, as medidas provisórias não são, nem atos legislativos,[46] nem, tampouco, provimentos de natureza administrati-

---

45. *Curso* ..., cit., p. 120.
46. "Convém desde logo acentuar que as medidas provisórias são profundamente diferentes das leis – e não apenas pelo órgão que as emana. Nem mesmo se pode dizer que a Constituição foi tecnicamente precisa ao dizer que têm 'força de

va.⁴⁷ Em verdade, constituem espécie jurídica híbrida, possuindo regime que não permite enquadrá-las em nenhuma das categorias tradicionais de atos jurídicos.

O que impede, segundo cremos, a criação de agências reguladoras por meio de medidas provisórias, mais ainda do que o problema da relevância e urgência, é justamente a transitoriedade desse tipo de veículo normativo, característica incompatível com as diversas implicações decorrentes do nascimento de uma autarquia − como, por exemplo, a transferência da titularidade de tarefas públicas, a criação de cargos, a destinação de acervo patrimonial e o aporte de verbas orçamentárias.

Entretanto, até o presente momento, três agências reguladoras federais foram criadas por medidas provisórias: a Ancine (Medida Provisória n. 2.219/2001, atualmente MP n. 2.228-1, de 6.9.2001), a ADA (Medida Provisória n. 2.157-5/2001) e a Adene (Medida Provisória n. 2.156-5/2001).

lei'. A compostura que a própria Lei Magna lhes conferiu desmente a assertiva ou exige que seja recebida *cum grano salis*. A *primeira diferença* entre umas e outras reside em que as medidas provisórias correspondem a uma forma *excepcional* de regular certos assuntos, ao passo que as leis são via normal de discipliná-los. A *segunda diferença* está que as medidas provisórias são, por definição, *efêmeras*, enquanto as leis, além de perdurarem normalmente por tempo indeterminado, quando temporárias têm seu prazo por elas mesmas fixado, ao contrário das medidas provisórias, cuja duração máxima já está preestabelecida na Constituição: 120 dias. A *terceira diferença* consiste em que as medidas provisórias são precárias, isto é, podem ser infirmadas pelo Congresso a qualquer momento dentro do prazo em que deve apreciá-las, em contraste com a lei, cuja persistência só depende do próprio órgão que a emanou (Congresso). A *quarta diferença* resulta de que a medida provisória não confirmada, isto é, não transformada em lei, perde sua eficácia desde o início; esta, diversamente, ao ser revogada, apenas cessa seus efeitos *ex nunc*. Por tudo isto se vê que a força jurídica de ambas *não é a mesma*. Finalmente, a *quinta e importantíssima diferença* procede de que a medida provisória, para ser expedida, depende da ocorrência de certos pressupostos, especialmente os de 'relevância e urgência', enquanto, no caso da lei, a relevância da *matéria não é condição para que seja produzida*; antes, passa a ser de direito relevante tudo o que a lei estiver estabelecido. Demais disto, inexiste o requisito de urgência. Em virtude do exposto, seria erro gravíssimo analisá-las como se fossem leis 'expedidas pelo Executivo' e, em conseqüência, atribuir-lhes regime jurídico ou possibilidades normatizadoras equivalentes às das leis" (Celso Antônio Bandeira de Mello, *Curso* ..., cit., pp. 119-120 − grifos do original).

47. Não se encaixam na categoria de atos administrativos principalmente porque as medidas provisórias podem inovar de modo originário a ordem jurídica, não sendo, portanto, infralegais.

Como essas três medidas provisórias foram editadas antes de promulgada e publicada a Emenda Constitucional n. 32, de 11 de setembro de 2001, a Ancine, a ADA e a Adene ganharam sobrevida, por força da esdrúxula ultra-atividade conferida pelo art. 2º da referida emenda, *in verbis*: "As medidas provisórias editadas em data anterior à da publicação desta emenda continuam em vigor até que medida provisória ulterior as revogue explicitamente ou até deliberação definitiva do Congresso Nacional".

O certo é que, enquanto estiverem em vigor as Medidas Provisórias n. 2.219/2001, atualmente MP n. 2.228-1/2001 (Ancine), n. 2.157-5/2001 (ADA) e n. 2.156-5/2001 (Adene), essas três entidades, apesar de invalidamente criadas, sujeitam-se à incidência de toda a legislação aplicável às autarquias em geral e às agências reguladoras, inclusive quanto aos privilégios autárquicos, como imunidade tributária e prazos processuais mais dilatados.

Pelas mesmas razões, em princípio, os atos praticados pelos agentes públicos pertencentes à Ancine, à ADA e à Adene revestem-se dos atributos típicos dos atos administrativos, a saber: presunção de legitimidade, presunção de veracidade, exigibilidade, imperatividade e auto-executoriedade.[48]

Contudo, nada impede que o Judiciário, declarando incidentalmente a inconstitucionalidade das medidas provisórias em questão, invalide atos praticados pela Ancine, pela ADA e pela Adene, com base em vício de competência, por emanarem de entidades criadas em desacordo com a legislação pátria.

3.4.2 Instituição das agências reguladoras

Criar autarquia e constituí-la são coisas diferentes.

A criação dá-se por lei específica – manifestação de vontade do Estado revestida de força inaugural. É seu o nascimento jurídico.

A instituição, ao contrário, opera-se por meio de decreto, que regulamenta a lei criadora. Trata-se do surgimento concreto da entidade.

---

48. Não são, portanto, atos considerados juridicamente inexistentes. Se fossem, restariam afastados os atributos em questão, estando autorizada, por parte dos administrados, oposição *manus millitaris* contra tentativa de execução material dos atos.

De acordo com Celso Antônio Bandeira de Mello: "não se deve confundir o problema da criação das autarquias com o de sua instituição. O Executivo, para dar cumprimento efetivo à vontade legal que criar uma autarquia, necessita praticar atos complementares. Incumbe-lhe não só regulamentar a lei, como ainda tomar as providências indispensáveis ao funcionamento da nova pessoa administrativa afetando-lhe os recursos humanos e materiais previstos. Por isso existem decretos que 'instituem' autarquias. Correspondem a manifestações do Executivo subordinadas ao efetivo cumprimento da lei".[49]

Cabe ao decreto presidencial instituidor da entidade aprovar o regime interno, atribuição que, no caso das agências reguladoras, consta expressamente nas suas leis de criação: art. 34 da Lei n. 9.427/1997; art. 10 da Lei n. 9.472/1997; art. 77 da Lei n. 9.478/1997; art. 5º da Lei n. 9.782/1999; art. 2º da Lei n. 9.961/2000; art. 26 da Lei n. 9.984/ 2000; e art. 99 da Lei n. 10.233/2001.

As agências reguladoras federais foram instituídas pelos seguintes decretos: Aneel – Decreto n. 2.235/1997; Anatel – Decreto n. 2.338/1997; ANP – Decreto n. 2.455/1998; ANS – Decreto n. 3.327/ 2000; ANA – Decreto n. 3.692/2000; Anvisa – Decreto n. 3.029/1999; ANTT – Decreto n. 4.130/2002; Antaq – Decreto n. 4.122/2002; Ancine – Decreto n. 4.121/2002; ADA – Decreto n. 4.125/2002; e Adene – Decreto n. 4.126/2002.

3.4.3 Prazo de duração das agências reguladoras

As atuais agências reguladoras federais foram criadas por prazo indeterminado, só podendo ser extintas por força de lei específica.

O prazo indeterminado vem mencionado de modo expresso no art. 1º da Lei n. 9.427/1996 (Aneel), no art. 3º da Lei n. 9.782/1999 (Anvisa) e no art. 1º da Lei n. 9.961/2000 (ANS).

3.4.4 Extinção das agências reguladoras

Se apenas lei específica pode criar agência reguladora, a teor do disposto no art. 37, XIX, da Constituição Federal, sua extinção, indubitavelmente, depende também de lei específica.

49. *Natureza* ..., cit., p. 419.

É o que se extrai do art. 17 da lei criadora da Anatel – Lei n. 9.472/ 1997: "A extinção da agência somente ocorrerá por lei específica".

Com isso, deve-se afastar por completo a possibilidade de atos administrativos editados com tal finalidade. É que atos dessa natureza, sendo infralegais, não têm força jurídica para desfazer o que a lei estabeleceu.

Quanto às medidas provisórias, em razão do princípio do paralelismo das formas, só podem ser usadas para extinguir as agências que tenham sido criadas por meio desse mesmo veículo normativo, ou seja: a Ancine, a ADA e a Adene.

Capítulo 4
DEVERES E PRIVILÉGIOS
DAS AGÊNCIAS REGULADORAS

4.1 Agências reguladoras e regime jurídico-administrativo. 4.2 Supremacia do interesse público sobre o privado: 4.2.1 Privilégios das agências reguladoras: 4.2.1.1 Natureza dos atos praticados pelas agências: 4.2.1.1.1 Presunção de legalidade ou presunção de legitimidade; 4.2.1.1.2 Presunção de veracidade; 4.2.1.1.3 Imperatividade; 4.2.1.1.4 Exigibilidade; 4.2.1.1.5 Auto-executoriedade; 4.2.1.2 Imunidade tributária; 4.2.1.3 Prescrição qüinqüenal; 4.2.1.4 Execução especial de seus créditos; 4.2.1.5 Ação regressiva contra os agentes causadores dos danos; 4.2.1.6 Impenhorabilidade de bens e de rendas; 4.2.1.7 Imprescritibilidade de bens; 4.2.1.8 Gratuidade dos atos processuais; 4.2.1.9 Juízo privativo da entidade estatal a que pertencem; 4.2.1.10 Citações, intimações e notificações devem ser feitas pessoalmente; 4.2.1.11 Prazos processuais multiplicados; 4.2.1.12 Dispensa de mandato; 4.2.1.13 Inaplicabilidade dos efeitos da revelia; 4.2.1.14 Reexame necessário; 4.2.1.15 Privilégios processuais previstos na Lei n. 9.494/1997; 4.2.1.16 Não-sujeição a concurso de credores; 4.2.1.17 Retomada de bens havidos ilicitamente; 4.2.1.18 Prazo especial para desocupação de bens; 4.2.1.19 Possibilidade de promover desapropriações ou delas se beneficiar; 4.2.1.20 Natureza pública dos contratos celebrados; 4.2.1.21 Outros privilégios. 4.3 Indisponibilidade dos interesses públicos: 4.3.1 Sujeição das agências reguladoras aos princípios do Direito Administrativo: 4.3.1.1 Princípio da legalidade; 4.3.1.2 Princípio da finalidade; 4.3.1.3 Princípio da razoabilidade; 4.3.1.4 Princípio da proporcionalidade; 4.3.1.5 Princípio da obrigatória motivação; 4.3.1.6 Princípio da impessoalidade; 4.3.1.7 Princípio da publicidade; 4.3.1.8 Princípios do devido processo legal, do contraditório e da ampla defesa; 4.3.1.9 Princípio da moralidade; 4.3.1.10 Princípio do controle jurisdicional; 4.3.1.11 Princípio da responsabilidade; 4.3.1.12 Princípio da eficiência; 4.3.1.13 Princípio da segurança jurídica; 4.3.1.14 Dever de licitar; 4.3.1.15 Procedimentos financeiros.

4.1 Agências reguladoras e regime jurídico-administrativo

A natureza autárquica sujeita as agências reguladoras, como pessoas de Direito Público, à incidência do conjunto de princípios e normas disciplinadores da atuação do Poder Público: o chamado regime jurídico-administrativo.

O regime jurídico-administrativo, a um só tempo, fornece instrumentos adequados para a proteção dos interesses públicos tutelados pela Administração e impõe severos limites ao exercício das atividades administrativas.

Ante a dupla razão de ser do regime administrativo, Celso Antônio Bandeira de Mello identifica as noções matriciais desse complexo normativo: os supraprincípios da supremacia do interesse público sobre o privado e da indisponibilidade do interesse público.

São do referido Autor as seguintes palavras: "em verdade, como bem o disse Garrido Falla, o Direito Administrativo se erige sobre o binômio 'prerrogativas da Administração – direitos dos administrados'. É o entrosamento destes dois termos que lhe delineia a fisionomia. Sua compostura, pois, irá variar de um para outro sistema positivo, retratando uma feição mais autoritária ou, opostamente, um caráter mais obsequioso aos valores democráticos. São os elementos deste binômio que, ao nosso ver, se encontram expressados, respectivamente, no que denominamos 'supremacia do interesse público sobre o privado' e 'indisponibilidade dos interesses públicos pela Administração'".[1]

E conclui: "a ereção de ambos em pedras angulares do Direito Administrativo, parece-nos, desempenha funções explicadora e aglutinadora mais eficientes que as noções de serviço público, *puissance publique*, ou utilidade pública".[2]

4.2 Supremacia do interesse público sobre o privado

O supraprincípio da supremacia do interesse público sobre o privado tem como conteúdo a idéia de que os interesses da coletividade,

---

1. *Curso de Direito Administrativo*, pp. 48-49.
2. Celso Antônio Bandeira de Mello, *Curso* ..., cit., p. 49.

os interesses públicos, são mais relevantes socialmente do que os interesses de particulares.

E a Administração, sendo encarregada de defender os interesses públicos, recebe da ordem jurídica prerrogativas especiais – que os particulares não têm – aptas a proporcionar o adequado cumprimento de seus cometimentos.

4.2.1 Privilégios das agências reguladoras

As prerrogativas especiais conferidas por lei às autarquias – e, por conseqüência, às agências reguladoras – encontram sua razão de existir na natureza dos interesses públicos protegidos por tais entidades.

Não são, portanto, benesses, favores que o legislador concede *intuitu personae* aos ocupantes de cargos públicos, antes, tais "privilégios" – para usar expressão corrente na doutrina – constituem meros instrumentos ligados às funções exercidas pelos agentes.

Na maioria dos casos, trata-se de privilégios válidos para o âmbito das Fazendas Públicas em geral, aplicando-se, portanto, às agências reguladoras federais, estaduais e municipais.[3]

Por justiça, deve-se dizer que o rol a seguir exposto – de caráter meramente exemplificativo – baseia-se, salvo um ou outro tópico, na sistematização empreendida por Hely Lopes Meirelles.[4]

4.2.1.1 Natureza dos atos praticados pelas agências

Os atos praticados pelas agências reguladoras, no exercício de atribuições administrativas próprias do Estado, são, em geral, atos jurídicos enquadrados na categoria dos atos administrativos.

---

3. A extensão dos privilégios fazendários às agências reguladoras é indiscutível. Em alguns casos, a própria lei instituidora da agência contém dispositivo encarecendo tal idéia, *verbi gratia*, o art. 14, I, da Lei n. 9.984/2000, a Lei da ANA: "Compete à Procuradoria da ANA, que se vincula à Advocacia-Geral da União para fins de orientação normativa e supervisão técnica: I – representar judicialmente a ANA, com prerrogativas processuais de Fazenda Pública".
4. *Direito Administrativo Brasileiro*, pp. 338-340.

Como atos administrativos, sujeitam-se à incidência de regime específico, que fixa requisitos para sua válida produção e confere propriedades jurídicas especiais – conhecidas como atributos.

Segundo Diógenes Gasparini, ato administrativo é "toda prescrição unilateral, juízo ou conhecimento, predisposta à produção de efeitos jurídicos, expedida pelo Estado ou por quem lhe faça às vezes, no exercício de suas prerrogativas e como parte interessada numa relação, estabelecida na conformidade ou na compatibilidade da lei, sob o fundamento de cumprir finalidades assinaladas no sistema normativo, sindicável pelo Judiciário".[5]

O conceito formulado abrange os atos concretos e os normativos ou abstratos (regulamentos), não alcançando, entretanto, os contratos administrativos – que são bilaterais –, os atos meramente materiais – não producentes de efeitos jurídicos –, os atos legislativos praticados no exercício de função atípica e os atos regidos pelo direito privado, como a locação de prédio para funcionamento de repartição pública.[6]

Assim, à exceção das espécies de atos não enquadráveis na categoria dos atos administrativos – os contratos, os atos meramente materiais, os atos legislativos e os regidos pelo direito privado –, os atos praticados pelas agências reguladoras possuem características jurídicas singulares, chamadas pela doutrina de atributos, a saber: presunção de legalidade ou de legitimidade, presunção de veracidade, imperatividade, exigibilidade e, em alguns casos, auto-executoriedade.

Tais atributos, ausentes nos atos jurídicos em geral, dão identidade categorial aos atos administrativos e revestem-se, por seu impacto na esfera de interesses dos particulares, de importância prática inegável.

Por isso, convém analisá-los individualmente.

4.2.1.1.1 Presunção de legalidade ou presunção de legitimidade
– A presunção de legalidade – ou presunção de legitimidade – garante que, até prova em contrário, a ato praticado pela Administração Pública deve ser tido como juridicamente válido.

Com isso, ninguém se escusa de cumprir ato administrativo apenas por considerá-lo contrário à lei ou à Constituição.

5. *Direito Administrativo*, p. 58.
6. Celso Antônio Bandeira de Mello, *Curso* ..., cit., p. 351.

De acordo com Maria Sylvia Zanella Di Pietro: "diversos são os fundamentos que os autores indicam para justificar esse atributo do ato administrativo: 1. o procedimento e a formalidade que precedem a sua edição, os quais constituem garantia de observância da lei; 2. o fato de ser uma das formas de expressão da soberania do Estado, de modo que a autoridade que pratica o ato o faz com o consentimento de todos; 3. a necessidade de assegurar celeridade no cumprimento dos atos administrativos, já que eles têm por fim atender ao interesse público, sempre predominante sobre o particular; 4. o controle a que se sujeita o ato, quer pela própria Administração, quer pelos demais Poderes do Estado, sempre com a finalidade de garantir a legalidade; 5. a sujeição da Administração ao princípio da legalidade, o que faz presumir que todos os seus atos tenham sido praticados de conformidade com a lei, já que cabe ao poder público sua tutela".[7]

Trata-se de presunção, em princípio, relativa (*juris tantum*), passível, portanto, de ser afastada pela própria Administração Pública ou pelo Poder Judiciário, mediante provocação do interessado.

4.2.1.1.2 Presunção de veracidade – Se a presunção de legalidade garante que, até prova em contrário, o ato administrativo considera-se válido, a presunção de veracidade afirma que os fatos invocados pela Administração – ou seja, os motivos fáticos que conduziram à prática do ato – são tidos como verdadeiros.[8]

A presunção também é relativa, *juris tantum*, e opera invertendo o ônus da prova, de modo que cabe ao particular demonstrar judicial ou administrativamente a falsidade dos fatos alegados pelo Poder Público.[9]

Cabe frisar, ainda, que os atos de natureza ampliativa, ou seja, aqueles que expandem a esfera de interesses dos particulares, revestem-se apenas dos atributos da presunção de legalidade e da presunção de veracidade, não se lhes aplicando a exigibilidade, a imperatividade e a auto-executoriedade.

---

7. *Direito Administrativo*, pp. 182-183.
8. Maria Sylvia Zanella Di Pietro, *Direito* ..., cit., p. 182.
9. Maria Sylvia Zanella Di Pietro, *Direito* ..., cit., pp. 183-184.

4.2.1.1.3 Imperatividade – Por força do atributo da imperatividade, o ato administrativo impõe-se unilateralmente, criando obrigações a terceiros mesmo contra a vontade deles.

4.2.1.1.4 Exigibilidade – O atributo da exigibilidade é a característica que permite à própria Administração – isto é, sem necessidade de intervenção do Poder Judiciário – impor sanções a quem descumpra os atos administrativos.

4.2.1.1.5 Auto-executoriedade – A auto-executoriedade é o atributo de alguns atos administrativos por força do qual a Administração pode, sem necessidade de autorização judicial, utilizar a força física para desfazer situação concreta que contrarie determinação administrativa.

Nas palavras de Celso Antônio Bandeira de Mello: "executoriedade é a qualidade pela qual o Poder Público pode compelir *materialmente* o administrado, sem precisão de buscar previamente as vias judiciais, ao cumprimento da obrigação que impôs e exigiu" (grifo do original).[10]

Ainda segundo o mesmo Autor, o ato será auto-executável em dois casos: a) quando a lei assim o determinar; b) quando, ausente autorização legal explícita, for "condição indispensável à eficaz garantia do interesse público confiado pela lei à Administração; isto é, nas situações em que, se não for utilizada, haverá grave comprometimento do interesse que incumbe à Administração assegurar".[11]

Por fim, cabe advertir que: "embora se diga que a decisão executória dispensa a Administração de ir preliminarmente a juízo, essa circunstância não afasta o controle judicial *a posteriori*, que pode ser provocado pela pessoa que se sentir lesada pelo ato administrativo, hipótese em que poderá incidir a regra da responsabilidade objetiva do Estado por ato de seus agentes (art. 37, § 6º, da Constituição). Também é possível ao interessado pleitear, pela via administrativa ou judicial, a suspensão do ato ainda não executado".[12]

---

10. *Curso...*, cit., p. 384.
11. Celso Antônio Bandeira de Mello, *Curso...*, cit., p. 385.
12. Maria Sylvia Zanella Di Pietro, *Direito...*, cit., p. 186.

4.2.1.2 Imunidade tributária

As agências reguladoras, sendo autarquias, gozam de imunidade em relação aos impostos.

É que o § 2º do art. 150 da Constituição Federal estendeu às autarquias e fundações públicas – que também são autarquias – a chamada imunidade recíproca, prevista no art. 150, VI, *a*.

Estabelece o art. 150, VI, *a*, da Constituição Federal: "Sem prejuízo de outras garantias asseguradas ao contribuinte, é vedado à União, aos Estados, ao Distrito Federal e aos Municípios: (...) VI – instituir impostos sobre: a) patrimônio, renda ou serviços, uns dos outros".

E dispõe o § 2º do mesmo art. 150: "A vedação do inciso VI, *a*, é extensiva às autarquias e às fundações instituídas e mantidas pelo Poder Público, no que se refere ao patrimônio, à renda e aos serviços, vinculados a suas finalidades essenciais ou às delas decorrentes".

Roque Antonio Carrazza, comentando o art. 150, VI, *a*, diz: "esta é a chamada *imunidade recíproca* e decorre naturalmente seja do *princípio federativo*, seja do *princípio da isonomia* (igualdade formal) *das pessoas políticas*. Decorre do princípio federativo porque, se uma pessoa política pudesse exigir impostos de outra, fatalmente acabaria por interferir em sua autonomia. Sim, porque, cobrando-lhe impostos, poderia levá-la a situação de grande dificuldade econômica, a ponto de impedi-la de realizar seus objetivos institucionais (...). Mas, conforme adiantamos, também o *princípio da isonomia das pessoas políticas* impede que se tributem, umas às outras, por meio de impostos. De fato, a tributação por meio de impostos – justamente por independer de uma atuação estatal – pressupõe uma supremacia de quem tributa em relação a quem é tributado. Ou, se preferirmos, um *estado de sujeição* de quem é tributado, em relação a quem o tributa" (grifos do original).[13]

Apesar do aparente caráter restritivo da expressão "patrimônio, renda ou serviços", contida no art. 150, VI, *a*, da Constituição Federal, deve-se entender, na esteira da melhor doutrina,[14] que a referida

---

13. *Curso de Direito Constitucional Tributário*, pp. 645-646.
14. Roque Antonio Carrazza. *Curso...*, cit., pp. 647-651.

imunidade protege os Entes Políticos contra a cobrança de todo e qualquer imposto, conclusão aplicável, segundo cremos, também às agências reguladoras.

É bem verdade que o § 2º do art. 150 afirma que a imunidade abrange apenas o patrimônio, a renda e os serviços autárquicos "vinculados a suas finalidades essenciais ou às delas decorrentes". Não negamos, tampouco, que o § 3º do art. 150 exclui a imunidade se, na atuação da autarquia, houver "contraprestação ou pagamento de preços ou tarifas pelo usuário".

Entretanto, nenhum dos dois dispositivos tem o condão de afastar a conclusão de que as agências reguladoras são imunes à tributação de todo e qualquer imposto.

Quanto ao § 2º do art. 150, cabe lembrar que as autarquias são entidades criadas com o objetivo exclusivo de exercer atribuições próprias do Estado. Assim, a busca do interesse público é sempre a sua finalidade essencial, descabendo falar em patrimônio, renda e serviços acometidos a essas pessoas públicas e que não estejam necessária e diretamente vinculados a tal fim.

A respeito do § 3º, parece evidente que a norma não se aplica às agências reguladoras, pois não há, na atuação das agências, contraprestação ou pagamento de preços ou tarifas por parte do usuário. Isso porque as taxas de fiscalização – exigidas, por exemplo, pela Aneel e pela Anatel –, são cobradas de concessionários, de permissionários, de autorizatários e de outras pessoas que não se enquadram no conceito de usuário.

Por fim, cabe lembrar que imunidade diz respeito somente aos impostos, pelo que, as agências reguladoras, assim como as demais autarquias e os próprios órgãos da Administração Pública Direta, sujeitam-se normalmente ao pagamento de taxas e de contribuições melhoria.

4.2.1.3 Prescrição qüinqüenal

O art. 1º do Decreto n. 20.910/1932 estabelece: "As dívidas passivas da União, dos Estados, dos Municípios, bem assim todo e qualquer direito ou ação contra a Fazenda federal, estadual ou municipal, seja qual for a sua natureza, prescrevem em 5 (cinco) anos, contados da data do ato ou fato do qual se originarem".

E o art. 2º do Decreto-lei n. 4.597/1942, operando interpretação legislativa do já citado dispositivo, esclarece: "O Dec. 20.910, de 6 de janeiro de 1932, que regula a prescrição qüinqüenal, abrange as dívidas passivas das autarquias, ou entidades e órgãos paraestatais, criados por lei e mantidos mediante impostos, taxas ou quaisquer contribuições exigidas em virtude de lei federal, estadual ou municipal, bem como a todo e qualquer direito e ação contra os mesmos".

Sob a vigência do Código Civil de 1916, havia divergência a respeito do alcance do prazo qüinqüenal, se seria aplicável apenas às ações pessoais ou, ao contrário, se deveria abranger ações pessoais e reais.

Isso porque, como refere Celso Antônio Bandeira de Mello,[15] o art. 177 do antigo Código Civil, com redação dada pela Lei n. 2.437/1955, fixava prazo prescricional de dez anos entre presentes e de quinze entre ausentes, havendo posicionamento jurisprudencial no sentido de serem aplicáveis esses prazos genéricos às ações reais contra a Fazenda Pública, vigorando o prazo de cinco anos, previsto no Decreto n. 20.910/1932, apenas para as ações pessoais.

Com a promulgação do novo Código Civil (Lei n. 10.406/2002), deixou de haver, para efeito de prazo prescricional, expressa distinção entre ações reais e ações pessoais, pois o art. 205 estabelece: "A prescrição ocorre em 10 (dez) anos, quando a lei não lhe haja fixado prazo menor".

Para nós, entretanto, não há dúvida: as ações reais ou pessoais movidas contra a Fazenda Pública em geral – e, portanto, contra as agências reguladoras – prescrevem no prazo de cinco anos, a teor do disposto no art. 2º do Decreto-lei n. 4.597/1942, que é lei anterior e especial em relação ao Código Civil.[16]

4.2.1.4 Execução especial de seus créditos

A execução judicial para cobrança da dívida ativa das agências reguladoras rege-se pela Lei n. 6.830/1980.

---

15. *Curso* ..., cit., p. 926.
16. "A lei geral sucessiva não tira do caminho a lei especial precedente". Norberto Bobbio, *Teoria do Ordenamento Jurídico*, p. 108.

Compõe a dívida ativa das agências qualquer valor, de natureza tributária ou não, cuja cobrança seja atribuída por lei a tais entidades, incluindo atualização monetária, juros, multa de mora e demais encargos previstos em lei ou contrato (§§ 1º e 2º do art. 2º da Lei n. 6.830/1980).

Assim, fazem parte da dívida ativa das agências reguladoras, por exemplo, os valores devidos a título de taxas de fiscalização, multas contratuais e sanções impostas no exercício de atividades de polícia.

Em princípio, cabe à procuradoria de cada agência promover a execução fiscal da respectiva dívida ativa (arts. 17 e 18 da Lei Complementar n. 73/1993; art. 28 da Lei n. 9.872/1999; art. 25 da Lei n. 9.961/2000; e arts. 14, III, e 24 da Lei n. 9.984/2000).

Não havendo procuradoria ou órgão equivalente na estrutura da entidade, tal competência será exercida, no caso das agências federais, pela Advocacia-Geral da União e, se assim dispuser a legislação específica, também pelas assessorias jurídicas dos Ministérios (art. 11-A da Lei n. 9.028/1995; art. 2º, § 3º, da Lei Complementar n. 73/1993; art. 1º da Lei n. 9.704/1998; art. 34, § 3º da Lei n. 9.427/1996; art. 40 da Lei n. 9.782/1999; art. 69, *caput*, da Medida Provisória n. 2.228-1/2001; art. 24 da Medida Provisória n. 2.156-5/2001; e art. 24 da Medida Provisória n. 2.157-5/2001).

4.2.1.5 Ação regressiva contra os agentes causadores dos danos[17]

O art. 37, § 6º, da Constituição Federal, assegura que "as pessoas jurídicas de direito público e as de direito privado prestadoras de serviços públicos responderão pelos danos que seus agentes, nessa qualidade, causarem a terceiros, assegurado o direito de regresso contra o responsável nos casos de dolo ou culpa".

O tema da responsabilidade das agências reguladoras será desenvolvido adiante. No momento, importa afirmar que os valores indenizatórios pagos, judicial ou administrativamente, em decorrência de atos ilícitos praticados por seus servidores serão recuperados me-

---

17. Apesar de Hely Lopes Meirelles elencar entre os privilégios das autarquias a possibilidade de ação regressiva contra seus servidores culpados por danos a terceiros, cabe lembrar que semelhante prerrogativa aplica-se, em diversas hipóteses, também a pessoas físicas e jurídicas comuns (art. 70, III, do Código de Processo Civil e art. 932, III, do novo Código Civil e Súmulas 187 e 188 do STF).

diante ação regressiva movida pela entidade contra o agente causador do dano.

Havendo ilicitude na conduta, ou seja, configurado dolo ou culpa, a propositura de ação regressiva, após o pagamento da indenização correspondente, é obrigatória. Porém, se o prejuízo decorrer de ato lícito, a agência responde igualmente, mas não pode regredir contra o agente.

4.2.1.6 Impenhorabilidade de bens e de rendas

Os bens e as rendas pertencentes às agências reguladoras têm natureza pública, não podendo ser dados em garantia de dívida (art. 649, I, do CPC e art. 100 do novo Código Civil).

A execução judicial de créditos contra a Fazenda Pública rege-se por procedimento específico previsto no art. 100 da Constituição Federal: "À exceção dos créditos de natureza alimentícia, os pagamentos devidos pela Fazenda Federal, Estadual ou Municipal, em virtude de sentença judiciária, far-se-ão exclusivamente na ordem cronológica de apresentação dos precatórios e à conta dos créditos respectivos, proibida a designação de casos ou de pessoas nas dotações orçamentárias e nos créditos adicionais abertos para este fim".

4.2.1.7 Imprescritibilidade de bens

Além de impenhoráveis, os bens móveis e imóveis das agências reguladoras, sendo bens públicos, não estão sujeitos a prescrição aquisitiva, isto é, não podem ser usucapidos[18] (arts. 183, § 3º, e 191, parágrafo único da Constituição Federal; art. 200 do Decreto-lei n. 9.760/1946; e art. 102 do novo Código Civil, *in verbis*: "os bens públicos não estão sujeitos a usucapião").

4.2.1.8 Gratuidade dos atos processuais

As despesas de atos processuais efetuados a requerimento das agências reguladoras só serão pagas, pelo vencido, no final do proces-

---

18. A regra vale para bens de uso comum, de uso especial e dominiais (Súmula 340 do STF).

so, consoante determinação contida no art. 27 do Código de Processo Civil.

É o que prescreve o art. 39 da Lei n. 6.830/1980 – das Execuções Fiscais: "A Fazenda Pública não está sujeita ao pagamento de custas e emolumentos. A prática de atos judiciais de seu interesse independerá de preparo ou de prévio depósito. Parágrafo único. Se vencida, a Fazenda Pública ressarcirá o valor das despesas feitas pela parte contrária".

Descabe, tampouco, exigir da Fazenda Pública – e, por via de conseqüência, das agências reguladoras – depósito inicial para propositura de ações em geral (art. 1.212, parágrafo único, do Código de Processo Civil), regra aplicável inclusive às ações rescisórias (art. 24-A da Lei n. 9.028/1995 e art. 488, e parágrafo único, do Código de Processo Civil),[19] e para interposição de recursos (art. 511, § 1º, do Código de Processo Civil e art. 1º-A da Lei n. 9.494/1997, com redação dada pela Medida Provisória n. 2.180-35/2001).

4.2.1.9 Juízo privativo da entidade estatal a que pertencem

Cabem à Justiça Federal as causas em que agências reguladoras federais forem interessadas na condição de autoras, rés, assistentes ou oponentes, com exceção das de natureza falimentar ou infortunística e das sujeitas à Justiça Eleitoral e à Justiça do Trabalho (art. 109, I, da Constituição Federal).

Além disso, as agências reguladoras federais sujeitam-se às normas da Lei n. 9.469/1997, que disciplina a realização de acordos, transações e desistência nas ações judiciais das autarquias, fundações e empresas públicas da União.

O art. 5º da referida lei estabelece que: "A União poderá intervir nas causas em que figurarem, como autoras ou rés, autarquias, fundações públicas, sociedades de economia mista e empresas públicas federais. Parágrafo único. As pessoas jurídicas de direito público poderão nas causas cuja decisão possa ter reflexos, ainda que indiretos, de natureza econômica, intervir, independentemente da demonstração de interesse jurídico, para esclarecer questões de fato e de direito, po-

---

19. A promulgação da Lei n. 9.028/1995 tornou-se inaplicável a Súmula 129 do TFR: "É exigível das autarquias o depósito previsto no art. 488, II, do Código de Processo Civil, para efeito de processamento da ação rescisória".

dendo juntar documentos e memoriais reputados úteis ao exame da matéria e, se for o caso, recorrer, hipótese em que, para fins de deslocamento de competência, serão consideradas partes".

4.2.1.10 Citações, intimações e notificações devem ser feitas pessoalmente

Nas ações judiciais, as citações, as intimações e as notificações da Fazenda Pública – e das autarquias – devem ser feitas pessoalmente (arts. 35 a 38 da Lei Complementar n. 73/1993; art. 6º da Lei n. 9.028/1995; e art. 25 da Lei n. 6.830/1980), respeitadas as normas específicas de cada entidade.

Além disso, o art. 222, c, do Código de Processo Civil, proíbe a citação pelo correio "quando a ré for pessoa de direito público", sendo obrigatória, nesse caso, sua realização por meio de oficial de justiça, ou seja, citação por mandado (art. 224).

4.2.1.11 Prazos processuais multiplicados

Aplica-se às agências reguladoras o disposto no art. 188 do Código de Processo Civil, segundo o qual devem ser computados em quádruplo os prazos para contestar e em dobro para recorrer quando a parte for a Fazenda Pública ou o Ministério Público.

Apesar de óbvia, a extensão desse dispositivo às autarquias – e, portanto, às agências reguladoras – está expressamente prevista no art. 10 da Lei n. 9.469/1997.

4.2.1.12 Dispensa de mandato

A representação judicial das agências reguladoras por seus procuradores ocupantes de cargos efetivos independe de apresentação do instrumento de mandato, conforme determinado no art. 9º da Lei n. 9.469/1997.

4.2.1.13 Inaplicabilidade dos efeitos da revelia

Se a agência reguladora não contestar ação judicial, tornando-se, portanto, revel, não se lhe aplicam os efeitos da revelia previstos nos arts. 319 e 322 do Código de Processo Civil, quais sejam: presunção de veracidade dos fatos alegados pelo autor e dispensa de intimação para atos processuais.

Isso porque os interesses protegidos por tais entidades são de natureza indisponível, incidindo, desse modo, a excludente do art. 320, II, do Código de Processo Civil ("A revelia não induz, contudo, o efeito mencionado no artigo antecedente: II – se o litígio versar sobre direitos indisponíveis").

4.2.1.14 Reexame necessário

As sentenças proferidas contra agências reguladoras estão sujeitas ao duplo grau de jurisdição, não produzindo efeitos senão depois de confirmadas pelo tribunal (art. 475, I, do Código de Processo Civil e art. 10 da Lei n. 9.469/1997).[20]

Submetem-se igualmente ao reexame necessário as sentenças que julgarem procedentes, no todo ou em parte, os embargos de execução de dívida ativa (art. 475, II, do Código de Processo Civil).

Nas duas hipóteses, entretanto, o reexame não se aplica nas causas de valor inferior a sessenta salários mínimos (art. 475, § 2º), nem quando a sentença estiver fundada em jurisprudência do plenário do Supremo Tribunal Federal ou em Súmula deste Tribunal ou do Tribunal Superior competente (§ 3º).

4.2.1.15 Privilégios processuais previstos na Lei n. 9.494/1997

A Lei n. 9.494, de 10 de setembro de 1997, com alterações impostas pela Medida Provisória n. 2.180-35, de 24 de agosto de 2001, confere diversos privilégios processuais à Fazenda Pública extensíveis também às agências reguladoras:

1) proibição de antecipação de tutela visando à reclassificação ou equiparação de servidores públicos, ou à concessão de aumento ou extensão de vantagens (art. 1º);

---

20. O teor do art. 10 da Lei n. 9.469/1997 tornou inaplicáveis as Súmulas 620 do STF e 34 do STR, que restringiam, quanto às autarquias, a regra do reexame necessário à hipótese de sucumbência em execução de dívida ativa.

2) vedação de execução provisória de sentença que libere recursos, inclua na folha de pagamentos, reclassifique ou equipare servidores públicos, ou ainda que conceda aumento ou amplie suas vantagens (arts. 1º e 2º-B);

3) atribuição de efeito suspensivo ao reexame necessário das sentenças que importem em outorga ou adição de vencimentos ou ainda reclassificação funcional;

4) proibição de tutela antecipada nas hipóteses em que houver vedação legal à concessão de liminar em mandado de segurança (art. 1º);

5) possibilidade de o Presidente do Tribunal *ad quem* suspender a execução de tutela antecipada em caso de manifesto interesse público ou de flagrante ilegitimidade, e para evitar grave lesão à ordem, à saúde, à segurança e à economia públicas;

6) dispensa de depósito prévio para interposição de recursos (art. 1º-A);

7) prazo de trinta dias para a Fazenda Pública opor embargos na execução por quantia certa (art. 1º-B);

8) prescrição qüinqüenal do direito de obter indenização dos danos causados por agentes públicos (art. 1º-C);[21]

9) não são devidos honorários advocatícios pela Fazenda Pública nas execuções não embargadas (art. 1º-D);

10) são passíveis de revisão, pelo Presidente do Tribunal, de ofício ou a requerimento das partes, as contas elaboradas para aferir o valor dos precatórios antes de seu pagamento ao credor (art. 1º-E);

11) os juros de mora, nas condenações impostas à Fazenda Pública para pagamento de verbas remuneratórias devidas a servidores e empregados públicos, não poderão ultrapassar o percentual de seis por cento ao ano (art. 1º-F).

4.2.1.16 Não-sujeição a concurso de credores

Estabelece o art. 5º da Lei n. 6.830/1980: "A competência para processar e julgar a execução da Dívida Ativa da Fazenda Pública

---

21. Sobre o assunto, ver item 4.2.1.3.

exclui a de qualquer outro juízo, inclusive o da falência, da concordata, da liquidação, da insolvência ou do inventário" (no mesmo sentido dispõe o art. 187 do Código Tributário Nacional).

O art. 965 da Lei n. 10.406/2003, o novo Código Civil, – repetindo o que já dispunha o art. 1.569, *caput*, do Código de 1916 – determina a seguinte ordem de preferência sobre os bens do devedor: I – o crédito por despesa de seu funeral, feito segundo a condição do morto e o costume do lugar; II – crédito por custas judiciais, ou por despesas com arrecadação e liquidação da massa; III – o crédito por despesas com o luto do cônjuge sobrevivo e dos filhos do devedor falecido, se forem moderadas; IV – o crédito por despesas com a doença de que faleceu o devedor, no semestre anterior à sua morte; V – o crédito pelos gastos necessários à mantença do devedor falecido e sua família, no trimestre anterior ao falecimento; VI – o crédito pelos impostos devidos à Fazenda Pública, no ano corrente e no anterior; VII – o crédito pelos salários dos empregados do serviço doméstico do devedor, nos seus derradeiros seis meses de vida; VIII – os demais créditos de privilégio geral.[22]

Havendo concurso de créditos entre as Fazendas, a ordem de preferências é a seguinte: I – União e suas autarquias; II – Estados, Distrito Federal, e Territórios e suas autarquias, conjuntamente e *pro rata*; III – Município e suas autarquias, conjuntamente e *pro rata* (art. 29, parágrafo único, da Lei n. 6.830/1980; art. 187, parágrafo único, do Código Tributário Nacional; e art. 1.571 do Código Civil de 1916).[23]

4.2.1.17 Retomada de bens havidos ilicitamente

Segundo Hely Lopes Meirelles,[24] a retomada de bens havidos ilicitamente por servidores públicos consiste em privilégio extensivo às autarquias.

Trata-se da hipótese prevista no art. 18 da Lei n. 8.429/1992, *in verbis*: "A sentença que julgar procedente ação civil de reparação de

---

22. De acordo com a doutrina e a jurisprudência, também têm preferência sobre os créditos da dívida ativa os decorrentes de obrigações alimentícias.
23. O STF sumulou entendimento de que a ordem de preferências estabelecida no art. 187 do CTN é constitucional (Súmula 563).
24. *Direito* ..., cit., p. 339.

dano ou decretar a perda dos bens havidos ilicitamente determinará o pagamento ou a reversão dos bens, conforme o caso, em favor da pessoa jurídica prejudicada pelo ilícito".

4.2.1.18 Prazo especial para desocupação de bens

Julgada procedente ação de despejo, o prazo para desocupação de prédios onde estão instaladas repartições públicas, nas hipóteses previstas no art. 63, § 3º, da Lei n. 8.245/1991, com nova redação dada pela Lei n. 9.256/1996, será de um ano, não se aplicando, portanto, ao Poder Público o prazo ordinário de 30 dias (art. 63, *caput*, da Lei n. 8.245/1991).

4.2.1.19 Possibilidade de promover desapropriações ou delas se beneficiar

Outro privilégio das autarquias extensivo às agências reguladoras consiste na possibilidade de tais entidades praticarem atos concretos de efetivação de desapropriações (art. 3º do Decreto-lei n. 3.365/1941).[25]

Além disso, segundo Celso Antônio Bandeira de Mello,[26] ao Poder Público é lícito promover desapropriação em favor de autarquias.

A Lei n. 9.472/1997 – a Lei da Anatel – prevê que: "Poderá ser declarada a utilidade pública, para fins de desapropriação ou instituição de servidão, de bens imóveis ou móveis, necessários à execução do serviço, cabendo à concessionária a implementação da medida e o pagamento da indenização e das demais despesas envolvidas" (art. 100).

Tal dispositivo não pode ser tido como autorização para que a Anatel inaugure procedimento expropriatório. Apenas determina que,

---

25. Nesse sentido, o art. 19, XX, da Lei n. 9.472/1997 afirma que cabe à Anatel propor ao Presidente da República, por intermédio do Ministério das Comunicações, a declaração de utilidade pública, para fins de desapropriação ou instituição de servidão administrativa dos bens necessários à implantação ou manutenção de serviço no regime público. Com semelhante teor o art. 7º, VIII, da Lei da ANP (Lei n. 9.478/1997).
26. *Curso* ..., cit., p. 770.

declarada a utilidade pública – pela União – de bens móveis e imóveis necessários à execução do serviço, incumbirá à concessionária a adoção das providências materiais de efetivação da desapropriação e, desde que haja no contrato expressa previsão, o pagamento de indenização e de outras despesas envolvidas.[27]

Não se pode admitir que, inexistindo cláusula específica no contrato de concessão, a concessionária seja obrigada a arcar com os valores da indenização e com outras despesas relacionadas com a desapropriação.

4.2.1.20 Natureza pública dos contratos celebrados

Os contratos celebrados entre agências reguladoras e particulares sujeitam-se à disciplina da Lei n. 8.666/1993,[28] com alterações feitas pela Lei n. 8.883/1994, ressalvado, quanto às concessões e permissões, o âmbito específico de incidência das Leis ns. 8.987/1995 e 9.074/1995.

Assim, as agências reguladoras gozam das prerrogativas especiais – contidas nas chamadas cláusulas exorbitantes[29] – que conferem posição jurídica de superioridade, nos contratos administrativos, ao Poder Público em face do particular-contratado.

Essas prerrogativas especiais incluem: a) a possibilidade de modificação unilateral de cláusulas contratuais (arts. 58, I, e 65, § 1º, da Lei n. 8.666/1993); b) o poder de rescindir unilateralmente o contrato (art. 58, II); c) restrição à exceção do contrato não-cumprido (art. 78, XV).

---

27. Art. 3º do Decreto-lei n. 3.365/1941.
28. O art. 1º da Lei n. 8.666/1993 dispõe: "Esta lei estabelece normas gerais sobre licitações e contratos administrativos pertinentes a obras, serviços, inclusive de publicidade, compras, alienações e locações no âmbito dos Poderes da União, dos Estados, do Distrito Federal e dos Municípios. Parágrafo único. Subordinam-se ao regime desta Lei, além dos órgãos da administração direta, os fundos especiais, as autarquias, as fundações públicas, as empresas públicas, as sociedades de economia mista e demais entidades controladas direta ou indiretamente pela União, Estados, Distrito Federal e Municípios". A óbvia sujeição das agências reguladoras às normas instituídas pelas Leis ns. 8.666/1993 e 8.883/1994 vem prevista expressamente em algumas das leis específicas das agências: art. 23 da Lei n. 9.427/1996 (Aneel) e art. 54 da Lei n. 9.472/1997 (Anatel).
29. Celso Antônio Bandeira de Mello, *Curso* ..., cit., p. 569.

Convém encarecer que as cláusulas exorbitantes são decorrência do supraprincípio da supremacia do interesse público sobre o privado e, por isso, valem ainda que não escritas no contrato.

4.2.1.21 Outros privilégios

Conforme dito anteriormente, o mencionado rol de privilégios autárquicos é meramente exemplificativo, havendo significativa gama de outras vantagens – por exemplo, inúmeras isenções tributárias – contempladas na legislação pátria.

A propósito, oportuno lembrar as palavras de Hely Lopes Meirelles: "Além desses privilégios, expressos ou implícitos nas leis vigentes, reputamos extensíveis às autarquias – federais, estaduais ou municipais – quaisquer outros de caráter administrativo (não político) que sejam concedidos às entidades estatais, tendo em vista facilitar o desempenho da função pública".[30]

4.3 Indisponibilidade dos interesses públicos

O princípio da indisponibilidade, pela Administração, dos interesses públicos "significa que, sendo interesses qualificados como próprios da coletividade – internos ao setor público –, não se encontram à livre disposição de quem quer que seja, por inapropriáveis. O próprio órgão administrativo que os representa não tem disponibilidade sobre eles, no sentido de que lhe incumbe apenas curá-los – o que é também um dever – na estrita conformidade do que predispuser a *intentio legis*".[31]

Assim, a atuação administrativa sofre limitações impostas pela ordem jurídica em razão dos interesses públicos não pertencerem à Administração.

Tais limitações estão contidas, especialmente, nos princípios explícitos e implícitos do Direito Administrativo, que, em última análise, são desdobramentos da noção de indisponibilidade dos interesses públicos.

---

30. *Direito* ..., cit., p. 339.
31. Celso Antônio Bandeira de Mello, *Curso* ..., cit., p. 64.

4.3.1 Sujeição das agências reguladoras aos princípios do Direito Administrativo

Princípio, nas palavras de Celso Antônio Bandeira de Mello, "é, por definição, mandamento nuclear de um sistema, verdadeiro alicerce dele, disposição fundamental que se irradia sobre diferentes normas compondo-lhes o espírito e servindo de critério para sua exata compreensão e inteligência exatamente por definir a lógica e a racionalidade do sistema normativo, no que lhe confere a tônica e lhe dá sentido harmônico".[32]

E completa o Mestre paulista, naquele que talvez seja o mais célebre e impressionante trecho de sua lavra: "Violar um princípio é muito mais grave que transgredir uma norma qualquer. A desatenção ao princípio implica ofensa não apenas a um específico mandamento obrigatório, mas a todo o sistema de comandos. É a mais grave forma de ilegalidade ou inconstitucionalidade, conforme o escalão do princípio atingido, porque representa insurgência contra todo o sistema, subversão de seus valores fundamentais, contumélia irremissível a seu arcabouço lógico e corrosão de sua estrutura mestra. Isso porque, com ofendê-lo, abatem-se as vigas que o sustêm e alui-se toda a estrutura nelas esforçada".[33-34]

Importante encarecer que no âmbito da atividade administrativa em geral e, especificamente, na atuação das agências reguladoras, os princípios enunciam os mais significativos limites jurídicos impostos pelo sistema ao agir do aparelho estatal, operando como instrumentos de controle sobre o Poder Público.

No Brasil, a análise do tema deve obrigatoriamente iniciar pelo Texto Constitucional.

A Constituição Federal, em seu art. 37, *caput*, prescreve: "A administração pública direta e indireta de qualquer dos Poderes da

---

32. *Curso* ..., cit., pp. 841-842.
33. Celso Antônio Bandeira de Mello, *Curso* ..., cit., p. 842.
34. Segundo Jorge Manuel Coutinho de Abreu, "etimologicamente, princípio significa fundamento, início. Podemos dizer que os princípios jurídicos são idéias ou intenções normativas gerais rectoras da regulação jurídica. São critérios axiológicos (expressivos de valores ético-sociais e políticos – valores ideológicos gerais, se se quiser – ou de valores mais especificamente jurídicos) que fundamentam ou informam a normação jurídica e concretas realizações do direito" (*Sobre os Regulamentos Administrativos e o Princípio da Legalidade*, pp. 136-137).

União, dos Estados, do Distrito Federal e dos Municípios obedecerá aos princípios de legalidade, impessoalidade, moralidade, publicidade e eficiência".

Estando previstos explicitamente na Constituição a legalidade, a impessoalidade, a moralidade, a publicidade e a eficiência são chamados princípios expressos.[35-36]

Ao lado desses, há os princípios implícitos ou doutrinários, que gozam da mesma dignidade sistêmica dos demais. São eles: finalidade, razoabilidade, proporcionalidade, obrigatória motivação, devido processo legal e ampla defesa, controle jurisdicional, responsabilidade, segurança jurídica e dever de licitar.[37]

A sujeição das agências reguladoras brasileiras – entidades autárquicas pertencentes à Administração Pública Indireta – aos princípios do Direito Administrativo, além de referida no citado dispositivo constitucional, está prevista expressamente na legislação instituidora das agências.

O art. 38 da Lei n. 9.472/1997 – a Lei da Anatel – reza: "A atividade da Agência será juridicamente condicionada pelos princípios da legalidade, celeridade, finalidade, razoabilidade, proporcionalidade, impessoalidade, igualdade, devido processo legal, publicidade e moralidade".[38]

---

35. Celso Antônio Bandeira de Mello, *Curso* ..., cit., p. 86.
36. Nesse mesmo sentido, a Lei de Improbidade Administrativa (Lei n. 8.429/1992) determina que "os agentes públicos de qualquer nível ou hierarquia são obrigados a velar pela estrita observância dos princípios de legalidade, impessoalidade, moralidade e publicidade no trato dos assuntos que lhes são afetos".
37. A Lei n. 9.784/1999, a Lei federal do Processo Administrativo, prescreve, em seu art. 2º, que a Administração Pública obedecerá, entre outros, os princípios da legalidade, finalidade, motivação, razoabilidade, proporcionalidade, moralidade, ampla defesa, contraditório, segurança jurídica, interesse público e eficiência.
38. De igual modo, entre os direitos do usuário de telecomunicações, listados no art. 3º da Lei n. 9.472/1997, constam: o de não ser discriminado quanto às condições de acesso e fruição do serviço (inc. III); o de resposta às suas reclamações pela prestadora de serviço (inc. X); o de peticionar contra a prestadora do serviço perante o órgão regulador e os organismos de defesa do consumidor (inc. XI); e o direito à reparação dos danos causados pela violação de seus direitos (inc. XII). Na verdade, trata-se de direitos que enunciam, para a agência e as operadoras do sistema, deveres contidos no conteúdo de princípios administrativos. A Lei da Anatel refere-se a deveres principiológicos nos arts. 21, 30, parágrafo único, 39 a 44, 54, 72, 175, 176, 213, *caput* e § 2º.

A Lei n. 9.478/1997 determina que "o processo decisório da ANP obedecerá aos princípios da legalidade, impessoalidade, moralidade e publicidade" (art. 17).[39]

Igualmente, a Lei n. 10.233/2001, que criou a ANTT e a Antaq, estabelece que "o processo decisório da ANTT e da Antaq obedecerá aos princípios da legalidade, impessoalidade, moralidade e publicidade".[40]

Portanto, é de todo conveniente analisar, ainda que brevemente, o conteúdo dos princípios do Direito Administrativo.

4.3.1.1 Princípio da legalidade

Verdadeiro axioma do Estado de Direito,[41] o princípio da legalidade "é tema 'eterno' do direito administrativo – tratado, pois, por todos os administrativistas".[42]

Enuncia a absoluta submissão da Administração Pública à lei, nos seguintes termos: o Poder Público só pode agir mediante autorização legal.

Nas conhecidas palavras de Hely Lopes Meirelles: "na Administração Pública não há liberdade nem vontade pessoal. Enquanto na administração particular é lícito fazer tudo que a lei não proíbe, na Administração Pública só é permitido fazer o que a lei autoriza. A lei para o particular significa 'pode fazer assim'; para o administrador público significa 'deve fazer assim'".[43]

Por isso, é correto afirmar que, no Direito Administrativo, a falta de autorização legal equivale a uma proibição.

Quando se afirma que o Poder Público submete-se à lei, o termo "lei" é utilizado em sentido amplo, abrangendo todas as espécies legislativas existentes na ordem jurídica brasileira: emendas constitucionais, leis ordinárias, leis complementares, leis delegadas, medidas

39. Os arts. 18 e 19 da Lei n. 9.478/1997 tratam do atendimento ao princípio da publicidade.
40. Os arts. 67, 68, 78-B, 78-C e 78-D da Lei n. 10.233/2001 também têm conteúdos relacionados com o cumprimento de princípios administrativos.
41. Celso Antônio Bandeira de Mello, *Curso* ..., cit., p. 91.
42. Jorge Manuel Coutinho de Abreu, *Sobre os Regulamentos* ..., cit., p. 131.
43. *Direito* ..., cit., p. 88.

provisórias, decretos legislativos e resoluções (art. 59 da Constituição Federal).

Para evitar a inconveniência de supor-se que a idéia de legalidade envolve apenas a sujeição à lei em sentido estrito (lei ordinária), alguns autores preferem as expressões "princípio da juridicidade" ou subordinação ao "bloco de legalidade".[44-45]

Talvez essa tenha sido a preocupação do legislador quando, na Lei n. 9.784/1999, art. 2º, parágrafo único, I, estabeleceu que "nos processos administrativos serão observados, entre outros, os critérios de: I – atuação conforme a lei e o Direito".

É certo que o princípio da legalidade determina a obrigatória vinculação da Administração Pública às normas previstas na Constituição Federal e na legislação infraconstitucional.

Normalmente, a doutrina faz menção a dois aspectos distintos acolhidos no conteúdo do princípio da legalidade.

Sem perder de vista o caráter unitário do princípio, costuma-se – atendendo a objetivos de ordem pedagógica – analisar a legalidade a partir de uma dimensão negativa (primazia ou prevalência ou supremacia legal) e, de outra, positiva (reserva legal).[46]

Assim, o princípio da legalidade, de um lado, determina que os atos praticados pela Administração Pública – atos administrativos – não podem contrariar dispositivos legais (dimensão negativa), e, de outro, prescreve que tais atos devem estar fundados em lei (dimensão positiva).

44. Jorge Manuel Coutinho de Abreu, *Sobre os Regulamentos* ..., cit., pp. 132-133.
45. Não nos parece conveniente afirmar que, por força da legalidade, a Administração Pública esteja sujeita também aos princípios do Direito Administrativo. É que se for dada tal amplitude à idéia de legalidade, os demais princípios teriam sua individualidade significativa por demais esvaziada.
46. Jorge Manuel Coutinho de Abreu, *Sobre os Regulamentos* ..., cit., pp. 131-132. Importante frisar que o referido autor português utilizou a expressão "reserva legal" como tradução direta do alemão *Vorbehalt des Gesetzes*, terminologia cunhada por Otto Mayer. Entretanto, é fundamental advertir que a expressão "reserva legal" costuma ser empregada, na literatura estrangeira, para se referir a um conjunto de temas que, no sistema jurídico de alguns países, só podem ser disciplinados por lei, em oposição a outros assuntos sujeitos à "reserva de regulamento", realidade normativa que não existe no Brasil.

Nas duas hipóteses, a resposta do sistema é idêntica: tanto os atos que contrariam a lei, quanto aqueles que nela não se fundam, são defeituosos, viciados, inválidos juridicamente.

Se a dimensão negativa da legalidade tem suscitado pouca polêmica, o mesmo não se pode dizer do aspecto positivo do princípio, tema repleto de dificuldades, especialmente no âmbito de atuação das agências reguladoras.

Convém esclarecer que o tema do poder normativo das agências reguladoras será tratado detalhadamente em Capítulo próprio, pelo que, por ora, cumpre apenas indicar, de passagem, qual sua relação com o princípio da legalidade.

A competência normativa conferida às agências brasileiras não pode ser exercida de modo a criar inovações jurídicas não amparadas na lei, já que "ninguém será obrigado a fazer ou deixar de fazer alguma coisa senão em virtude de lei" (art. 5º, II, da Constituição Federal).

Isso porque tais atos normativos não passam de atos administrativos, portanto, atos de caráter infralegal, que não podem inovar originariamente na ordem jurídica.[47]

4.3.1.2 Princípio da finalidade

O princípio da finalidade, idéia inerente à de legalidade,[48] afirma que a Administração Pública deve pautar sua atuação pela busca permanente do interesse público definido em lei.

Nesse sentido, a Lei n. 9.784/1999 determina que nos processos administrativos serão observados os critérios de atendimento a fins de interesse geral (art. 2º, parágrafo único, II).

Segundo Hely Lopes Meirelles, "desde que o *princípio da finalidade* exige que o ato seja praticado sempre com finalidade pública, o administrador fica impedido de buscar outro objetivo ou de praticá-lo no interesse próprio ou de terceiros (...) o que o *princípio da finalidade* veda é a prática de ato administrativo sem interesse público ou conveniência para a Administração, visando unicamente a satisfazer

---

47. Oswaldo Aranha Bandeira de Mello, *Princípio Gerais de Direito Administrativo*, v. 1, p. 316.
48. Celso Antônio Bandeira de Mello, *Curso ...*, cit., p. 97.

interesses privados, por favoritismo ou perseguição dos agentes governamentais, sob a forma de *desvio de finalidade*" (grifos do original).[49]

Assim, o princípio da finalidade impede que os agentes públicos usem as prerrogativas e atribuições do cargo – instrumentos dados por lei apenas para satisfação do interesse público – em proveito próprio ou de terceiros, ou, ainda, para perseguir alguém.

O ato praticado nessas condições torna-se inválido, nulo, podendo ser impugnado administrativamente ou via Poder Judiciário. Neste último caso, por meio de mandado de segurança.[50]

4.3.1.3 Princípio da razoabilidade

O princípio da razoabilidade tem aplicação no âmbito da atividade administrativa discricionária, obrigando que os agentes públicos, dentro da margem de liberdade conferida pela lei, atuem de modo adequado, segundo os padrões de bom-senso, diante da circunstância concreta ensejadora da conduta.

De acordo com o magistério de Celso Antônio Bandeira de Mello: "Enuncia-se com este princípio que a Administração, ao atuar no exercício de discrição, terá de obedecer a critérios aceitáveis do ponto de vista racional, em sintonia com o senso normal de pessoas equilibradas e respeitosas das finalidades que presidiram a outorga da competência exercida. Vale dizer: pretende-se colocar em claro que não são apenas inconvenientes, mas também ilegítimas – e, portanto, jurisdicionalmente invalidáveis –, as condutas desarrazoadas, bizarras, incoerentes ou praticadas com desconsideração às situações e circunstâncias que seriam atendidas por quem tivesse atributos normais de prudência, sensatez e disposição de acatamento às finalidades da lei atributiva da discrição manejada".[51]

A propósito da razoabilidade, a Lei n. 9.784/1999 determina que a Administração deverá atuar observando a "adequação entre meios e fins" (art. 2º, parágrafo único, VI).

---

49. *Direito* ..., cit., pp. 91-92.
50. É sempre possível também a invalidação de ofício, isto é, pela própria Administração Pública (autotutela). Nesse sentido prescreve o art. 53 da Lei n. 9.784/1999: "A Administração deve anular seus próprios atos, quando eivados de vício de legalidade". De igual teor a Súmula 346 do STF.
51. *Curso* ..., cit., p. 99.

4.3.1.4 Princípio da proporcionalidade

A proporcionalidade é um dos aspectos envolvidos na noção de razoabilidade, isso porque juridicamente não pode haver conduta desproporcional e, ao mesmo tempo, razoável.

A autonomia com que se costuma tratar tal princípio objetiva encarecer o dever que incumbe à Administração Pública de não adotar medidas mais enérgicas do que o estritamente necessário para solucionar dada questão.

É nesse sentido que a Lei de Processo Administrativo veda a imposição, por parte do Poder Público, de obrigações, restrições e sanções em medida superior àquelas necessárias ao atendimento do interesse público (Lei n. 9.784/1999, art. 2º, parágrafo único, VI).

No âmbito das agências reguladoras, o princípio da proporcionalidade adquire especial relevo no controle sobre a aplicação de sanções administrativas a concessionários, permissionários e autorizatários que atuam nos setores de serviços públicos regulados pela Aneel, Anatel, ANTT e Antaq.[52]

Em termos gerais, o controle sobre a imposição de sanções administrativas deve levar em conta três aspectos distintos: a) a apuração dos motivos; b) a dosagem da punição aplicada; c) o cumprimento de exigências legais relacionadas ao procedimento punitivo.

Na apuração dos motivos, cumpre analisar se a situação concreta, invocada pela agência como razão da punição, de fato ocorreu do modo alegado, e se está enquadrada em comportamento infrator do Direito.

Tanto se o motivo for inexiste, quanto se for inexato, os prejudicados podem requerer, judicial ou administrativamente, a invalidação do ato sancionatório.

O segundo item a ser observado no controle das sanções impostas pelas agências é justamente o atendimento ao princípio da proporcionalidade na aplicação de penas.

E o terceiro ponto diz respeito ao cumprimento de exigências legais relativas ao procedimento punitivo, tais como a atenção aos prin-

---

52. Igual preocupação deve envolver a análise da imposição de sanções administrativas pelas agências de polícia – a ANS e a Anvisa.

cípios do contraditório e da ampla defesa, temas que serão objeto dos itens seguintes.

A respeito da proporcionalidade das sanções, as Leis ns. 9.472/ 1997 (Lei da Anatel) e 10.233/2001 (Lei da ANTT e Antaq) contêm vários dispositivos destinados a normatizar a dosagem das punições impostas pelas respectivas agências reguladoras.

O art. 173 da Lei n. 9.472/1997 prescreve: "A infração desta Lei ou das demais normas aplicáveis, bem como a inobservância dos deveres decorrentes dos contratos de concessão ou dos atos de permissão, autorização de serviço ou autorização de uso de radiofreqüência, sujeitará os infratores às seguintes sanções, aplicáveis pela Agência, sem prejuízo das de natureza civil e penal: I – advertência; II – multa; III – suspensão temporária; IV – caducidade; V – declaração de inidoneidade".

O art. 176, da mesma lei, determina: "Na aplicação de sanções, serão considerados a natureza e a gravidade da infração, os danos delas resultantes para o serviço e para os usuários, a vantagem auferida pelo infrator, as circunstâncias agravantes, os antecedentes do infrator e a reincidência específica".

E o art. 179, § 1º, prevê: "Na aplicação de multa serão considerados a condição econômica do infrator e o princípio da proporcionalidade entre a gravidade da falta e a intensidade da sanção".

Quanto à Lei n. 10.233/2001, o seu art. 78-A estabelece: "A infração a esta Lei e o descumprimento dos deveres estabelecidos nos contratos de concessão, no termo de permissão e na autorização sujeitará os responsáveis às seguintes sanções, aplicáveis pela ANTT e pela Antaq, sem prejuízo das de natureza civil e penal: I – advertência; II – multa; III – suspensão; IV – cassação; V – declaração de inidoneidade".

E o art. 78-D reza: "Na aplicação de sanções serão consideradas a natureza e a gravidade da infração, os danos delas resultantes para o serviço e para os usuários, a vantagem auferida pelo infrator, as circunstâncias agravantes e atenuantes, os antecedentes do infrator e a reincidência genérica ou específica".[53]

---

53. Esses parâmetros fixados pelas Leis da Anatel, da ANTT e da Antaq devem ser observados, ressalvadas as diferenças específicas de cada entidade, também pelas demais agências reguladoras.

Deve-se destacar o fato de o legislador ter fixado critérios viabilizadores de uma verdadeira individualização das sanções, obrigando que as agências, diante do caso concreto, graduem a intensidade da punição não só em função de circunstâncias objetivas – como a gravidade da infração e os danos dela resultantes –, mas também levando em conta elementos de ordem subjetiva – antecedentes do infrator e reincidência genérica ou específica.

Assim, mediante provocação dos interessados, e sem prejuízo de revisão por parte do próprio órgão regulador (autotutela), cabe ao Poder Judiciário analisar se as punições impostas pelas agências atenderam aos parâmetros objetivos e subjetivos estabelecidos na lei para dosagem das sanções administrativas, anulando aquelas que ultrapassarem os padrões de proporcionalidade.

4.3.1.5 Princípio da obrigatória motivação

O princípio da obrigatória motivação exige que os atos praticados pelo Poder Público – tanto os discricionários, quanto os vinculados[54] – sejam acompanhados de indicação, por escrito, dos seus fundamentos de fato e de direito.

Segundo Celso Antônio Bandeira de Mello: "O fundamento constitucional da obrigação de motivar está – como se esclarece em seguida – implícito tanto no art. 1º, II, que indica a cidadania como um dos fundamentos da República, quanto no parágrafo único deste preceptivo, segundo o qual todo o poder emana do povo, como ainda no art. 5º, XXXV, que assegura o direito à apreciação judicial nos casos de ameaça ou lesão de direito. É que o princípio da motivação é reclamado quer como afirmação do direito político dos cidadãos ao esclarecimento do 'porquê' das ações de quem gere negócios que lhes dizem respeito por serem titulares últimos do poder, quer como direi-

---

54. A bem da verdade, há casos em que a motivação, pela natureza das circunstâncias, é dispensável, por serem óbvios os fundamentos do ato. É o que ocorre, especialmente, nos atos administrativos expedidos por máquinas ou realizados por meio de gestos do servidor público, *v.g.*, os atos emanados de semáforos e aqueles praticados por meio de apitos de um guarda de trânsito. Nessas hipóteses, a motivação é desnecessária. Entretanto, no âmbito de atuação das agências reguladoras não são praticados atos administrativos nessas circunstâncias, pelo que, o dever de motivar, para tais entidades, é uma regra absoluta.

to individual a não se assujeitarem a decisões arbitrárias, pois só têm que se conformar às que forem ajustadas às leis".⁵⁵

Além de referido no art. 93, X, da Constituição Federal, tal princípio vem enunciado no art. 2º, parágrafo único, VII, da Lei n. 9.784/1999, nos seguintes termos: "Nos processos administrativos serão observados, entre outros, os critérios de: (...) VII – indicação dos pressupostos de fato e de direito que determinaram a decisão".

Com a mesma preocupação, dispõe o art. 40 da Lei da Anatel (Lei n. 9.472/1997): "os atos da Agência deverão ser sempre acompanhados da exposição formal dos motivos que os justifiquem".

Como elemento imprescindível para o controle da legalidade, a motivação, sob pena de nulidade, deve ser prévia ou contemporânea à prática do ato.⁵⁶ Além disso, o dever de motivar consiste em requisito obrigatório, seja para a validade dos atos restritivos, seja para a validade dos ampliativos.

Desse modo, o rol previsto no art. 50 da Lei n. 9.784/1999 é meramente exemplificativo, in verbis: "Os atos administrativos deverão ser motivados, com indicação dos fatos e dos fundamentos jurídicos, quando: I – neguem, limitem ou afetem direitos ou interesses; II – imponham ou agravem deveres, encargos ou sanções; III – decidam processos administrativos de concurso ou seleção pública; IV – dispensem ou declarem a inexigibilidade de processo licitatório; V – decidam recursos administrativos; VI – decorram de reexame de ofício; VII – deixem de aplicar jurisprudência firmada sobre a questão ou discrepem de pareceres, laudos, propostas e relatórios oficiais; VIII – importem anulação, revogação, suspensão ou convalidação de ato administrativo".

Normalmente, costuma-se dar mais ênfase à motivação dos atos restritivos por afetarem diretamente a esfera de interesses de um ou de alguns indivíduos.

Entretanto, os atos ampliativos, conquanto não restrinjam de modo direto interesses particulares, podem beneficiar indevidamente certa pessoa ou grupo de pessoas, ferindo o princípio da impessoalidade.

---

55. *Curso* ..., cit., pp. 102-103.
56. Celso Antônio Bandeira de Mello, *Curso* ..., cit., p. 102.

Assim, se os atos restritivos devem ser motivados, os ampliativos, por serem potencialmente mais lesivos ao interesse público, com maioria de razão, também sujeitam-se, para fins de controle, a tal exigência.

4.3.1.6 Princípio da impessoalidade

A impessoalidade figura entre os princípios administrativos expressamente previstos no art. 37, *caput*, da Constituição Federal, enunciando a exigência de que a Administração Pública confira tratamento objetivo no atendimento do interesse público (art. 2º, parágrafo único, III, da Lei n. 9.784/1999), sem preconceitos de origem, raça, sexo, cor, idade, credo (art. 3º, IV, da CF) ou de qualquer natureza (art. 5º, *caput*, da CF).[57-58]

Se, de um lado, o princípio da impessoalidade proíbe atitudes preconceituosas, de outro, veda o estabelecimento de privilégios a certos indivíduos em detrimento dos demais.

No caso específico das agências reguladoras, a noção de impessoalidade reveste-se de acentuada importância, já que tais entidades controlam setores economicamente muito atraentes, relacionando-se de modo direto com grandes grupos econômicos nacionais e estrangeiros – não raro, capazes de fazer tudo o que for necessário para obtenção de vantagens indevidas – estando, portanto, especialmente expostas ao risco permanente de aliciamento.

Por fim, outro aspecto relevante do princípio da impessoalidade consiste na idéia segundo a qual os atos praticados pelo agente público, no exercício de suas funções, não são imputáveis à pessoa do agente, mas à entidade a que pertence.[59]

Nesse sentido, é vedada a promoção pessoal de agentes e autoridades públicas (art. 2º, parágrafo único, III, da Lei n. 9.784/1999), pelo que, conforme determina o art. 37, § 1º, da Constituição Federal:

---

57. Segundo cremos, o princípio da impessoalidade é a projeção do princípio da igualdade ou isonomia sobre a atuação do Poder Público.
58. Nesse sentido, o art. 3º, III, da Lei da Anatel (Lei n. 9.472/1997) prevê, entre os direitos do usuário de serviços de telecomunicações, o de "não ser discriminado quanto às condições de acesso e fruição do serviço".
59. Maria Sylvia Zanella Di Pietro, *Direito* ..., cit., p. 71.

"A publicidade dos atos, programas, obras, serviços e campanhas de órgãos públicos deverá ter caráter educativo, informativo ou de orientação social, dela não podendo constar nomes, símbolos ou imagens que caracterizem promoção pessoal de autoridades ou servidores públicos".

4.3.1.7 Princípio da publicidade

Relevante instrumento jurídico de controle sobre a atuação estatal, o princípio da publicidade, no âmbito do Direito Administrativo, obriga a Administração Pública a divulgar o conteúdo dos atos que pratica.

O fundamento dessa exigência é bastante claro: como os agentes públicos exercem função – atuando em nome próprio na defesa dos interesses da coletividade –, a sociedade, titular de tais interesses, deve ter conhecimento das atividades que em seu nome são desenvolvidas.

Além de expressamente mencionado no art. 37, *caput*, da Constituição Federal, o princípio da publicidade vem previsto na Lei Federal de Processo Administrativo – Lei n. 9.784/1999 (art. 2º, *caput* e parágrafo único, V) –, desdobrando-se, também, em inúmeros dispositivos existentes na legislação específica das agências reguladoras.[60]

Entretanto, como se sabe, a Constituição Federal consagra duas hipóteses em que a divulgação oficial dos atos praticados pela Administração Pública é vedada: a) se ferir a intimidade dos envolvidos (art. 5º, X e LX); b) se colocar em risco a segurança pública (art. 5º, XXXIII e LX).

Nesse sentido, os arts. 21, § 1º e 39, *caput*, da Lei da Anatel (Lei n. 9.472/1997), estabelecem que as sessões do Conselho Diretor serão registradas em ata, que ficarão arquivadas na biblioteca da entidade, juntamente com todos os documentos e autos relacionados com a atuação da agência, disponíveis para conhecimento geral, mantendo-se sigilo dos registros cujas informações, se divulgadas, puderem

---

60. Art. 4º, § 3º, da Lei n. 9.427/1996 (Lei da Aneel); arts. 3º, IV, 21, *caput*, §§ 1º e 2º, 38, 39, *caput* e parágrafo único, 41, 42, 72 e 213, *caput* e § 2º, da Lei n. 9.472/1997 (Lei da Anatel); arts. 17 a 19 e 40 da Lei n. 9.478/1997 (Lei da ANP); arts. 1º, VIII e 16, IV, da Lei n. 9.782/1999 (Lei da Anvisa); e os arts. 66, 67, *caput* e parágrafo único, 68, *caput* e § 2º, e 78-B da Lei n. 10.233/2001 (Lei da ANTT e da Antaq).

"colocar em risco a segurança do País, ou violar segredo protegido ou a intimidade de alguém".[61]

E o art. 72, § 2º, da mesma Lei, prescreve: "A prestadora poderá divulgar a terceiros informações agregadas sobre o uso de seus serviços, desde que elas não permitam a identificação, direta ou indireta, do usuário, ou a violação de sua intimidade".

Outro ponto importante consiste em saber qual a forma adequada para dar publicidade aos atos praticados pela Administração. A resposta depende da natureza do ato.

Sendo ato geral, exige-se sua publicação no *Diário Oficial* correspondente. Se o ato disser respeito exclusivamente à esfera de interesses individual, o dever de publicidade é atendido com a mera notificação. Esse é o conteúdo do art. 41 da Lei n. 9.472/1997 (Anatel) e também do art. 68, § 2º, da Lei n. 10.233/2001 (ANTT e Antaq), *in verbis*: "Os atos normativos das Agências somente produzirão efeitos após publicação no Diário Oficial, e aqueles de alcance particular, após a correspondente notificação".

Apesar do referido dispositivo condicionar a produção de efeitos ao cumprimento da exigência de publicidade, a bem da verdade, antes de publicado ou notificado, o ato não é apenas ineficaz, mas juridicamente inexistente.

Assim, se o ato ainda não existe para o Direito, pode, por exemplo, ser modificado livremente – ou até retirado – pela Administração, sem necessidade de utilizar os mecanismos específicos para alteração de atos administrativos existentes.

Por fim, cabe lembrar que o art. 4º, § 3º, da Lei da Aneel (Lei n. 9.427/1996), determina que o processo decisório que afetar, mediante projeto de lei ou por via administrativa, direitos das entidades e dos indivíduos no setor elétrico será precedido de audiência pública convocada pela Aneel.[62-63]

---

61. A Lei n. 10.233/2001 (ANTT e Antaq) possui dispositivo com teor semelhante (art. 67, parágrafo único).
62. De igual teor, há o art. 68, *caput*, da Lei n. 10.233/2001 (ANTT e Antaq).
63. O art. 213 da Lei da Anatel estabelece ainda que "será livre a qualquer interessado a divulgação, por qualquer meio, de listas de assinantes do serviço telefônico fixo comutado destinado ao uso do público em geral".

4.3.1.8 Princípios do devido processo legal, do contraditório e da ampla defesa

Determina o art. 5º, LIV, da Constituição Federal, que "ninguém será privado da liberdade ou de seus bens sem o devido processo legal".

O inciso LV, do mesmo art. 5º, estabelece: "aos litigantes, em processo judicial ou administrativo, e aos acusados em geral são assegurados o contraditório e ampla defesa, com os meios e recursos a ela inerentes".

No mesmo sentido, a Lei Federal de Processo Administrativo prescreve: "Nos processos administrativos serão observados, entre outros, os critérios de: garantia dos direitos à comunicação, à apresentação de alegações finais, à produção de provas e à interposição de recursos, nos processos de que possam resultar sanções e nas situações de litígio" (Lei n. 9.784/1999, art. 2º, parágrafo único, X).

E no art. 3º, III, o referido diploma elenca, entre os direitos dos administrados perante a Administração, o de "formular alegações e apresentar documentos antes da decisão, os quais serão objeto de consideração pelo órgão competente".

Sobre tais princípios aduz Celso Antônio Bandeira de Mello: "Estão aí consagrados, pois, a exigência de um *processo formal regular* para que sejam atingidas a liberdade e a propriedade de quem quer que seja é a necessidade de que a Administração Pública, *antes de tomar decisões gravosas a um dado sujeito*, ofereça-lhe oportunidade de contraditório e de ampla defesa, no que se inclui o direito a recorrer das decisões tomadas. Ou seja: a Administração Pública não poderá proceder contra alguém passando diretamente à decisão que repute cabível, pois terá, desde logo, o dever jurídico de atender ao contido nos mencionados versículos constitucionais" (grifos do original).[64]

As noções de devido processo legal, contraditório e ampla defesa, conquanto intimamente ligadas, são discerníveis entre si, possuindo conteúdos próprios e enunciado, cada uma delas, deveres específicos para a Administração Pública.[65]

---

64. *Curso...*, cit., p. 105.
65. É preciso registrar que, normalmente, a noção de devido processo legal costuma ser tratada como abrangendo o contraditório e a ampla defesa.

O devido processo legal exige que a adoção de medida restritiva da esfera de interesses de certo indivíduo seja precedida de uma seqüência formal e encadeada de atos, voltada a instruir o órgão competente para que possa ser adotada a melhor solução possível.[66]

O princípio do contraditório determina que o procedimento decisório, no âmbito da Administração, é, por natureza, dialético, devendo incorporar oportunidades para a manifestação do particular implicado na decisão a ser tomada, no que está pressuposta também a obrigação, a cargo do Poder Público, de dar conhecimento do teor dos atos processuais aos interessados.[67]

Quanto à ampla defesa, tal princípio garante a possibilidade de utilização, por parte do interessado, de todos os meios de prova – desde que acolhidos pelo Direito – a fim de sustentar sua pretensão, incluindo a interposição de recursos administrativos contra decisões desfavoráveis.

Na esfera federal, o processo administrativo está regulado pela Lei n. 9.784/1999. No Estado de São Paulo, o assunto é disciplinado pela Lei n. 10.177/1998.

No âmbito específico das agências reguladoras federais, vale mencionar que os processos decisórios de tais entidades sujeitam-se integralmente às normas previstas na Lei n. 9.784/1999.[68]

Desse modo, a agência tem o dever de decidir os processos administrativos de sua alçada e responder às solicitações e às reclamações em matérias pertencentes à esfera de atribuições que a lei lhe confere (arts. 48 e 49 da Lei n. 9.784/1999 e art. 3º, X e XI, da Lei da Anatel – Lei n. 9.472/1997).

---

66. A Lei n. 10.233/2001 – a Lei da ANTT e da Antaq (art. 78-C) – e a Lei n. 9.472/1997 (art. 175, parágrafo único) prevêem que, nos processos administrativos para a apuração de infrações e aplicação de penalidades, é permitida a adoção de medidas cautelares de necessária urgência. Segundo cremos, tais dispositivos não são inconstitucionais, porém, essas providências cautelares sujeitam-se a amplo controle jurisdicional inclusive quanto ao cabimento de sua adoção em determinado processo (*fumus boni juris* e *periculum in mora*).
67. Nesse sentido, a Lei n. 9.784/1999 enumera, entre os direitos dos administrados, o de "ter ciência da tramitação dos processos administrativos em que tenham a condição de interessados, ter vista dos autos, obter cópias de documentos neles contidos e conhecer as decisões proferidas" (art. 3º, II).
68. Quanto às agências estaduais e municipais, aplica-se a legislação processual própria do respectivo ente federativo.

Sobre os prazos para exercício do direito de petição e interposição de recursos, vêm disciplinados na Lei da Anatel – art. 44 da Lei n. 9.472/1997 – e na Lei da ANTT e Antaq – art. 68, § 3º, da Lei n. 10.233/2001: são de trinta dias contados da ciência da decisão e se aplicam analogicamente a todas as demais agências federais, prevalecendo, por serem específicos e mais benéficos, sobre o prazo geral fixado no art. 59 da Lei n. 9.784/1999.

Quanto à resposta da petição e à decisão do recurso, a Anatel tem prazos de noventa dias (art. 44 da Lei n. 9.472/1997) e as outras agências sujeitam-se ao prazo geral de trinta dias (arts. 49 e 59, § 1º, da Lei n. 9.784/1999).

4.3.1.9 Princípio da moralidade

Apesar de seu conteúdo vago, o princípio da moralidade é de cumprimento obrigatório pela Administração Pública, a teor do que dispõem o art. 37, *caput*, e o art. 5º, LXXIII, da Constituição Federal, o art. 2º da Lei de Processo Administrativo (Lei n. 9.784/1999) e o art. 4º da Lei de Improbidade Administrativa (Lei n. 8.429/1992).

Na legislação específica das agências reguladoras, a moralidade vem prevista entre os princípios aplicáveis a tais entidades (art. 38 da Lei n. 9.472/1997; art. 17 da Lei n. 9.478/1997; e art. 66 da Lei n. 10.233/2001).

O princípio da moralidade exige que o Poder Público atue segundo padrões éticos de probidade, decoro e boa-fé (art. 2º, parágrafo único, IV, da Lei n. 9.784/1999).

4.3.1.10 Princípio do controle jurisdicional

Determina o art. 5º, XXXV, da Constituição Federal: "A lei não excluirá da apreciação do Poder Judiciário lesão ou ameaça a direito".

Assim, no Brasil, país onde vigora a unidade de jurisdição, os atos praticados pela Administração Pública – e, portanto, também pelas agências reguladoras – sujeitam-se a amplo controle de legalidade por parte do Poder Judiciário.

4.3.1.11 Princípio da responsabilidade

As agências reguladoras são pessoalmente responsáveis pelos prejuízos que seus agentes, no exercício das atividades que lhes competem, causem ou deixem de evitar no patrimônio de particulares.

É o que dispõe o art. 37, § 6º, da Constituição Federal: "As pessoas jurídicas de direito público e as de direito privado prestadoras de serviços públicos responderão pelos danos que seus agentes, nessa qualidade, causarem a terceiros, assegurado o direito de regresso contra o responsável nos casos de culpa ou dolo".

Se o dano decorrer de ato do agente aplica-se a teoria da responsabilidade objetiva: a indenização será paga independentemente de culpa ou dolo.

Na hipótese do prejuízo ser imputado à omissão, prevalece a teoria subjetiva,[69] sendo necessário demonstrar, para fazer jus à reparação, que houve negligência (omissão culposa) ou intenção de não agir (omissão dolosa).

O tema da responsabilidade civil das agências reguladoras será tratado com mais profundidade em item próprio.

4.3.1.12 Princípio da eficiência

O princípio da eficiência não constava do texto original do art. 37, *caput*, da Constituição Federal, tendo sido acrescentado pela Emenda n. 19/1998.

A noção de eficiência aplicada ao exercício das funções públicas, conquanto aparentemente simpática, foi utilizada, no Brasil, como pretexto para viabilizar reformas inconstitucionais e introduzir mecanismos de flexibilização dos controles jurídicos, com o estabelecimento de uma cultura de resultados a qualquer preço, atropelando normas se preciso fosse.[70]

---

69. Celso Antônio Bandeira de Mello, *Curso* ..., cit., pp. 895-900.
70. A título ilustrativo, vejamos bom exemplo de aplicação dessa mentalidade, a partir de texto produzido em julho de 2000 pela então Secretária de Gestão do Ministério do Planejamento, Orçamento e Gestão, Ceres Alves Prates: "Essa é a cultura reinante: só se faz o que está normatizado. E tudo o que não se pode fazer também está normatizado. Ora, como a norma nunca é tão ampla e detalhada a ponto de prever todos os aspectos em jogo, ela resolve tudo na média – que é a forma de

Por isso, deve-se dizer que o discurso reformista neoliberal centralizou na ineficiência do Estado-social as críticas que pavimentaram o caminho para as privatizações do Estado brasileiro.[71] Como se sabe, tratar da eficiência como prioridade no gerenciamento da coisa pública é algo que no Direito Administrativo e na Ciência da Administração não soa como novidade. Afinal, quem ousaria pretender que os resultados da gestão administrativa não devessem ser senão os melhores?

normatizar o princípio. Assim, quase sempre, a norma atrapalha a todos, porque nunca se têm situações médias concretas. As situações concretas são fatos, e não existe fato médio (...). Ademais, a norma nunca se encaixa perfeitamente a situação alguma. Sempre é preciso forçar uma interpretação, que torne possível a aplicação da norma. Jamais se consegue, portanto, fazer tudo o que deveria ser feito, porque as normas não permitem (...). Criam-se, então, mecanismos para se avançar apesar das normas, mas não se pode exigir que todos os servidores ajam assim, porque o preço a pagar pode ser muito alto. Fazem isso apenas aqueles que se comprometem de corpo e alma com a transformação e se dispõem a correr o risco e a pagar o preço" (trechos extraídos de *Gestão Empreendedora*, Ceres Alves Prates, disponível em: <http://www.planejamento.gov.br/arquivos_down/seges/publicacoes/texto_institucional.PDF>, acessado em 20.10.2002). No mesmo sentido, palavras do ex-Presidente Fernando Henrique Cardoso: "Não é possível mais que o gestor – público ou privado – seja preso em uma camisa de força de regras burocráticas e que, depois, tenha que prestar contas dos crimes que não praticou, apenas porque, para ser mais denodado e mais devotado ao objetivo que tem em vista, que é o objetivo da sociedade, deixou de praticar uma formalidade, porque esta viria em detrimento do interesse público. E, não obstante, essas regras antigas ainda persistem. Quantas vezes essas questões, que são, muitas vezes, meramente formais, produzem um desaguisado nacional, como se o gestor tivesse utilizado aquela quebra de regras para benefício próprio e não para atender melhor ao sentido social do que ele estava fazendo. Por sorte, os nossos Tribunais de Contas também estão mudando. Também eles estão, agora se adaptando para acompanhar o processo da administração o tempo todo, e não apenas para julgar 'se a norma foi ou não atendida na sua formalidade'. Mas, sim, para perguntar se, efetivamente, o objetivo para o qual a decisão foi tomada é justo, e se, realmente, a decisão teve, como conseqüência, ações que deram uma melhoria para o cidadão e para o país" (discurso do ex-Presidente Fernando Henrique Cardoso na apresentação do Plano Estratégico do Ministério do Planejamento, Orçamento e Gestão e do Plano Plurianual, disponível em: <http://www.planejamento.gov.br/arquivos_down/seges/publicacoes/texto_institucional.PDF>, acessado em 20.10.2002).

71. Nesse sentido: "Os poderes públicos seguem vinculados estreitamente ao princípio da legalidade; não obstante, um novo postulado vem dominando e presidindo a atuação da Administração, é o princípio da eficácia. A Administração Pública se legitima não só por sua atuação conforme ao Direito, mas também pelo resultado de seu comportamento" (F. J. Bauzá Martorell, *La Desadministración Pública*, p. 20).

A grande questão, porém, está em saber de qual eficiência estamos falando.

Parece haver ao menos três sentidos em que o termo pode ser utilizado: a) eficiência como sinônimo de agilidade; b) eficiência no sentido de preocupação centralizada na busca de resultados, independentemente dos meios usados para atingi-los; c) eficiência como perseguição de objetivos que devam ser atingidos por meios préfixados.

Na hipótese "a", busca-se um resultado qualquer, pois a eficiência estaria na velocidade do processo. Ênfase no ritmo. É a eficiência-agilidade.

Na "b", o resultado é fixado antes da ação, podendo ser atingido por um meio qualquer. Ênfase nos fins. É a eficiência-fim.

Na "c", o resultado pode estar pré-fixado ou não, mas ele só será válido se alcançado por meios de antemão aceitos. Ênfase nos meios. É a eficiência-meio.

Aplicando essas idéias ao exercício das funções estatais fica claro que a eficiência-agilidade e a eficiência-fim são incompatíveis com o Estado de direito. Na verdade, só se pode falar em eficiência na gestão pública se o termo estiver empregado no sentido de eficiência-meio, vale dizer, a busca de uma ação estatal eficiente será legítima apenas se respeitados os procedimentos determinados no ordenamento jurídico.

É que o ordenamento jurídico atua delineando o campo das ações válidas dentro do qual todos os resultados são igualmente aceitáveis e eficientes para o Direito. Por isso, catalogar a eficiência como princípio do regime jurídico-administrativo não faz sentido.[72]

4.3.1.13 Princípio da segurança jurídica

O princípio da segurança jurídica vem expresso no art. 2º, parágrafo único, XIII, da Lei n. 9.784/1999, nos seguintes termos: "Nos processos administrativos serão observados, entre outros, os critérios de: (...) XIII – interpretação da norma administrativa da forma que

---

72. Para uma análise precisa das dificuldades em conciliar eficácia e legalidade: F. J. Bauzá Martorell, ob. cit., pp. 38, 40, 43 e 47.

melhor garanta o atendimento do fim público a que se dirige, vedada a aplicação retroativa de nova interpretação".

Nas palavras de Maria Sylvia Zanella Di Pietro: "o princípio se justifica pelo fato de ser comum, na esfera administrativa, haver mudança de interpretação de determinadas normas legais, com a conseqüente mudança de orientação, em caráter normativo, afetando situações já reconhecidas e consolidadas na vigência de orientação anterior. Essa possibilidade de mudança de orientação é inevitável, porém, gera insegurança jurídica, pois os interessados nunca sabem quando a sua atuação será passível de contestação pela própria Administração Pública. Daí a regra que veda a aplicação retroativa".[73]

Nesse sentido, preleciona Celso Antônio Bandeira de Mello: "Por força mesmo deste princípio (conjugadamente com os da presunção de legitimidade dos atos administrativos e da lealdade e boa-fé), firmou-se o correto entendimento de que orientações firmadas pela Administração em dada matéria não podem, *sem prévia e pública notícia*, ser modificadas em casos concretos para fins de sancionar, agravar a situação dos administrados ou denegar-lhes pretensões, de tal sorte que só se aplicam aos casos ocorridos depois de tal notícia" (grifos do original).[74]

Portanto, em razão do princípio da segurança jurídica, as normas e orientações emanadas das agências reguladoras não se aplicam a casos pretéritos, mesmo porque se à própria lei é vedado retroagir (art. 5º, XXXVI, da Constituição Federal e art. 6º da Lei de Introdução ao Código Civil), não seria razoável que atos infralegais pudessem fazê-lo.

Tal regra, em princípio, é de natureza interpretativa, mas sua inobservância produz a nulidade[75] das sanções impostas contra quem se recuse a cumprir normas e orientações retroativas.

73. *Direito* ..., cit., p. 85.
74. *Curso* ..., cit., p. 114.
75. Não se trata, porém, de nulidade *ipso jure*, pelo que, deve ser decretada pelo Poder Judiciário ou pela própria Administração Pública. No Direito Administrativo, por força da presunção de legitimidade, a nulidade *ipso jure*, ou seja, a que autoriza o imediato descumprimento do ato, só se dá nos casos de inexistência jurídica do ato.

4.3.1.14 Dever de licitar

Conforme já dito, as agências reguladoras, como entidades pertencentes à Administração Pública Indireta, sujeitam-se às normas gerais de licitação fixadas pelas Leis ns. 8.666/1993, 8.987/1995 e 8.883/1994,[76] o que vem expressamente reconhecido em algumas das leis específicas das agências, *v.g.*, no art. 23 da Lei n. 9.427/1996 (Aneel) e no art. 54 da Lei n. 9.472/1997 (Anatel).

Aplica-se também, no âmbito das agências reguladoras, a Lei n. 10.520, de 17 de julho de 2002, que acrescentou o pregão entre as modalidades já existentes de licitação.

O pregão é modalidade para aquisição de bens e serviços comuns, ou seja, "aqueles cujo padrão de desempenho e qualidade possam ser objetivamente definidos pelo edital, por meio de especificações usuais no mercado" (art. 1º, parágrafo único, da Lei n. 10.520/2002).

Como se nota, o pregão não pode ser utilizado para aquisição de quaisquer bens ou serviços, pelo que, o art. 54, parágrafo único, da Lei n. 9.472/1997 – a Lei da Anatel – ao estabelecer que, com exceção de obras e serviços de engenharia, a agência poderá valer-se das modalidades de pregão e consulta, deve ser interpretado em conjunto com a Lei n. 10.520/2002, ou seja, o pregão só será utilizado se o objeto tiver padrão de desempenho e qualidade passíveis de definição objetiva pelo edital, por meio de especificações usuais no mercado. Nas demais hipóteses, aplicam-se as modalidades licitatórias previstas na Lei n. 8.666/1993.

Deve-se dizer, ainda, que são absolutamente inconstitucionais os dispositivos legais que conferem às agências reguladoras competência para fixar normas próprias em matéria de licitações e contratos, tais como, os arts. 22, II, 54, parágrafo único, 55 e 89 da Lei da Anatel (Lei n. 9.472/1997) e o art. 36 da Lei da ANP (Lei n. 9.478/1997).

De igual modo, os arts. 56 a 58 da Lei n. 9.472/1997 e os arts. 37 a 39 da Lei n. 9.478/1997, que estabelecem regras de licitação válidas para o âmbito exclusivo das respectivas agências, têm sua cons-

---

76. Tal conclusão incontestável decorre dos arts. 22, XXVII, e 37, XXI, da Constituição Federal, e do art. 1º, parágrafo único, da Lei n. 8.666/1993.

titucionalidade condicionada ao acatamento das normas gerais contidas nas Leis ns. 8.666/1993, 8.987/1995, 8.883/1994 e 10.520/2002.

Por fim, cabe mencionar que a legislação das agências reguladoras possui alguns dispositivos específicos sobre dispensa e inexigibilidade de licitação que merecem referência.

O art. 23, § 1º, da Lei n. 9.427/1996, proíbe a declaração de inexigibilidade nas licitações realizadas pela Aneel com o objetivo de contratar concessões e permissões de serviços públicos e uso de bem público.[77]

E o § 2º, do mesmo dispositivo, restringe a declaração de dispensa à hipótese prevista no art. 24, V, da Lei n. 8.666/1993, ou seja, quando "não acudirem interessados à primeira licitação e esta, justificadamente, não puder ser repetida sem prejuízo para a administração, mantidas, neste caso, todas as condições estabelecidas no edital, ainda que modifiquem condições vigentes de concessão, permissão ou uso de bem público cujos contratos estejam por expirar".

Ao contrário da Lei da Aneel, a Lei n. 9.472/1997 (Anatel) não restringe os casos de dispensa, nem tampouco veda a declaração de inexigibilidade. Em seu art. 92 prescreve: "Nas hipóteses de inexigibilidade de licitação, a outorga de concessão dependerá de procedimento administrativo sujeito aos princípios da publicidade, moralidade, impessoalidade e contraditório, para verificar o preenchimento das condições relativas às qualificações técnico-operacional ou profissional e econômico-financeira, à regularidade fiscal e às garantias do contrato".

O art. 35 da Lei n. 9.961/2000 expressamente estende para o âmbito da ANS – aliás, de modo desnecessário[78] – o percentual, previs-

---

77. Segundo cremos, essa proibição é um sem-sentido. Ora, as hipóteses de inexigibilidade constituem casos em que o certame é de realização impossível. Assim, ocorrendo uma dessas hipóteses, não há outro caminho para a Administração Pública a não ser declarar inexigível a licitação e contratar diretamente. Diante disso, que sentido há em proibir a declaração de inexigibilidade? É provável que a origem do equívoco esteja na interpretação literal do art. 175, *caput*, da Constituição Federal, segundo o qual: "Incumbe ao Poder Público, na forma da lei, diretamente ou sob regime de concessão ou permissão, *sempre através de licitação*, a prestação de serviços públicos" (grifos nossos).

78. É que tal dispositivo da Lei n. 8.666/1993, por pertencer à lei geral, aplicar-se-ia de todo modo às agências reguladoras, ainda que a Lei n. 9.961/2000 assim não o declarasse.

to no art. 24, parágrafo único, da Lei n. 8.666/1993, de 20% sobre o valor máximo da faixa de preço do convite (incisos I, *a*, e II, *a*, do art. 23, da Lei n. 8.666/1993), de modo que as licitações para aquisição de objetos com valor abaixo desse percentual são dispensadas.

Na Lei da ANP (Lei n. 9.478/1997), o art. 76 determina que "a ANP poderá contratar especialistas para execução de trabalhos nas áreas técnica, econômica e jurídica, por projetos ou prazos limitados, com dispensa de licitação nos casos previstos na legislação aplicável".[79]

A inclusão de tal dispositivo na Lei da ANP – apesar de equivocadamente mencionar o termo "dispensa", quando se trata de caso claro de inexigibilidade – era desnecessária, pois a hipótese já vinha contemplada no art. 25, II, da Lei n. 8.666/1993.

4.3.1.15 Procedimentos financeiros

Sem prejuízo de outras formas de controle, que serão analisadas em Capítulo específico,[80] as agências reguladoras sujeitam-se às regras e aos procedimentos financeiros – inclusive quanto à disciplina orçamentária – estabelecidos na Lei n. 4.320/1964, que "estatui normas gerais de direito financeiro para elaboração e controle dos orçamentos e balanços da União, dos Estados, dos Municípios e do Distrito Federal" (art. 1º).[81]

Devem respeito, ainda, às normas previstas na Lei Complementar n. 101/2000 – a Lei de Responsabilidade Fiscal (conforme art. 1º, § 3º, I, *b*).

---

79. A Lei n. 10.233/2001 (ANTT e Antaq) contém dispositivo de igual teor (art. 122).
80. Capítulo 7.
81. Sobre questões orçamentárias específicas das agências, cf. art. 11, parágrafo único, da Lei n. 9.427/1996 (Aneel) e o art. 79 da Lei n. 9.478/1997 (ANP).

Capítulo 5
DIREÇÃO DAS AGÊNCIAS REGULADORAS

5.1 Considerações gerais. 5.2 Diretoria colegiada: 5.2.1 Quantidade de membros; 5.2.2 Competências; 5.2.3 Contrato de gestão; 5.2.4 Quóruns. 5.3 Composição da diretoria: 5.3.1 Forma de investidura; 5.3.2 Requisitos e impedimentos para a investidura. 5.4 Mandato do dirigente: 5.4.1 Duração; 5.4.2 Não-coincidência com o mandato do Chefe do Executivo; 5.4.3 Impedimentos durante o exercício do mandato; 5.4.4 Extinção do mandato: 5.4.4.1 Término do prazo; 5.4.4.2 Renúncia; 5.4.4.3 Condenação judicial transitada em julgado; 5.4.4.4 Processo disciplinar; 5.4.4.5 Exoneração imotivada; 5.4.4.6 Outras formas. 5.5 Vinculação temporária do ex-dirigente à agência. 5.6 Órgãos afins: 5.6.1 Conselho Consultivo; 5.6.2 Ouvidoria; 5.6.3 Procuradoria; 5.6.4 Corregedoria; 5.6.5 Auditoria.

5.1 Considerações gerais

Nos Capítulos 3 e 4, foram analisadas a natureza jurídica e as características autárquicas das agências brasileiras.

Entretanto, como já foi dito, o regime jurídico das agências reguladoras é composto, além das regras oriundas da condição autárquica, também por normas específicas que diferenciam as agências das autarquias em geral.

Trata-se do chamado regime especial, um complexo normativo peculiar das agências reguladoras, relacionado com os mecanismos de investidura e de perda de mandato dos dirigentes.[1]

---

1. No Capítulo 1 (item 1.2.2), concluímos, na esteira da lição de Celso Antônio Bandeira de Mello, que o regime especial das agências reguladoras reduz-se ao modo de investidura e à fixidez do mandato dos dirigentes.

Os objetivos do presente Capítulo são sistematizar e investigar os diferentes aspectos jurídicos envolvidos no tema da direção das agências reguladoras, enfocando especificamente algumas questões controvertidas existentes no tópico do regime especial.

5.2 Diretoria colegiada

As agências reguladoras são dirigidas por órgãos colegiados legalmente denominados de Diretorias (Aneel, ANP, ANTT, Antaq e Ancine), Diretorias Colegiadas (Anvisa, ANS, ANA, Adene, ADA) ou Conselho Diretor (Anatel).[2]

Aliás, a Lei n. 9.986/2000 – que versa sobre a gestão de recursos humanos das agências federais – determina a obrigatoriedade do sistema colegiado.

É que o art. 4º prescreve: "As agências serão dirigidas em regime de colegiado, por um Conselho Diretor ou Diretoria composta por Conselheiros ou Diretores, sendo um deles o seu Presidente ou o Diretor-Geral ou o Diretor-Presidente".

5.2.1 Quantidade de membros

O número de membros componentes dos órgãos de direção das agências reguladoras não está fixado na Lei n. 9.886/2000, variando conforme a entidade.

2. Tais nomes constam dos seguintes dispositivos legais: art. 5º, parágrafo único, da Lei n. 9.427/1996 (Aneel); art. 20, caput, da Lei n. 9.472/1997 (Anatel); art. 11, caput, da Lei n. 9.478/1997 (ANP); art. 9º, caput, da Lei n. 9.782/1999 (Anvisa); art. 5º, caput, da Lei n. 9.961/2000 (ANS); art. 9º, caput, da Lei n. 9.984/2000 (ANA); art. 52 da Lei n. 10.233/2001 (ANTT e Antaq); art. 16, caput, da Medida Provisória n. 2.156-5/2001 (Adene); art. 16, caput, da Medida Provisória n. 2.157- 5/2001 (ADA) e art. 9º, caput, da Medida Provisória n. 2.228-1/2001 (Ancine). Sobre o assunto, convém, ainda, mencionar que a Lei n. 9.986/2000, que trata da gestão de recursos humanos das agências reguladoras, prescreve: "As Agências serão dirigidas em regime de colegiado, por um *Conselho Diretor* ou *Diretoria* composta por Conselheiros ou Diretores, sendo um deles o seu Presidente ou o Diretor-Geral ou o Diretor-Presidente" (art. 4º, caput, com grifos nossos). Os termos "Diretoria" e "Conselho Diretor" vem mencionados também no art. 5º, caput e parágrafo único, da Lei n. 9.986/2000.

Em geral, o colegiado é formado por cinco membros – como ocorre na Aneel (art. 4º, caput, da Lei n. 9.427/1996), na Anatel (art. 20, caput, da Lei n. 9.472/2000), na ANP (art. 11, caput, da Lei n. 9.478/1997), na Anvisa (art. 10, caput, da Lei n. 9.782/1999), na ANS[3] (art. 6º, caput, da Lei n. 9.961/2000), na ANA (art. 9º, caput, da Lei n. 9.984/2000) e na ANTT (art. 53, caput, da Lei n. 10.233/2001). Nos casos da Adene (art. 12, caput, da Medida Provisória n. 2.156-5/2001), da ADA (art. 12, caput, da Medida Provisória n. 2.157-5/2001) e da Ancine (art. 8º, caput, da Medida Provisória n. 2.228-1/2001), o colegiado possui quatro membros.

Quanto à Diretoria da Antaq, o art. 53, caput, da Lei n. 10.233/2001, estabelece que será composta por três membros.

A presidência dos órgãos de direção das agências reguladoras será exercida pelo Diretor-Geral (Aneel, ANP, ANTT, Antaq, Adene e ADA), ou Diretor-Presidente (Anvisa, ANS, ANA e Ancine), ou Presidente (Anatel), nomeado pelo Presidente da República dentre os membros do colegiado, permanecendo na função pelo prazo fixado no ato de nomeação (art. 5º, parágrafo único, da Lei n. 9.986/2000).

5.2.2 Competências

Com exceção da Aneel, da ANP, da ANTT e da Antaq,[4] as atribuições do órgão colegiado de direção vêm previstas na própria lei criadora da agência.[5]

Em linhas gerais, compete à diretoria da agência reguladora: exercer a administração da entidade; editar normas sobre matérias da com-

---

3. Atualmente, a Diretoria Colegiada da ANS é composta por cinco membros, mas o art. 6º, caput, da Lei n. 9.961/2000, não fixa esse número como obrigatório, estabelecendo que a direção estará a cargo de "até cinco Diretores, sendo um deles o seu Diretor-Presidente".
4. No caso dessas quatro agências reguladoras, a fixação das atribuições dos respectivos órgãos de direção foi transferida legalmente para os decretos regulamentares.
5. Art. 22 da Lei da Anatel (Lei n. 9.472/1997); art. 15 da Lei da Anvisa (Lei n. 9.782/1999); art. 10 da Lei da ANS (Lei n. 9.961/2000); art. 12 da Lei da ANA (Lei n. 9.984/2000); art. 16 da Medida Provisória da Adene (Medida Provisória n. 2.156-5/2001); art. 16 da Medida Provisória da ADA (Medida Provisória n. 2.157-5/2001); e art. 9º da Medida Provisória da Ancine (Medida Provisória n. 2.228-1/2001).

petência da agência; aprovar o regimento interno; elaborar e divulgar relatórios sobre as atividades desenvolvidas pelo órgão regulador; encaminhar demonstrativos contábeis da agência aos órgãos competentes; conhecer e julgar pedidos de reconsideração de decisões tomadas por componentes da diretoria; realizar a gestão patrimonial da entidade; aprovar editais de licitação e homologar adjudicações; propor o estabelecimento e a alteração de políticas no respectivo setor; e autorizar a contratação de serviços no âmbito da agência.

Em algumas agências,[6] a lei também fixa expressamente as atribuições específicas do Presidente, ou Diretor-Presidente, ou Diretor-Geral da entidade. Entre tais atribuições merecem destaque: representar a agência; presidir as sessões do órgão colegiado; cumprir e fazer cumprir as decisões da diretoria; exercer o comando hierárquico sobre o pessoal e o serviço da agência; decidir, *ad referendum* da diretoria, as questões de urgência; decidir em caso de empate nas deliberações do órgão colegiado; nomear e exonerar servidores, provendo os cargos efetivos e em comissão; exercer o poder disciplinar; assinar contratos, convênios e ordenar despesas; e desenvolver a gestão operacional da agência.

5.2.3 Contrato de gestão

A administração das agências reguladoras sujeita-se ao cumprimento de diretrizes estabelecidas no chamado *contrato de gestão*, celebrado entre o órgão dirigente da entidade e o Poder Executivo, servindo como instrumento de controle da atuação administrativa da autarquia e da avaliação do seu desempenho.

Alguns dos instrumentos normativos criadores das agências possuem dispositivos voltados a conceituar, a definir o alcance e até a detalhar o conteúdo dos respectivos contratos de gestão – como nos casos da Lei da Aneel (Lei n. 9.427/1996, art. 7º); da Lei da Anvisa (Lei n. 9.782/1999, arts. 19 e 20); da Lei da ANS (Lei n. 9.961/2000,

---

6. É o caso da Anatel (art. 32, *caput*, da Lei n. 9.472/1997), da Anvisa (art. 16 da Lei n. 9.782/1999), da ANS (art. 11 da Lei n. 9.961/2000), da ANA (art. 13 da Lei n. 9.984/2000), da Adene (art. 17 da Medida Provisória n. 2.156-5/2001), da ADA (art. 17 da Medida Provisória n. 2.157-5/2001) e da Ancine (art. 10 da Medida Provisória n. 2.228-1/2001).

arts. 14 e 15); da Medida Provisória da Adene (Medida Provisória n. 2.156-5/2001, arts. 19 e 20); e da Medida Provisória da ADA (Medida Provisória n. 2.157-5/2001). Quanto às demais agências federais, o contrato de gestão sequer é referido em suas leis específicas.

O art. 20 da Lei da Anvisa – Lei n. 9.782/1999 – determina: "O descumprimento injustificado do contrato de gestão implicará a exoneração do Diretor-Presidente, pelo Presidente da República, mediante solicitação do Ministro de Estado da Saúde".[7]

No mesmo sentido, dispõe o art. 15 da Lei da ANS – Lei n. 9.961/2000: "O descumprimento injustificado do contrato de gestão implicará a dispensa do Diretor-Presidente, pelo Presidente da República, mediante solicitação do Ministro de Estado da Saúde".[8]

Igualmente, o art. 20 da Medida Provisória da Adene – Medida Provisória n. 2.156-5/2001 – e, também, o mesmo artigo da Medida Provisória n. 2.157-5/2001, que criou a ADA, determinam: "O descumprimento injustificado do contrato de gestão poderá implicar a exoneração do Diretor-Geral, pelo Presidente da República, mediante solicitação do Ministro de Estado da Integração Nacional".

É fundamental, entretanto, encarecer que só cabe a tais contratos estabelecer metas e parâmetros de gerenciamento das agências reguladoras.

Assim, os contratos de gestão – obviamente – têm caráter infralegal, de modo que, em hipótese alguma, podem fixar, sob pena de nulidade, exigências contrárias aos princípios e às normas do Direito Administrativo nem, tampouco, determinar objetivos a serem perseguidos pelas agências que não se harmonizem com as diretrizes programáticas previstas no ordenamento jurídico pátrio e, principalmente, na Constituição Federal.

5.2.4 Quóruns

A Lei n. 9.427/1996 (Aneel) e a Lei n. 9.478/1997 (ANP) não mencionam os quóruns de instalação e de deliberação das respectivas

---

7. Tal conseqüência vem prevista, ainda, no art. 12 da Lei da Anvisa (Lei n. 9.782/1999).
8. É o que dispõe, também, o art. 8º, IV, da Lei da ANS (Lei n. 9.961/2000).

Diretorias, deixando a matéria para os regimentos internos das entidades.

A Lei da Anatel, Lei n. 9.472/1997, determina, em seu art. 20, *caput*, que os cinco membros do Conselho Diretor decidirão, por maioria absoluta. Assim, apesar do silêncio legislativo, o quórum de instalação dos trabalhos é de três conselheiros. É o mesmo caso da ANTT (arts. 53, *caput*, e 67, *caput*, da Lei n. 10.233) e da ANS (arts. 6º, *caput*, e 10, § 1º, da Lei n. 9.961/2000).

Na Lei da Anvisa (Lei n. 9.782/1999), o art. 10 prevê que a Diretoria Colegiada é composta por cinco membros, sendo exigida, para instalação das reuniões, a presença de, pelo menos, três Diretores, dentre eles o Diretor-Presidente, ou seu substituto legal, que deliberarão por maioria simples (art. 15, § 1º). Idênticos são os quóruns de instalação e de deliberação da Diretoria Colegiada da ANA (arts. 9º, *caput*, e 12, § 1º, da Lei n. 9.984/2000).

Quanto à Antaq, cuja Diretoria conta apenas com três membros (arts. 53, *caput*, e 67, *caput*, da Lei n. 10.233/2001), o quórum mínimo para instalação de reuniões e para deliberações é de dois Diretores, entre eles o Diretor-Geral.

Nos casos da Adene, da ADA e da Ancine, como suas Diretorias Colegiadas são compostas por quatro membros, sendo exigidas, para início dos trabalhos, as presenças de, pelo menos, três deles, entre os quais devem estar os Diretores-Gerais, as deliberações dependem de, no mínimo, dois votos coincidentes (maioria simples) e, havendo empate, consideram-se de qualidade os votos dos Diretores-Gerais (arts. 12, *caput*, 16, § 1º, e 17, VII, da Medida Provisória n. 2.156-5/2001; arts. 12, *caput*, 16, § 1º, e 17, V, da Medida Provisória n. 2.157-5/2001; e arts. 8º, *caput*, 9º, parágrafo único, e 10, IV, da Medida Provisória n. 2.228-1/2001, respectivamente).

5.3 Composição da diretoria

No âmbito federal, os órgãos colegiados que dirigem as agências reguladoras, como visto, são compostos por três membros (Antaq), quatro (Adene, ADA e Ancine) ou cinco (Aneel, Anatel, ANP, ANS, ANA, Anvisa e ANTT), investidos por meio de ato complexo, que envolve as manifestações de vontade do Presidente da República e do Senado Federal.

A seguir, serão analisados, em tópicos próprios, o modo pelo qual se dá a investidura dos dirigentes e, também, quais os requisitos subjetivos e os impedimentos para a nomeação.

5.3.1 Forma de investidura

A Lei n. 9.986/2000 estabelece procedimento padronizado e obrigatório para a investidura dos dirigentes das agências reguladoras, in verbis: "O Presidente ou o Diretor-Geral ou o Diretor-Presidente e os demais membros do Conselho Diretor ou da Diretoria serão brasileiros, de reputação ilibada, formação universitária e elevado conceito no campo de especialidade dos cargos para os quais serão nomeados, devendo ser escolhidos pelo Presidente da República e por ele nomeados, após aprovação pelo Senado Federal, nos termos da alínea f do inciso III do art. 52 da Constituição Federal" (art. 5º, caput).

Essa forma de investidura também está expressamente prevista nos diplomas normativos criadores das agências: art. 5º da Lei da Aneel (Lei n. 9.427/1996);[9] art. 23 da Lei da Anatel (Lei n. 9.472/1997); art. 11, § 2º, da Lei da ANP (Lei n. 9.478/1997); art. 10, parágrafo único, da Lei da Anvisa (Lei n. 9.782/1999); art. 6º, parágrafo único, da Lei da ANS (Lei n. 9.961/2000); art. 9º da Lei da ANA (Lei n. 9.984/2000); art. 53, § 1º, da Lei da ANTT e da Antaq (Lei n. 10.233/2001); art. 13, § 1º, da Medida Provisória da Adene (Medida Provisória n. 2.156-5/2001); art. 13, § 1º, da Medida Provisória da ADA (Medida Provisória n. 2.157-5/2001); e art. 8º, § 1º, da Medida Provisória da Ancine (Medida Provisória n. 2.228-1/2001).

---

9. Art. 29 da Lei n. 9.427/1996: "Na primeira gestão da autarquia, visando implementar a transição para o sistema de mandatos não coincidentes, o Diretor-Geral e 2 (dois) Diretores serão nomeados pelo Presidente da República, por indicação do Ministério de Minas e Energia, e 2 (dois) Diretores nomeados na forma do disposto no parágrafo único do art. 5º. § 1º. O Diretor-geral e os 2 (dois) Diretores indicados pelo Ministério de Minas e Energia serão nomeados pelo período de 3 (três) anos. § 2º. Para as nomeações de que trata o parágrafo anterior não terá aplicação o disposto nos arts. 6º e 8º desta Lei" (o art. 6º trata dos impedimentos e o art. 8º foi revogado pela Lei n. 9.986/2000). Estranhamente, a Lei n. 9.427/1996 afastou, nas nomeações para a primeira gestão da Aneel, os impedimentos previstos no art. 8º da mesma Lei.

Por falha do legislador, a Lei da ANA (Lei n. 9.984/2000) deixou de mencionar a necessidade de aprovação das nomeações, pelo Senado Federal, exigência, entretanto, que ainda assim é obrigatória por força do art. 5º, *caput*, da Lei n. 9.986/2000 e do próprio art. 52, III, *f*, da Constituição Federal.

Convém frisar que a aprovação das nomeações no Senado Federal ocorrerá, após argüição pública, em votação secreta (art. 52, III, da Constituição Federal), consistindo em verdadeiro controle prévio,[10] de natureza política, sobre a composição de cargos no Executivo Federal.

5.3.2 Requisitos e impedimentos para a investidura

A nomeação dos dirigentes das agências reguladoras deverá recair sobre brasileiros – natos ou naturalizados[11] –, de reputação ilibada, formação universitária e elevado conceito no campo de especialidade dos cargos para os quais serão nomeados (art. 5º, *caput*, da Lei n. 9.986/2000).

O preenchimento desses quatro requisitos gerais é obrigatório para a nomeação dos dirigentes de todas as agências federais, inclusive daquelas cujos diplomas normativos específicos não prevêem tais exigências.

A Medida Provisória da Adene (Medida Provisória n. 2.156-5/2001, art. 13, *caput*) e a Medida Provisória da ADA (Medida Provisória n. 2.157-5/2001, art. 13, *caput*) estabelecem ainda que pelo menos um dos membros nomeados para compor as respectivas Diretorias Colegiadas será escolhido entre servidores públicos federais. Trata-se, pois, de requisito específico aplicável somente no âmbito da Adene e da ADA.

Além dos requisitos positivos – gerais ou específicos – exigidos para a investidura nos cargos de direção das agências reguladoras, há também requisitos negativos ou impedimentos, isto é, determinadas circunstâncias descritas em lei que, ocorrendo, afastam a possibilidade da nomeação recair sobre quem nelas esteja implicado.

10. José Afonso da Silva, *Curso de Direito Constitucional Positivo*, p. 519.
11. Art. 12, § 2º, da Constituição Federal.

Nesse sentido, a Lei n. 9.427/1996, em seu art. 6º, proíbe de exercer função diretiva na Aneel quem mantiver algum dos seguintes vínculos com qualquer empresa concessionária, permissionária, autorizada, produtor independente, autoprodutor ou prestador de serviço contratado dessas empresas sob regulamentação ou fiscalização da autarquia: a) acionista ou sócio com participação individual direta superior a três décimos por cento no capital social ou superior a dois por cento no capital social de empresa controladora; b) membro do conselho de administração, fiscal ou de diretoria executiva; c) empregado, mesmo com o contrato de trabalho suspenso, inclusive das empresas controladoras ou das fundações de previdência de que sejam patrocinadoras.

Estão impedidos de exercer cargo de direção na Aneel membros do conselho ou diretoria de associação regional ou nacional, representativa de interesses dos agentes mencionados no *caput* do art. 6º, de categoria profissional de empregados desses agentes, bem como de conjunto ou classe de consumidores de energia (art. 6º, parágrafo único, da Lei n. 9.427/1996).

Igualmente, a Lei n. 10.233/2001 dispõe que não poderá exercer função diretiva na ANTT e na Antaq quem mantenha, ou tenha mantido, nos doze meses anteriores à data de início do mandato, um dos seguintes vínculos com empresa que explore qualquer das atividades reguladas pela respectiva agência: a) participação direta como acionista ou sócio; b) administrador, gerente ou membro do Conselho Fiscal; c) empregado, ainda que com contrato de trabalho suspenso, inclusive de sua instituição controladora, ou de fundação de previdência de que a empresa ou sua controladora seja patrocinadora ou custeadora.

Também não exercerá cargo de direção o membro de conselho ou diretoria de associação, regional ou nacional, representativa de interesses patronais ou trabalhistas ligados às atividades reguladas pela ANTT e pela Antaq (art. 58, parágrafo único, da Lei n. 10.233/2001).

Com igual teor, a Medida Provisória n. 2.156-5/2001, em seu art. 14, determina estar impedida de exercer cargo diretivo da Adene a pessoa que, nos doze meses anteriores à data de sua indicação, tenha mantido qualquer um dos seguintes vínculos com empresa que tenha projeto submetido à Adene ou por ela aprovado: a) participação direta como acionista ou sócio, com interesse superior a cinco por cento do capital social; b) administrador, gerente ou membro de conselho de administração ou fiscal; c) empregado, ainda que com contrato de trabalho suspenso.

Por fim, a Medida Provisória n. 2.157-5/2001 veda a nomeação, para cargo de direção da ADA, de quem, nos doze meses anteriores à data de sua indicação, tenha mantido qualquer um dos seguintes vínculos com empresa que tenha projeto a ela submetido ou por ela aprovado: a) participação direta como acionista ou sócio, com interesse superior a cinco por cento do capital social; b) administrador, gerente ou membro de conselho de administração ou fiscal; c) empregado, ainda que com contrato de trabalho suspenso (art. 14 da citada Medida Provisória).

Os referidos impedimentos revelam a preocupação do legislador em evitar que a agência seja dirigida por indivíduos ligados ao setor empresarial sujeito à regulação, situação que, certamente, comprometeria a isenção necessária à atuação em cargos de direção. A medida visa a resguardar os princípios da impessoalidade e da moralidade, valores fundamentais na gestão dos interesses públicos (art. 37, *caput*, da Constituição Federal).

Assim, parece claro que o rol de impedimentos gerais elencados na Lei n. 9.427/1996, na Lei n. 10.233/2001, na Medida Provisória n. 2.156-5/2001 e na Medida Provisória n. 2.157-5/2001 tem natureza exemplificativa, indicando algumas das hipóteses em que a nomeação feriria o interesse público, sem prejuízo de outros casos – revelados por analogia – nos quais igualmente ressalte alguma incompatibilidade ética entre o histórico profissional do indivíduo e a condição de dirigente de agência reguladora.

Pela mesma razão, impõe-se concluir que os impedimentos gerais, acima indicados, são aplicáveis aos dirigentes de quaisquer agências reguladoras, mesmo aquelas cuja legislação específica não faz alusão aos impedimentos.

Por fim, é preciso salientar que o controle sobre o preenchimento dos requisitos e sobre a ocorrência de eventuais impedimentos cabe, não só ao Presidente da República, mas também ao Senado Federal (art. 52, III, *f*, da Constituição Federal).

Ao Poder Judiciário, mediante provocação, incumbe revisar, a qualquer tempo, as referidas nomeações, analisando sua legalidade, inclusive, quanto aos requisitos e impedimentos.

5.4 Mandato do dirigente

Os dirigentes das agências reguladoras são nomeados pelo Presidente da República, mediante aprovação do Senado, para o exercício de mandatos fixos, cuja duração cabe à lei criadora da agência determinar (art. 6º, *caput*, da Lei n. 9.986/2000).

O art. 9º, *caput*, da Lei n. 9.986/2000 estabelece: "Os Conselheiros e os Diretores somente perderão o mandato em caso de renúncia, de condenação judicial transitada em julgado ou de processo administrativo disciplinar. Parágrafo único. A lei de criação da Agência poderá prever outras condições para a perda do mandato".

De fato, os arts. 6º, *caput*, e 9º, *caput*, da Lei n. 9.986/2000 enunciam as características jurídicas componentes do chamado *regime especial das agências reguladoras*, vale dizer, a fixidez de mandato e a vedação à exoneração *ad nutum*, pelo Presidente da República, de seus dirigentes: elementos normativos que conferem uma autonomia qualificada das agências em relação à Administração centralizada.

O tema envolve muitos aspectos polêmicos – como o problema da não-coincidência com o mandato do Presidente da República –, justificando análise mais detalhada.

5.4.1 Duração

Como já mencionado, a Lei n. 9.986/2000 não estabelece prazo único para o mandato dos dirigentes das agências reguladoras, transferindo para as leis criadoras de cada agência a incumbência de fixar sua duração (art. 6º, *caput*).

Normalmente, os mandatos são de quatro anos, como nos casos da Aneel (art. 5º, *caput*, da Lei n. 9.427/1996), da ANP (art. 11, § 3º, da Lei n. 9.478/1997), da ANA (art. 9º, *caput*, da Lei n. 9.984/2000), da ANTT (art. 54, *caput*, da Lei n. 10.233/2001), da Antaq (art. 54, *caput*, da Lei n. 10.233/2001) e da Ancine (art. 8º, *caput*, da Medida Provisória n. 2.228-1/2001).

Na Anvisa (art. 10, parágrafo único, da Lei n. 9.782/1999) e na ANS (art. 7º da Lei n. 9.961/2000), os mandatos são de três anos. Na Anatel (art. 24, *caput*, da Lei n. 9.472/1997, alterado pelo art. 36 da Lei n. 9.986/2000), cinco anos.

Quanto à Adene, nem a Medida Provisória n. 2.156-5/2001, nem o Decreto n. 4.126/2002, estabeleceram a duração dos mandatos. O mesmo ocorrendo com a ADA (Medida Provisória n. 2.157-5/2001 e Decreto n. 4.125/2002).[12]

Para atender à determinação de não-coincidência de mandatos (art. 7º da Lei n. 9.986/2000), em algumas agências foram previstos prazos especiais válidos somente para a primeira diretoria da entidade.

Assim, o art. 29, § 1º, da Lei da Aneel (Lei n. 9.427/1996) determinou que os mandatos do Diretor-Geral e de outros dois Diretores, na primeira gestão da autarquia, seriam de três anos.

No mesmo sentido, o art. 25 da Lei da Anatel (Lei n. 9.472/1997): "Os mandatos dos primeiros membros do Conselho Diretor serão de 3 (três), 5 (cinco), 6 (seis) e 7 (sete) anos, a serem estabelecidos no decreto de nomeação".

Semelhantes dispositivos constam da Lei da ANP (art. 75 da Lei n. 9.478/1997), da Lei da Anvisa (art. 29 da Lei n. 9.782/1999), da Lei da ANS (art. 31 da Lei n. 9.961/2000), da Lei da ANA (art. 22 da Lei n. 9.984/2000), da Lei da ANTT e da Antaq (art. 55 da Lei n. 10.233/2001) e da Medida Provisória da Ancine (art. 68 da Medida Provisória n. 2.228-1/2001).[13]

A recondução ao cargo é possível nos órgão de direção da ANP (art. 11, § 3º, da Lei n. 9.478/1997), da Anvisa (art. 11 da Lei n. 9.782/1999), da ANS (art. 7º da Lei n. 9.961/2000), da ANA (art. 9º, *caput*, da Lei n. 9.984/2000), da ANTT e da Antaq (art. 54, *caput*, da

---

12. Entendemos que, nos casos da Adene e da ADA, sendo obrigatória a existência de mandatos fixos para a direção das agências reguladoras (art. 6º, *caput*, da Lei n. 9.986/2000), o prazo do mandato dos dirigentes é de 5 anos, que é a duração máxima de mandato diretivo nas agências brasileiras.

13. Sobre tais regras especiais de transição, registre-se aqui o absurdo ocorrido ao se fixarem, em favor da primeira gestão de algumas agências, prazos superiores à duração dos mandatos definitivos. No caso da Anatel, um dos Diretores tem mandato de sete anos, quase o dobro do mandato do Presidente da República.

Lei n. 10.233/2001), sendo vedada, por falta de autorização legal, nas demais agências federais.

5.4.2 Não-coincidência com o mandato do Chefe do Executivo

O legislador, ao disciplinar a duração dos mandatos nas agências reguladoras, optou por não torná-los coincidentes com o mandato do Chefe do Executivo.

Com isso, os dirigentes indicados por um Presidente da República – e com ele alinhados politicamente – seguem ocupando, durante o mandato do Presidente seguinte, cargos da maior relevância no cenário político nacional, em desfavor da estabilidade e da unidade de ações.

Sobre o assunto, convém transcrever o entendimento de Celso Antônio Bandeira de Mello: "Questão importante é a de saber se a garantia dos mandatos por todo o prazo previsto pode ou não estender-se *além de um mesmo período governamental*. Parece-nos evidentíssimo que não. Isto seria o mesmo que engessar a liberdade administrativa do futuro Governo. Ora, é da essência da República a temporariedade dos mandatos, para que o povo, se o desejar, possa eleger novos governantes com orientações políticas e administrativas diversas do Governo precedente. Fora possível a um dado governante outorgar mandatos a pessoas de sua confiança garantindo-os por um período que ultrapasse a duração de seu próprio mandato, estaria estendendo sua influência para além da época que lhe correspondia (o primeiro mandato de alguns dirigentes da ANATEL é de sete anos) e obstando a que o novo Presidente imprimisse, com a escolha de novos dirigentes, a orientação política e administrativa que foi sufragada nas urnas. Em última instância, seria uma *fraude contra o próprio povo*" (grifos do original).[14]

E remata: "Logo, é de se concluir que a garantia dos mandatos dos dirigentes destas entidades só opera dentro do período governamental em que foram nomeados. Encerrado tal período governamental, independentemente do tempo restante para conclusão deles, o novo Governo poderá sempre expelir livremente os que os vinham exercendo".[15]

---

14. *Curso de Direito Administrativo*, p. 161.
15. Celso Antônio Bandeira de Mello, *Curso* ..., cit., p. 162.

De fato, essa ultra-atividade do poder de influência de um Presidente da República sobre a gestão seguinte não se ajusta ao princípio republicano (art. 1º, parágrafo único, da Constituição Federal) e subtrai da Chefia do Executivo parcela da competência para direção superior da Administração federal (art. 84, II, da Constituição Federal).

Portanto, impõe-se concluir: eleito novo Presidente da República, inicia-se prazo de quatro meses durante o qual os dirigentes das agências reguladoras federais podem ser exonerados imotivadamente.[16]

5.4.3 Impedimentos durante o exercício do mandato

Os cargos de direção das agências não podem ser exercidos simultaneamente com outras atividades profissionais: empresariais, sindicais ou de direção político-partidária.

Tal vedação não consta expressamente da Lei n. 9.986/2000, mas decorre da conjugação de diversos dispositivos, tais como o art. 37, XVII, da Constituição Federal, o art. 13 da Lei n. 9.782/1999, o art. 11 da Lei n. 9.984/2000 e o art. 57 da Lei n. 10.233/2001.

Nesse sentido, o art. 13 da Lei da Anvisa (Lei n. 9.782/1999) dispõe: "Aos dirigentes da Agência é vedado o exercício de qualquer outra atividade profissional, empresarial, sindical ou de direção político-partidária. § 1º. É vedado aos dirigentes, igualmente, ter interesse direto ou indireto, em empresa relacionada com a área de atuação da Vigilância Sanitária, prevista nesta Lei, conforme dispuser o regulamento. § 2º. A vedação de que trata o *caput* deste artigo não se aplica aos casos em que a atividade profissional decorra de vínculo contratual mantido com entidades públicas destinadas ao ensino e à pesquisa, inclusive com as de direito privado a elas vinculadas. § 3º. No caso de descumprimento da obrigação prevista no *caput* e no § 1º deste artigo, o infrator perderá o cargo, sem prejuízo de responder as ações cíveis e penais cabíveis".

---

16. O tema será tratado no item 5.4.4.5. Convém esclarecer, por ora, que o prazo de quatro meses decorre de analogia extraída dos prazos de exoneração *ad nutum* previstos no art. 8º, *caput*, da Lei da ANS (Lei n. 9.961/2000), no art. 10, *caput*, da Lei da ANA (Lei n. 9.984/2000) e no art. 12 da Lei da Anvisa (Lei n. 9.782/1999).

Semelhantes disposições estão contidas também na Lei da ANA (art. 11 da Lei n. 9.984/2000) e na Lei da ANTT e da Antaq (art. 57 da Lei n. 10.233/2001), sendo aplicáveis, por analogia, a todas as agências reguladoras.

Por fim, vale mencionar que a Medida Provisória que criou a Ancine (Medida Provisória n. 2.228-1/2001), além dos dirigentes, estende os referidos impedimentos também aos empregados, requisitados e ocupantes de cargos comissionados, vedando "o exercício de outra atividade profissional, inclusive gestão operacional de empresa, ou direção político-partidária, excetuados os casos admitidos em lei" (art. 71, *caput*).

Estranhamente, o parágrafo único, do mesmo dispositivo, determina: "No caso de o dirigente da ANCINE ser sócio-controlador de empresa relacionada com a indústria cinematográfica e videofonográfica, fica a mesma impedida de utilizar-se de recursos públicos ou incentivos fiscais durante o período em que o dirigente estiver no exercício de suas funções".

É que o sócio de empresa relacionada com a indústria cinematográfica ou videofonográfica – e, portanto, ligada ao setor que a agência fiscaliza – não pode, em hipótese alguma, ser nomeado dirigente da Ancine, sob pena de ofensa aos princípios da moralidade e da impessoalidade (art. 37, *caput*, da Constituição Federal), conforme analogicamente se deduz da leitura do art. 6º da Lei n. 9.427/1996, do art. 58 da Lei n. 10.233/2001, do art. 14 da Medida Provisória n. 2.156-5/2001 e do art. 14 da Medida Provisória n. 2.157-5/2001.

Assim, se a indicação do Presidente da República, inadvertidamente, recair sobre alguém nessa condição, cabe ao Senado Federal rejeitá-la previamente (art. 52, III, *f*, da Constituição Federal) e ao Poder Judiciário, mediante provocação, negar-lhe validade (art. 5º, XXXV, da Constituição Federal), sob o argumento de haver fato impeditivo da nomeação.

De todo modo, se, ainda assim, sócio de empresa relacionada com a indústria fonográfica ou videofonográfica for nomeado dirigente da Ancine, deve-se considerar aplicável a vedação do art. 71, parágrafo único, da Medida Provisória n. 2.228-1/2001, pelo que, "fica a empresa impedida de utilizar-se de recursos públicos ou incentivos fiscais durante o período em que o dirigente estiver no exercício de suas funções".

5.4.4 Extinção do mandato

O art. 9º da Lei n. 9.986/2000 prevê as modalidades mais relevantes de extinção do mandato dos dirigentes das agências, *in verbis*: "Os Conselheiros e os Diretores somente perderão o mandato em caso de renúncia, de condenação judicial transitada em julgado ou de processo administrativo disciplinar".

O *caput* do dispositivo aparentemente sugere – por força do uso do advérbio "somente" – que o rol teria natureza taxativa, impressão, entretanto, logo desfeita pelo texto do parágrafo único do mesmo dispositivo: "A lei de criação da Agência poderá prever outras condições para a perda do mandato".

Assim, além das hipóteses de renúncia, de condenação judicial transitada em julgado e de processo administrativo disciplinar, o mandato se extingue também pelo término do prazo e, dentro de certos limites, por meio de exoneração *ad nutum*, ressalvadas, ainda, outras modalidades extintivas previstas na legislação específica de cada agência.

É o caso, por exemplo, do art. 12 da Lei n. 9.782/1999, que determina que a exoneração imotivada dos diretores da Anvisa somente poderá ser promovida nos quatro meses iniciais do mandato, findos os quais é assegurado seu pleno e integral exercício, salvo nos casos de prática de ato de improbidade administrativa, de condenação penal transitada em julgado e de descumprimento injustificado do contrato de gestão da autarquia.

Sobre o assunto, a Lei n. 9.961/2000 dispõe que, após os primeiros quatro meses de exercício, os dirigentes da ANS somente perderão o mandato em virtude de: a) condenação penal transitada em julgado; b) condenação em processo administrativo, a ser instaurado pelo Ministro de Estado da Saúde, assegurados o contraditório e a ampla defesa; c) acumulação ilegal de cargos, empregos ou funções públicas; d) descumprimento injustificado de objetivos e metas acordados no contrato de gestão (art. 8º).

Instaurado processo administrativo para apuração de irregularidades, poderá o Presidente da República, por solicitação do Ministro de Estado da Saúde, no interesse da Administração, determinar o afastamento provisório do dirigente (§ 1º).

De acordo com o § 2º, do mesmo artigo, o referido afastamento não implica prorrogação ou permanência no cargo além da data inicialmente prevista para o término do mandato.

No mesmo sentido, o art. 10 da Lei n. 9.984/2000 prescreve que a exoneração imotivada de dirigentes da ANA só poderá ocorrer nos quatro meses iniciais dos respectivos mandatos.

Após esse prazo, os dirigentes da ANA somente perderão o mandato em decorrência de renúncia, de condenação judicial transitada em julgado, ou de decisão definitiva em processo administrativo disciplinar (§ 1º).

Sem prejuízo do que prevêem as legislações penal e relativa à punição de atos de improbidade administrativa no serviço público, será causa da perda do mandato a inobservância, por qualquer um dos dirigentes da ANA, dos deveres e proibições inerentes ao cargo que ocupa (§ 2º), cabendo, neste último caso, ao Ministro de Estado do Meio Ambiente instaurar o processo administrativo disciplinar, que será conduzido por comissão especial, competindo ao Presidente da República determinar o afastamento preventivo, quando for o caso, e proferir o julgamento (§ 3º).

Por fim, o art. 56 da Lei n. 10.233/2001 estabelece que os membros das Diretorias da ANTT e da Antaq perderão o mandato em virtude de renúncia, condenação judicial transitada em julgado, processo administrativo disciplinar, ou descumprimento manifesto de suas atribuições, cabendo ao Ministro de Estado dos Transportes instaurar o processo administrativo disciplinar, competindo ao Presidente da República determinar o afastamento preventivo, quando for o caso, e proferir o julgamento (parágrafo único).

Dito isso, convém analisar, isoladamente, as referidas modalidades de extinção de mandato.

5.4.4.1 Término do prazo

A forma natural de extinção do mandato é o esgotamento do prazo de duração fixado no diploma normativo da agência: cinco anos no caso Anatel (art. 24, *caput*, da Lei n. 9.472/1997, alterado pelo art. 36 da Lei n. 9.986/2000); quatro anos na Aneel (art. 5º, *caput*, da Lei n. 9.427/1996), na ANP (art. 11, § 3º, da Lei n. 9.478/1997), na ANA (art. 9º, *caput*, da Lei n. 9.984/2000), na ANTT (art. 54, *caput*, da Lei n. 10.233/2001), na Antaq (art. 54, *caput*, da Lei n. 10.233/2001) e na Ancine (art. 8º, *caput*, da Medida Provisória n. 2.228-1/2001); e três anos na Anvisa (art. 10, parágrafo único, da Lei n. 9.782/1999) e na ANS (art. 7º da Lei n. 9.961/2000).[17]

5.4.4.2 Renúncia

A renúncia ou exoneração a pedido ocorre quando o próprio ocupante do cargo abre mão dessa condição, hipótese em que, indubitavelmente, o mandato se extingue.

Além do art. 9º da Lei n. 9.986/2000, tal modalidade de extinção está prevista também no art. 10, § 1º, da Lei n. 9.984/2000 e no art. 56, *caput*, da Lei n. 10.233/2001.

5.4.4.3 Condenação judicial transitada em julgado

A terceira forma de extinção do mandato é em decorrência de condenação judicial transitada em julgado.

Apesar de o art. 12 da Lei n. 9.782/1999 e de o art. 8º, I, da Lei n. 9.961/2000 referirem-se a "condenação penal transitada em julgado" (art. 92, I, do Código Penal), a perda do mandato pode também estar prevista em lei como efeito de condenação não-penal[18] (por exemplo, art. 12, I, da Lei n. 8.429/1992).

Nesse sentido, e com acerto, o art. 9º, *caput*, da Lei n. 9.986/2000 fala em "condenação judicial transitada em julgado", não restringindo a hipótese às ações de natureza criminal. Com o mesmo teor, dispõem o art. 10, § 1º, da Lei n. 9.984/2000 e o art. 56, *caput*, da Lei n. 10.233/2001.

5.4.4.4 Processo disciplinar

O mandato do dirigente de agência reguladora pode ser extinto, ainda, por meio de processo administrativo disciplinar, conforme pre-

---

17. Sobre a possibilidade de recondução, ver item 5.4.1.
18. Celso Antônio Bandeira de Mello, *Curso* ..., cit., p. 161, nota 17.

visto no art. 8º, II, da Lei n. 9.961/2000, no art. 10, § 1º, da Lei n. 9.984/2000, no art. 9º, *caput*, da Lei n. 9.986/2000 e no art. 56, *caput*, da Lei n. 10.233/2001.

Em termos gerais, a instauração de processo disciplinar tem como motivo o cometimento de infração funcional, ou seja, a inobservância dos deveres e proibições inerentes ao cargo (art. 10, § 2º, da Lei n. 9.984/2000) ou, em outras palavras, o descumprimento manifesto de suas atribuições (art. 56, *caput*, da Lei n. 10.233/2001), como, por exemplo: desatendimento injustificado de objetivos e metas acordados no contrato de gestão (arts. 12 da Lei n. 9.782/1999; 8º, IV, e 15 da Lei n. 9.961/2000; 20, da Medida Provisória n. 2.156-5/2001 e 20, da Medida Provisória n. 2.157-5/2001); exercício de qualquer outra atividade profissional, empresarial, sindical ou de direção político-partidária (art. 13, *caput* e § 3º, da Lei n. 9.782/1999); ter interesse empresarial direto ou indireto na área de atuação da agência (art. 13, §§ 1º e 3º, da Lei n. 9.782/1999); e acumulação ilegal de cargos, empregos ou funções públicas (art. 8º, III, da Lei n. 9.961/2000).

O processo disciplinar deverá ser instaurado pelo Ministro supervisor, cabendo ao Presidente da República determinar, se for o caso, o afastamento provisório do dirigente e proferir o julgamento, assegurados o contraditório e a ampla defesa (art. 8º, II, §§ 1º e 2º, da Lei n. 9.961/2000; art. 10, § 3º, da Lei n. 9.984/2000 e art. 56, parágrafo único, da Lei n. 10.233/2001).

5.4.4.5 Exoneração imotivada

As Leis da Anvisa (art. 12 da Lei n. 9.782/1999), da ANS (art. 9º, *caput*, da Lei n. 9.961/2000) e da ANA (art. 10, *caput*, da Lei n. 9.984/2000) preveem expressamente a possibilidade de exoneração *ad nutum*, pelo Presidente da República, dos dirigentes das respectivas agências, durante os quatro primeiros meses de seus mandatos.

Nos diplomas normativos criadores das demais agências, bem como na Lei n. 9.986/2000, não há dispositivos autorizadores dessa forma de perda do mandato.

Entretanto, conforme dito no item 5.4.2, deve-se admitir – além daquela hipótese válida exclusivamente nos âmbitos da Anvisa, da ANS e da ANA – também a possibilidade de exoneração imotivada dos dirigentes das agências reguladoras sempre que tomar posse novo Presidente da República, como desdobramento lógico do princípio republicano (art. 1º, parágrafo único, da Constituição Federal) e da norma prevista no art. 84, II, da Constituição Federal.

Do ponto de vista do ordenamento jurídico brasileiro, não há sentido em exigir que o Presidente da República seja obrigado a manter – ao menos que assim o deseje –, em cargos da maior relevância para a condução da política nacional, dirigentes nomeados pelo governo anterior.[19]

Claro que a exoneração imotivada não pode, sob pena de eliminar a autonomia qualificada das agências, ocorrer a qualquer tempo.

Desse modo, por analogia ao art. 12 da Lei n. 9.782/1999, ao art. 9º, *caput*, da Lei n. 9.961/2000 e ao art. 10, *caput*, da Lei n. 9.984/ 2000, entendemos que essa prerrogativa somente poderá ser exercida durante os quatro primeiros meses de mandato do Presidente da República.

5.4.4.6 Outras formas

O art. 9º, parágrafo único, da Lei n. 9.986/2000 estabelece que, além dessas cinco, os diplomas normativos criadores das agências podem prever outras condições para perda do mandato.

5.5 Vinculação temporária do ex-dirigente à agência

O art. 8º da Lei n. 9.886/2000 determina que o ex-dirigente fica vinculado à agência por quatro meses após a extinção do mandato,[20] fazendo jus a remuneração compensatória equivalente à do cargo de direção e estando, nesse período, impedido – sob pena de incorrer no crime de advocacia administrativa (art. 321 do Código Penal) – de exercer atividades ou de prestar qualquer serviço no setor regulado pela agência (*caput*, § 2º e § 4º).

O § 3º, do mesmo dispositivo, prescreve: "aplica-se o disposto neste artigo ao ex-dirigente exonerado a pedido, se este já tiver cumprido pelo menos 6 (seis) meses do seu mandato".

---

19. Sobre o assunto, ver também item 5.4.2.
20. Tal período tem sido chamado por alguns autores de "quarentena".

No caso da Aneel, a vinculação do ex-dirigente é de doze meses, prazo durante o qual continuará prestando serviços à agência ou a qualquer outro órgão da Administração Pública direta da União, em área atinente à sua qualificação profissional, garantida equivalente remuneração (art. 9º, *caput* e § 1º, da Lei n. 9.427/1996).

Na Anatel (art. 30 da Lei n. 9.472/1997), na ANP (art. 14, *caput*, da Lei n. 9.478/1997), na Anvisa (art. 14 da Lei n. 9.782/1999), na ANS (art. 9º da Lei n. 9.961/2000), na ANTT (art. 59 da Lei n. 10.233/2001) e na Antaq (art. 59 da Lei n. 10.233/2001), a vinculação também dura doze meses.

Nas demais agências – ANA, Adene, ADA e Ancine –, aplica-se o prazo geral de quatro meses, previsto na Lei n. 9.986/2000.

Por fim, vale mencionar que, a qualquer tempo, é vedado ao ex-dirigente da agência, sob pena de improbidade administrativa, utilizar informações privilegiadas obtidas em decorrência do cargo exercido (art. 30, parágrafo único, da Lei n. 9.472/1997; art. 14, parágrafo único, da Lei n. 9.782/1999 e art. 59, parágrafo único, da Lei n. 10.233/2001).

5.6 Órgãos afins

Além das Diretorias Colegiadas, os diplomas normativos criadores das agências reguladoras prevêem a existência de outros órgãos incumbidos de tarefas específicas relacionadas com a administração das entidades.

São eles: o Conselho Consultivo, as Ouvidorias, as Procuradorias, as Corregedorias e as Auditorias.

5.6.1 Conselho Consultivo

A Lei n. 9.472/1997 cria, na estrutura da Anatel, um Conselho Consultivo, "órgão de participação institucionalizada da sociedade na Agência" (art. 33).[21]

---

21. O art. 9º, parágrafo único, e o art. 16, VI, da Lei da Anvisa (Lei n. 9.782/1999) também mencionam a existência de um Conselho Consultivo na agência, composto por representantes da União, dos Estados, do Distrito Federal, dos Municípios, dos produtores, dos comerciantes, da comunidade científica e dos usuá-

O Conselho é integrado por representantes indicados pelo Senado Federal, pela Câmara dos Deputados, pelo Poder Executivo, pelas entidades de classe das prestadoras de serviços de telecomunicações e por entidades representativas da sociedade (art. 34, *caput*).

O Presidente do Conselho é eleito para exercer mandato de um ano (art. 34, parágrafo único) e os demais membros têm mandatos de três anos, vedada a recondução (art. 36, *caput*).

O Conselho será renovado anualmente em um terço (art. 36, § 2º) e seu funcionamento está disciplinado no regulamento da Anatel (art. 37).

As atribuições do Conselho vêm elencadas no art. 35: I – opinar, antes de seu encaminhamento ao Ministério das Comunicações, sobre o plano geral de outorgas, o plano geral de metas para universalização de serviços prestados no regime público e demais políticas governamentais de telecomunicações; II – aconselhar quanto à instituição ou eliminação da prestação de serviço no regime público; III – apreciar relatórios anuais do Conselho Diretor; e IV – requerer informações e fazer proposição a respeito das atribuições do Conselho Diretor.

Como suas deliberações não são dotadas de força vinculante – consistindo em meras opiniões, aconselhamentos, sugestões –, o Conselho Consultivo não representa, de fato, mecanismo de participação da sociedade no processo decisório da Anatel.[22]

5.6.2 Ouvidoria

A Ouvidoria é o órgão encarregado de produzir apreciações críticas sobre a atuação da agência, receber e responder pedidos de informações, esclarecimentos e reclamações, tendo acesso a todos os assuntos e devendo atuar com autonomia e independência (art. 45 da Lei n. 9.472/1997; art. 9º, *caput*, da Lei n. 9.782/1999; art. 5º, *caput*, da Lei n. 9.961/2000; art. 11, parágrafo único, da Lei n. 9.986/2000;

---

rios (art. 9º, parágrafo único). Com funções semelhantes às de um Conselho Consultivo, a Lei da ANS (Lei n. 9.961/2000) cria, na estrutura da entidade, a Câmara de Saúde Suplementar (art. 13).

22. Nesse ponto, o legislador deixou passar excelente oportunidade para conferir um caráter mais democrático à gestão das agências, ampliando as atribuições do Conselho Consultivo e dando às suas deliberações força vinculante.

art. 63 da Lei n. 10.233/2001 e art. 8º, § 4º, da Medida Provisória n. 2.228-1/2001).

O Ouvidor é nomeado pelo Presidente da República (art. 45, *caput*, da Lei n. 9.472/1997 e art. 63, *caput*, da Lei n. 10.233/2001).

5.6.3 Procuradoria

À Procuradoria ou Procuradoria-Geral cabe representar judicialmente a agência e os ocupantes de cargos de direção, além de apurar e cobrar a dívida ativa da entidade, sujeitando-se à orientação normativa e à supervisão técnica da Advocacia-Geral da União (arts. 17 e 18 da Lei Complementar n. 73/1993; art. 8º da Lei n. 9.472/1997; art. 9º, *caput*, da Lei n. 9.782/1999; art. 28 da Lei n. 9.872/1999; art. 5º, *caput*, da Lei n. 9.961/2000; arts. 14 e 24 da Lei n. 9.984/2000; arts. 52 e 62 da Lei n. 10.233/2001; art. 12, § 2º, da Medida Provisória n. 2.156-5/2001; art. 12, § 2º, da Medida Provisória n. 2.156-5/2001 e art. 8º, § 4º, da Medida Provisória n. 2.228-1/2001).

5.6.4 Corregedoria

A Corregedoria tem a incumbência de fiscalizar as atividades funcionais e acompanhar permanentemente o desempenho dos servidores da agência, avaliando sua eficiência e o cumprimento dos deveres funcionais, bem como, instaurando e acompanhando processos administrativos e disciplinares (art. 46 da Lei n. 9.472/1997; art. 9º, *caput*, da Lei n. 9.782/1999; art. 5º, *caput*, da Lei n. 9.961/2000 e art. 64 da Lei n. 10.233/2001).

Os Corregedores são nomeados pelo Presidente da República (art. 64, parágrafo único, da Lei n. 10.233/2001).

5.6.5 Auditoria

A existência de uma Auditoria ou Auditoria-Geral está prevista nas estruturas da Adene (art. 12, § 2º, da Medida Provisória n. 2.156-5/2001), da ADA (art. 12, § 2º, da Medida Provisória n. 2.157-5/2001) e da Ancine (art. 8º, § 4º, da Medida Provisória n. 2.228-1/2001), não havendo, no entanto, detalhamentos sobre a composição e as atribuições do órgão.

Capítulo 6
DEVER NORMATIVO
DAS AGÊNCIAS REGULADORAS

6.1 Considerações gerais. 6.2 Dever normativo ou poder normativo? 6.3 Dever normativo e norma jurídica. 6.4 Natureza administrativa das normas expedidas pelas agências reguladoras. 6.5 Classificação formal das normas jurídico-administrativas: 6.5.1 Normas jurídico-administrativas gerais e abstratas (regulamentos): 6.5.1.1 Privatividade da competência regulamentar; 6.5.2 Normas jurídico-administrativas gerais e concretas; 6.5.3 Normas jurídico-administrativas plurais e abstratas; 6.5.4 Normas jurídico-administrativas plurais e concretas; 6.5.5 Normas jurídico-administrativas individuais e abstratas; 6.5.6 Normas jurídico-administrativas individuais e concretas; 6.5.7 Conclusões sobre a estrutura formal das normas administrativas editadas pelas agências reguladoras. 6.6 Extensão da competência normativa das agências reguladoras: 6.6.1 Extensão territorial; 6.6.2 Extensão temporal; 6.6.3 Extensão pessoal; 6.6.4 Extensão material: 6.6.5 Supremacia geral e supremacia especial. 6.7 Publicidade dos atos normativos. 6.8 Controle sobre o dever normativo das agências reguladoras.

6.1 Considerações gerais

As agências reguladoras são legalmente dotadas de competência para edição de normas sobre as matérias de sua alçada.

É o que a doutrina tem denominado – aliás, equivocadamente[1] – de "poder normativo das agências". Nesse sentido, a Lei da Anatel, por exemplo, determina que "compete ao Conselho Diretor editar nor-

---
1. Ver item 6.2.

mas sobre matérias de competência da Agência" (art. 22, IV, da Lei n. 9.472/1997).² Semelhantes dispositivos constam também da Lei da Aneel (arts. 3º, I, e 21, § 1º, da Lei n. 9.427/1996), da Lei da Anvisa (arts. 6º, III e IV, e 8º, caput, da Lei n. 9.782/1999), da Lei da ANS (art. 4º, VI, VII, XI, XII, XVI e XVIII, da Lei n. 9.961/2000), da Lei da ANA (arts. 3º, II, e 12, II, da Lei n. 9.984/2000), da Lei da ANTT e da Antaq (arts. 24, IV e XIV, e 27, IV, XIV e XIX, da Lei n. 10.233/2001) e da Medida Provisória da Ancine (arts. 9º, II, e 25 da Medida Provisória n. 2.228-1/2001).

Entretanto, a legislação das agências não define a natureza nem estabelece o alcance dessa competência normativa, o que contribui para fomentar as divergências doutrinárias sobre os vários aspectos do tema.

O objetivo do presente Capítulo é analisar o controvertido assunto à luz do Direito pátrio, com vistas a fixar a extensão e os limites ao exercício do dever normativo das agências reguladoras.

6.2 Dever normativo ou poder normativo?

A Administração Pública, como já visto, desenvolve atividades funcionais, ou seja, atua na defesa de interesses que não são seus – mas da coletividade – perseguindo, mediante a utilização de prerrogativas instrumentais, finalidades preestabelecidas em lei.

Por isso, de acordo com Celso Antônio Bandeira de Mello: "Tendo em vista este caráter de assujeitamento do poder a uma finalidade instituída no interesse de todos – e não da pessoa exercente do poder –, as prerrogativas da Administração não devem ser vistas ou denominadas como 'poderes' ou como 'poderes-deveres'. Antes se qualificam e melhor se designam como 'deveres-poderes', pois nisto se ressalta sua índole própria e se atrai atenção para o aspecto subordinado do poder em relação ao dever, sobressaindo, então, o aspecto finalístico que as informa, do que decorrerão suas inerentes limitações".[3]

---

2. Na Lei n. 9.472/1997, o poder normativo tem previsão também no art. 19, incs. IV, X, XII e XIV.
3. Curso de Direito Administrativo, pp. 62-63.

Desse modo, a expressão "poder normativo" – utilizada freqüentemente pela doutrina nacional[4] – não é a mais apropriada para designar a competência dada às agências reguladoras para edição de normas jurídicas relacionadas com os respectivos setores de atuação.

Na esteira da lição do citado Mestre, preferimos a fala "dever normativo" que, longe de ser opção meramente terminológica, revela a preocupação de enfatizar a natureza instrumental da sobredita atribuição.

6.3 Dever normativo e norma jurídica

A legislação atribui às agências reguladoras competência para "editar normas" sobre determinados assuntos. Entretanto, repita-se, o legislador não definiu qual a natureza e a extensão desse dever normativo, cabendo à doutrina fazê-lo.

Dado que a competência normativa consiste na aptidão para emanar normas jurídicas, deve-se adotar como ponto de partida a própria noção de norma jurídica.

Segundo Norberto Bobbio, considera-se norma jurídica o comando de conduta cuja execução é garantida por uma sanção externa e institucionalizada.[5]

Assim, em termos gerais, o dever normativo é aquele voltado à edição de proposições prescritivas cuja violação causa uma resposta proveniente do grupo social (sanção externa) e que, além disso, são aplicadas por órgãos estatais especializados, de acordo com regras preestabelecidas (sanção institucionalizada).[6]

Entretanto, o referido conceito de *norma jurídica* abrange um universo vastíssimo de regras alocadas nos diferentes patamares hierárquicos do ordenamento. Desde aquelas previstas na Constituição

---

4. A expressão "poder normativo" é empregada, *e.g.*, por: Maria Sylvia Zanella Di Pietro, *Direito Administrativo*; Alexandre Santos de Aragão, *Agências Reguladoras e a Evolução do Direito Administrativo Econômico*; Edmir Netto de Araújo, "A aparente autonomia das agências reguladoras", in Alexandre de Moraes (org.), *Agências Reguladoras*; Leila Cuéllar, *As Agências Reguladoras e seu Poder Normativo*; e Marília de Ávila e Silva Sampaio, "O poder normativo das agências reguladoras", in *RDA* 227.
5. *Teoria do Ordenamento Jurídico*, p. 27.
6. Norberto Bobbio, *Teoria da Norma Jurídica*, cit., pp. 159-162.

Federal, passando pelas de origem legislativa, e até mesmo as normas infralegais, como os atos administrativos, as sentenças judiciais e os atos e contratos de natureza privada.

Evidentemente, o dever normativo atribuído às agências reguladoras não inclui a competência para edição de todas essas espécies de normas jurídicas.

Desse modo, é mister realizar um processo de sucessivos cortes no vasto campo semântico da expressão "norma jurídica", a fim de precisar a classe e a natureza – segundo seu patamar hierárquico – das regras que podem emanar de tais entidades.

Em primeiro lugar, as agências reguladoras, obviamente, não podem editar normas de estatura constitucional.

Não se pode admitir também que o dever normativo das agências envolva a criação de disposições de natureza legislativa, isto é, de normas que inovem originariamente na ordem jurídica.

É que, no Brasil, a delegação do exercício de função legislativa ao Poder Executivo só pode ser realizada pelo Congresso Nacional em favor do Presidente da República, por meio de resolução, consoante previsto no art. 68 da Constituição Federal.

O Professor Marçal Justen Filho apresenta os seguintes argumentos contrários à tese da competência normativa das agências como função legislativa delegada: "em primeiro lugar, a regra [*o autor se refere ao art. 68 da Constituição Federal*] alude à delegação ao Presidente da República, sendo inviável admitir a possibilidade de eleger-se como destinatário da delegação um outro órgão estatal. Depois, a delegação faz-se caso a caso, a propósito de questões específicas e determinadas. Ademais disso, não há cabimento de o art. 68 albergar a transferência para outro órgão de um poder legiferante permanente e estável. A delegação legislativa versa sobre o poder de elaborar um conjunto de normas sobre determinado tema. Não pode resultar da transferência da competência legislativa propriamente dita. Anote-se que a própria Constituição, no art. 25 do Ato das Disposições Constitucionais Transitórias, determinou a invalidação de atos de delegação de competência (especialmente legiferante) eventualmente produzidos sob a vigência da Carta anterior".[7]

---

7. *O Direito das Agências Reguladoras Independentes*, p. 512.

E conclui: "enfim, seria inconstitucional constituir uma agência e delegar a ela, de modo permanente e definitivo, o poder para editar normas legais sobre certos assuntos. Não poderia reputar-se como constitucional uma lei estabelecer que uma agência reguladora seria dotada dos poderes para disciplinar um certo setor de atividades, editando todas as normas necessárias para tanto".[8]

Portanto, o dever normativo em questão tem caráter infralegal, mesmo porque a própria legislação criadora das agências reguladoras determina expressamente a subordinação de tais entidades ao princípio da legalidade (art. 38 da Lei n. 9.472/1997; art. 17 da Lei n. 9.478/1997 e art. 66 da Lei n. 10.233/2001), cujo conteúdo enuncia a superioridade da lei em relação aos atos praticados pela Administração Pública.

Impõe-se afastar, ainda, a possibilidade de, com base na competência normativa, as agências reguladoras emitirem prescrições de natureza jurisdicional – caracterizadas pela aptidão jurídica de resolver, com força de coisa julgada, conflitos de interesse –, já que tal função cabe, nos Estados onde vigora a unidade de jurisdição, exclusivamente ao Poder Judiciário.[9]

Por fim, resta afirmar que o dever normativo das agências não envolve a expedição de atos regidos pelo Direito Privado,[10] uma vez que tais entidades, sendo expressão da vontade da Administração Pública, atuam, única e exclusivamente, na defesa dos interesses públicos.

Dito isso, pode-se concluir que o legislador, ao atribuir às agências reguladoras competência para editar normas sobre matérias de sua alçada, não conferiu a tais entidades aptidão jurídica para emanar normas de natureza constitucional, legislativa, jurisdicional ou privada.

6.4 Natureza administrativa das normas expedidas pelas agências reguladoras

Como desdobramento do que foi dito no item anterior, é possível constatar que as normas editadas pelas agências reguladoras para disciplinar matérias de sua competência têm natureza administrativa, ou

---

8. Marçal Justen Filho, ob. cit., p. 512.
9. Sobre a indelegabilidade da função jurisdicional, ver Agustín Gordillo, *Tratado de Derecho Administrativo*, t. 1, Capítulo IX, pp. 16-19.
10. Ver item 4.2.1.1.

seja, possuem caráter infralegal – não podendo criar inovações originárias na ordem jurídica – e sujeitam-se aos princípios e regras do Direito Administrativo.

Sendo assim, se alguma dessas normas descumprir exigência fixada no regime-jurídico administrativo, estará eivada de vício, podendo ser invalidada pela própria agência (autotutela) ou, mediante provocação, pelo Poder Judiciário.

6.5 Classificação formal das normas jurídico-administrativas

Estabelecido o caráter administrativo das normas editadas pelas agências reguladoras, cumpre analisar – como passo seguinte na investigação – qual a compostura lógica das referidas normas.

Entre as diversas classificações apresentadas pela doutrina,[11] as normas administrativas, assim como as normas jurídicas em geral, podem ser divididas, do ponto de vista formal, em: abstratas ou concretas; gerais, plurais ou individuais.

Normas abstratas são aquelas universais quanto à ação, isto é, que descrevem situação reproduzível – chamada "ação-tipo" –, aplicando-se a um número indeterminado e indeterminável de casos.[12]

Em oposição à classe das abstratas existem as normas concretas, que se aplicam "a um determinado caso ou a uma série de casos deter-

---

11. Norberto Bobbio: "são possíveis muitas distinções entre as normas jurídicas. Todos os tratados de filosofia do direito e de teoria geral do direito examinam um certo número delas. Aqui, porém, começemos por fazer uma primeira distinção sobre os próprios critérios de distinção. Há distinções que se referem ao conteúdo das normas: por exemplo, aquela entre normas materiais e normas processuais, ou entre normas de comportamento e normas de organização. Outras distinções ao modo em que as normas são estabelecidas, como aquela entre as normas consuetudinárias e as legislativas. Outras ainda, se referem aos destinatários, como aquela entre as normas primárias e as secundárias. Outras se referem à natureza e à estrutura da sociedade regulada, como, por exemplo, a distinção entre normas de direito estatal, canônico, internacional, familiar, etc. Neste domínio, o de uma teoria geral do direito nos interessa, e logo nos importa, examinar apenas um critério, o formal. Chamo de critério formal, para distinguir dos vários critérios materiais, o que se relaciona exclusivamente à estrutura lógica das proposições prescritivas" (*Teoria da Norma* ..., cit., pp. 177-178).
12. Norberto Bobbio, *Teoria da Norma* ..., cit., pp. 180-181; Celso Antônio Bandeira de Mello, *O Conteúdo Jurídico do Princípio da Igualdade*, p. 26; Jorge Manuel Coutinho de Abreu, *Sobre os Regulamentos Administrativos e o Princípio da Legalidade*, p. 24.

minados, quer dizer, a um ou mais casos delimitados espaço-temporalmente na sua individualidade através de caracteres de facto ou de facto e de direito".[13]

De acordo com Norberto Bobbio, normas concretas são as que regulam uma ação singular.[14]

Além da distinção referida, há uma segunda classificação, que divide as normas em três categorias: *normas gerais, normas plurais* e *normas individuais*.[15]

Gerais são as normas universais em relação aos destinatários, caracterizadas pela impessoalidade, vinculando um número indeterminado e indeterminável de pessoas.[16]

Consideram-se *normas plurais* aquelas aplicáveis a mais de um indivíduo, atingindo grupo identificado e numericamente delimitado de sujeitos.[17]

Por fim, são chamadas de *individuais* as normas que se voltam para uma única pessoa, particularizadamente.[18]

Assim, combinando as duas classificações é possível constatar a existência de seis espécies de normas jurídico-administrativas: gerais e abstratas; gerais e concretas; plurais e abstratas; plurais e concretas; individuais e abstratas; individuais e concretas.

Para melhor compreensão do tema, convém analisar individualmente as ditas espécies.

6.5.1 Normas jurídico-administrativas gerais e abstratas (regulamentos)

As normas jurídico-administrativas gerais e abstratas, no Brasil, são tradicionalmente batizadas "regulamentos", e têm como veículos introdutores os decretos.

---

13. Jorge Manuel Coutinho de Abreu, *Sobre os Regulamentos ...*, cit., p. 25.
14. *Teoria da Norma ...*, cit., p. 181.
15. Normalmente, a doutrina não distingue as normas gerais das normas plurais, também chamadas de normas coletivas. Entretanto, as duas categorias são inconfundíveis e a distinção reveste-se de destacada importância prática, como se verá adiante.
16. Jorge Manuel Coutinho de Abreu, *Sobre os Regulamentos ...*, cit., p. 23; Noberto Bobbio, *Teoria da Norma ...*, cit., p. 180.
17. Jorge Manuel Coutinho de Abreu, *Sobre os Regulamentos ...*, cit., pp. 23-24.
18. Celso Antônio Bandeira de Mello, *O Conteúdo ...*, cit., p. 26.

Faltando à norma administrativa um dos atributos – a generalidade ou a abstração –, não estaremos diante de regulamento, mas de ato administrativo em sentido estrito, incidindo o regime jurídico específico deste tipo de manifestação do Poder Público.[19-20-21]

De acordo com Celso Antônio Bandeira de Mello, a finalidade do regulamento é *"produzir as disposições operacionais uniformizadoras necessárias à **execução de lei** cuja aplicação demande atuação da Administração Pública*. É que os dispositivos constitucionais caracterizadores do *princípio da legalidade no Brasil* impõem ao regulamento o caráter que se lhe assinalou, qual seja, o de ato *estritamente subordinado*, isto é, meramente subalterno *e*, ademais, *dependente de lei*. Logo, entre nós, só podem existir regulamentos co-

19. Aliás, o esforço empreendido para distinguir regulamentos e atos administrativos em sentido estrito justifica-se pelo fato de os regimes jurídicos dessas duas categorias possuírem relevantes diferenças, *v.g.*: a) *quanto à competência* – regulamentos são privativos dos Chefes do Executivo; atos administrativos podem ser praticados, respeitadas as regras de competência, por toda Administração Pública; b) *quanto à forma* – regulamentos devem ser sempre escritos; alguns atos administrativos dispensam a forma escrita; c) *quanto à publicidade* – regulamentos só existem juridicamente após a publicação de seu teor nos *Diários Oficiais*; alguns atos administrativos podem produzir efeitos apenas com a notificação do interessado (art. 41 da Lei n. 9.472/1997 e art. 68, § 2º, da Lei n. 10.233/2001); d) *quanto ao controle de constitucionalidade* – os regulamentos, desde que não se trate de mera inconstitucionalidade reflexa, submetem-se ao controle direto, o que não ocorre com os atos administrativos; e) *quanto à sustação pelo Congresso Nacional* – os regulamentos que exorbitem do poder regulamentar sujeitam-se à possibilidade de sustação pelo Congresso Nacional (art. 49, V, da Constituição Federal), o que não sucede com os atos administrativos.
20. Entretanto, há algumas hipóteses de regulamento concreto, como no caso do regulamento de revogação, que se limita a extinguir regulamento anterior, ação após a qual ele se esgota (portanto, não é abstrato) (Jorge Manuel Coutinho de Abreu, *Sobre os Regulamentos ...*, cit., p. 38).
21. Em muitos casos é difícil enquadrar determinados provimentos administrativos em uma categoria ou em outra. Por exemplo, a ordem administrativa que proíbe a projeção de um certo filme é nitidamente abstrata – pois não se esgota com uma única aplicação. E quanto ao outro atributo? Se entendermos que a norma se dirige ao público expectador, ela será geral. Se, ao contrário, considerarmos que se aplica aos donos de salas de projeção, será plural. Por fim, se levarmos em conta que pune o autor do filme, será individual (o exemplo é de Douence – *apud* Jorge Manuel Coutinho de Abreu, *Sobre os Regulamentos ...*, cit., p. 29. Concordamos com o autor português segundo o qual não se trata de ato geral por visar, em primeiro lugar, um determinado bem e não uma pessoa).

nhecidos no Direito alienígena como 'regulamentos executivos'. Daí que, em nosso sistema, de *direito*, a função regulamento é muito modesta" (grifos do original).[22]

Portanto, na esteira do renomado Mestre, conclui-se que não é possível admitir a existência, no Brasil, dos chamados "regulamentos autônomos" ou "regulamentos independentes", que não necessitam de fundar-se em específicas leis anteriores.

6.5.1.1 Privatividade da competência regulamentar

A competência para editar regulamentos está prevista no art. 84, IV, da Constituição Federal, *in verbis*: "Compete privativamente ao Presidente da República: (...) IV – sancionar, promulgar e fazer publicar as leis, bem como expedir decretos e regulamentos para sua fiel execução".

A mera leitura do dispositivo deixa claro que a ordem jurídica pátria não admite atribuição de competência regulamentar, por meio de lei, ou por qualquer outra via, senão ao Presidente da República e, analogicamente, aos Governadores e aos Prefeitos.

A única hipótese – aliás de constitucionalidade bastante discutível – de atribuição de competência regulamentar a outro órgão ou entidade da Administração Pública foi acrescentada ao Texto Constitucional pela Emenda n. 32, de 11.9.2001, que alterou o inciso VI, do art. 84, de modo a permitir que o Presidente da República disponha, por decreto, sobre organização e funcionamento da Administração Federal, quando não implicar aumento de despesa nem criação ou extinção de órgãos públicos e sobre extinção de funções ou cargos públicos, quando vagos, sendo que tais atribuições podem ser delegadas pelo Presidente aos Ministros de Estado, ao Procurador-Geral da República ou ao Advogado-Geral da União, que observarão os limites traçados nas respectivas delegações (art. 84, parágrafo único, da Constituição Federal).

Assim, impõe-se concluir: é vedado às agências reguladoras – sob pena de flagrante inconstitucionalidade – editar normas adminis-

22. *Curso*..., cit., p. 311.

trativas gerais e abstratas, já que a função regulamentar, entre nós, foi conferida com exclusividade aos Chefes do Executivo.[23-24]

6.5.2 Normas jurídico-administrativas gerais e concretas

As normas jurídicas gerais e concretas editadas pelo Poder Público são aqueles atos administrativos dirigidos a um conjunto indeterminado e indeterminável de destinatários, prescrevendo ordens que se exaurem após seu cumprimento.[25]

6.5.3 Normas jurídico-administrativas plurais e abstratas

Os atos administrativos plurais e abstratos voltam-se a um grupo determinado, fixo de pessoas, estabelecendo disposições que vigoram continuadamente.

6.5.4 Normas jurídico-administrativas plurais e concretas

São aquelas endereçadas a um conjunto limitado de indivíduos, impondo ordens que se esgotam após seu cumprimento.

6.5.5 Normas jurídico-administrativas individuais e abstratas

Normas jurídico-administrativas individuais e abstratas são as que objetivam pessoa determinada, prescrevendo disposições que supõem situação reproduzível.[26]

---

23. Os desdobramentos dessa conclusão serão analisados nos itens seguintes. Entretanto, convém, por ora, advertir que, adotando tal posicionamento, nos afastamos da visão predominante entre os autores que, no Brasil, versam sobre o tema, pois, em geral, a competência normativa das agências reguladoras é tida como atribuição administrativa de natureza regulamentar. É-nos claro, porém, que sustentar a natureza regulamentar do "poder" normativo das agências contradiz expressa determinação do Texto Constitucional (art. 84, IV).
24. Com isso, é absolutamente inconstitucional o art. 3º, I, da Lei n. 9.427/1996, que confere à Aneel competência para expedir "atos regulamentares necessários ao cumprimento das normas estabelecidas pela Lei n. 9.074, de 7 de julho de 1995".
25. Norberto Bobbio utiliza o termo "ordens" para designar as normas concretas; e, "comandos" ao referir-se às normas individuais (*Teoria da Norma* ..., cit., p. 181).
26. Importante salientar que Celso Antônio Bandeira de Mello não reconhece a existência de normas que sejam, a um só tempo, individuais e abstratas – nem, conse-

6.5.6 Normas jurídico-administrativas individuais e concretas

Normas individuais e concretas são aquelas endereçadas a um único indivíduo, fixando determinação que se esgota após seu cumprimento.

É o caso, por exemplo, do ato administrativo que imponha a certa pessoa a obrigação de pagar multa.

6.5.7 Conclusões sobre a estrutura formal das normas administrativas editadas pelas agências reguladoras

Em síntese, conclui-se que a competência normativa atribuída por lei às agências reguladoras possibilita a edição de normas com as seguintes estruturas formais: normas gerais e concretas; normas plurais e abstratas; normas plurais e concretas; normas individuais e abstratas; normas individuais e concretas.

Quanto às normas gerais e abstratas – os regulamentos –, a ordem jurídica brasileira só admite que sejam expedidas pelos Chefes do Executivo, ou, excepcionalmente, pelos Ministros de Estado, pelo Procurador-Geral da República ou pelo Advogado-Geral da União – conforme disposto no art. 84, incs. IV e VI, e parágrafo único, da Constituição Federal –, pelo que, é vedado às agências reguladoras emanar normas de tal natureza.

qüentemente, as plurais e abstratas –, *in verbis*: "consoante nos parece, toda norma *abstrata* – ao contrário do que supõe Bobbio – é sempre *geral*, embora seja certo que a característica da generalidade nada predica quanto à abstração ou concreção da regra. Vale dizer: a generalidade é neutra quanto a isto. Reversamente, a abstração contém, requer, logicamente, a generalidade. Com efeito: se geral é a lei que nomeia uma classe de sujeitos, uma categoria de indivíduos, pouco importa que ao momento de sua edição haja apenas um, desde que, no futuro, outros se venham a alocar debaixo da mesma situação, *quando reproduzida*. Ora, a reprodução do 'objeto' (na terminologia de Bobbio), isto é, a renovação *da situação* é o próprio da regra *abstrata*. Pois bem: se uma situação é reproduzível – porque hipotetizada nestes termos – inevitavelmente abarcará sempre *novos sujeitos*, a dizer: os que pertençam *à categoria determinada* em função da 'situação-tipo'. Quem quer que se encontre naquela situação renovável é membro, é partícipe, da classe ou categoria determinada em vista – não dos caracteres inerentes ao indivíduo mas da tipologia da situação delineada pela norma. Por isso, entendemos em contradita ao pensamento de Bobbio que toda regra *abstrata é simultaneamente geral, dado que apanha sempre*, conquanto, às vezes, intertemporalmente, *uma categoria de pessoas*" (*O Conteúdo* ..., cit., pp. 27-28 – grifos do original).

6.6 Extensão da competência normativa das agências reguladoras

Conforme visto nos itens anteriores, as normas editadas pelas agências reguladoras possuem determinadas características – dadas pelo sistema jurídico – que revelam sua natureza específica e impõem limites ao seu campo de ação.

A primeira ordem de restrições ao exercício da competência normativa em questão decorre da própria natureza administrativa desse cometimento, por força da qual, como já visto, é vedado às agências reguladoras emanar normas constitucionais, legislativas, jurisdicionais ou aquelas regidas pelo direito privado.

Em segundo lugar, foram analisadas limitações sistêmicas relacionadas com a estrutura lógica das referidas normas, a saber: as agências não podem editar normas gerais e abstratas.

Ocorre que, além das restrições acima indicadas, a competência normativa das agências sujeita-se também a limites territoriais, temporais, pessoais e materiais.

Por isso, na esteira do conceito kelseniano de "domínio de vigência",[27] desdobraremos o campo de válida ação das referidas normas em quatro aspectos: extensão territorial; extensão temporal; extensão pessoal; e extensão material.

6.6.1 Extensão territorial

À abrangência espacial da eficácia das normas jurídicas dá-se o nome de *extensão territorial*.

A ação normativa das agências reguladoras, em geral, é exercida dentro de toda extensão territorial do ente federativo a que estejam vinculadas.

Assim, via de regra, as agências federais editam normas aplicáveis em todo território nacional, enquanto que as agências estaduais e municipais atuam na área geográfica dos respectivos Estados e Municípios.

No entanto, algumas agências têm competências restritas a regiões específicas, como a Adene – que atua no Nordeste e em parte

---

27. Hans Kelsen, *Teoria Pura do Direito*, pp. 111-116.

de Minas Gerais (art. 2º da Medida Provisória n. 2.156-5/2001) – e a ADA – competente para agir na região Norte, no Mato Grosso e em parte do Maranhão (art. 2º da Medida Provisória n. 2.157-5/2001).

A Lei da Aneel prevê hipótese de descentralização das atividades regulatórias complementares para os Estados e para o Distrito Federal, o que, todavia, não exclui o dever de as unidades federativas conveniadas obedecerem às normas expedidas pela agência federal (arts. 20 e 21 da Lei n. 9.427/1996).

6.6.2 Extensão temporal

Extensão temporal da norma jurídica é a sua vigência no tempo.

Conforme visto no Capítulo 4, as decisões e a ação normativa das agências, por força do princípio da segurança jurídica, só podem produzir efeitos para o futuro, vedada a eficácia retroativa.

Isso porque não podendo a lei prejudicar a coisa julgada, o ato jurídico perfeito e o direito adquirido – consoante dispõe o art. 5º, XXXVI, da Constituição Federal – intolerável seria, com maioria de razão, admitir-se que ato normativo de agência reguladora, tendo natureza meramente administrativa, pudesse fazê-lo.[28]

Quanto à coisa julgada, não há dúvida: as normas editadas pelas agências não produzem efeitos, ou seja, não têm força jurídica para disciplinar situações concretas ou comportamentos protegidos por sentença transitada em julgado.

Conseqüentemente, nulas serão as sanções impostas contra quem descumpra norma de agência reguladora se a conduta motivadora da punição estiver idônea e especificamente amparada em decisão judicial definitiva.

A respeito do ato jurídico perfeito e do direito adquirido, algumas breves considerações devem ser feitas.

Costuma-se definir o ato jurídico perfeito como sendo aquele já consumado integralmente segundo a lei vigente ao tempo em que se efetuou (art. 6º, § 1º, do Decreto-lei n. 4.657/1942, a Lei de Introdução ao Código Civil).

28. José Eduardo Martins Cardozo, *Da Irretroatividade da Lei*, p. 324.

Direito adquirido é o definitivamente incorporado ao patrimônio do seu titular, seja o já realizado, seja o que simplesmente depende de um prazo para o seu exercício, seja ainda o subordinado a uma condição inalterável ao arbítrio de outrem[29] (art. 6º, § 2º, do Decreto-lei n. 4.657/1942, a Lei de Introdução ao Código Civil).

Ocorre que, construídos e desenvolvidos essencialmente na seara do Direito Privado, os dois referidos institutos pouco foram estudados em sua repercussão no âmbito do Direito Administrativo.

Assim, faltam instrumentos teóricos aptos a identificar com precisão as hipóteses nas quais, no interior das relações administrativas, os particulares poderão invocar idoneamente o direito adquirido e o ato jurídico perfeito contra ordem emanada do Poder Público, sem que, com isso, ponha-se em risco a adequada proteção dos interesses públicos envolvidos.

No entanto, em que pese a complexidade do tema, a regra da irretroatividade das normas editadas pelas agências reguladoras encontra respaldo não só no Texto Constitucional (art. 5º, XXXVI), como também na Lei n. 9.784/1999 (a Lei Federal do Processo Administrativo), cujo inc. XIII do parágrafo único do art. 2º veda expressamente a interpretação retrooperante de normas administrativas.

6.6.3 Extensão pessoal

Por extensão pessoal entende-se a projeção dos efeitos da norma jurídica sobre os indivíduos aos quais ela se destina.

Para analisar o tema dos destinatários da ação normativa, é necessário, antes, conhecer quais as classes de pessoas implicadas na atuação das diferentes espécies de entidades reguladoras.

Nas agências que desempenham funções típicas de poder concedente – Aneel, Anatel, ANP, ANA,[30] ANTT e Antaq –, em termos

---

29. Caio Mário da Silva Pereira, *Instituições de Direito Civil*, v. 1, p. 105.
30. No Capítulo 2, afirmamos que a atuação da ANA é bastante diferente do conjunto de atividades desenvolvidas pelas demais agências reguladoras existentes atualmente no Brasil. É, na verdade, agência de regulação do uso de bem público. No entanto, apenas para fins de analisar a extensão pessoal de seu dever normativo, vale dizer, por razões de conveniência metodológica, arrolamos aqui a ANA entre as agências de serviço.

gerais, é possível afirmar que três são as categorias de sujeitos submetidos, direta ou indiretamente, à esfera de competência das referidas entidades: os beneficiários de outorgas, ou seja, concessionários, permissionários e autorizatários; os órgãos públicos ligados ao respectivo setor;[31] e os usuários.

Quanto às agências de polícia – Anvisa e ANS –, suas atividades afetam os particulares sujeitos à ação fiscalizatória e os órgãos públicos atuantes no setor.[32]

Já o âmbito de atuação das agências de fomento – Adene, ADA e Ancine – envolve: os particulares que desempenham as atividades fomentadas;[33] os órgãos públicos vinculados aos respectivos campos de regulação.[34]

A questão fundamental é que as normas administrativas editadas pelas agências reguladoras não podem ser, conforme visto anteriormente, a um só tempo, gerais e abstratas, já que a competência regulamentar, no Brasil, é indelegável a autarquias (art. 84, IV e parágrafo único, da Constituição Federal).

Desse modo, se a norma for concreta, vale dizer, se contiver disposição que se esgota após sua aplicação, poderá validamente ser dirigida aos beneficiários de outorgas (concessionários, permissionários e autorizatários), aos órgãos públicos vinculados ao respectivo setor, aos usuários do serviço regulado e também aos particulares submetidos à ação fiscalizatória da agência.

Entretanto, na hipótese de a agência expedir determinação abstrata, ou seja, que descreve situação reproduzível, aplicando-se a um número indeterminado e indeterminável de casos, a norma somente será válida se for individual ou plural, isto é, se tiver, respectivamente, como destinatários uma única pessoa (quer física, quer jurídica) ou um conjunto delimitado (ou delimitável) de pessoas.

Portanto, norma abstrata da agência não poderá ser dirigida aos usuários em geral, nem aos atuais e futuros concessionários, permis-

---

31. É o caso das chamadas unidades federativas conveniadas (arts. 20, 21 e 22 da Lei n. 9.427/1996; art. 8º, XV, da Lei n. 9.478/1997; art. 8º, VII, da Lei n. 9.478/1997; e art. 24, *caput*, da Lei n. 9.984/2000).
32. Ver, p. ex., o art. 7º, III, V e XXI, e §§ 1º e 2º, da Lei n. 9.782/1999.
33. Art. 25 da Medida Provisória n. 2.228-1/2001.
34. *V.g.*, art. 7º, VI, da Medida Provisória n. 2.228-1/2001.

sionários e autorizatários, nem, tampouco, aos atuais e futuros órgãos públicos atuantes no setor regulado.

Contudo, nada impede que as entidades reguladoras emanem prescrições abstratas endereçadas: a todos os atuais usuários, ou a alguns deles, ou ainda a um usuário específico; aos atuais beneficiários de outorgas em determinado setor, ou a alguns deles, ou então um único beneficiário; aos atuais órgãos públicos ligados a certa área, ou a alguns deles, ou mesmo a determinado órgão público.

Cumpre salientar, por fim, que a circunstância de as agências possuírem competência para editar normas individuais ou plurais não afasta a possibilidade de confrontação de tais normas com o princípio da igualdade, a fim de investigar se, diante da situação concreta, a delimitação do universo de destinatários não agride à exigência constitucional de tratamento isonômico e impessoal (arts. 5º, *caput*, e 37, *caput*, da Constituição Federal).

6.6.4 Extensão material

Ao campo temático sobre o qual pode versar a norma jurídica dá-se o nome de *extensão material*.

Cada agência tem suas atribuições materiais descritas na respectiva legislação instituidora, de modo que os atos normativos só podem operar, sob pena de nulidade, dentro do universo de competências próprias da entidade reguladora.

Em outras palavras, exige-se, como condição de válido desenvolvimento do dever normativo, absoluta pertinência temática entre as normas expedidas e o âmbito específico de tarefas e cometimentos conferidos à agência.

6.6.5 Supremacia geral e supremacia especial

A investigação sobre os diversos aspectos jurídicos relacionados com o tema do dever normativo das agências reguladoras exige, ao nosso ver, um posicionamento a respeito da teoria da supremacia especial.

De início, convém destacar que o assunto, tão debatido na Europa, é praticamente inexplorado entre nós, tendo sido objeto de recentes e pioneiros apontamentos levados a termo por Celso Antônio Bandeira de Mello.[35]

A referida teoria teve sua origem no século XIX, na Alemanha,[36] por força sobretudo das lições de Otto Mayer,[37] gozando, atualmente, de relativo prestígio também na Itália e na Espanha.

Em termos gerais, predica a existência de duas posições distintas da Administração Pública em relação aos particulares: de um lado, a chamada supremacia geral, que a Administração ocupa enquanto expressão do Estado, vale dizer, como titular do poder de império;[38] de outro, haveria a posição de supremacia especial, ou seja, uma supremacia mais acentuada do que a geral, com fundamento na necessária acessoriedade dessa relação, e à qual corresponderia um estado de sujeição especial dos particulares diante da Administração Pública.

Segundo Alessi, a identificação das relações de supremacia especial exige a composição simultânea de dois elementos: a) o ingresso do particular, pessoalmente, na esfera jurídica e material, ou simplesmente jurídica, da Administração, tornando necessária uma especial disciplina mais acentuada do comportamento do indivíduo; b) a inidoneidade ou a insuficiência dos comuns poderes de polícia, ou mais genericamente da supremacia normal da Administração, para uma satisfatória disciplina do comportamento pessoal do indivíduo sujeito da relação administrativa.[39]

Como exemplos, são mencionadas pelo consagrado administrativista italiano, a condição dos agentes públicos e, também, a posição dos usuários de serviços públicos, como os serviços de instrução, de bibliotecas públicas e de museus públicos.[40]

Na lição de Celso Antônio Bandeira de Mello: "de acordo com tal formulação doutrinária, que a doutrina brasileira praticamente ignora, a Administração, com base em sua supremacia geral, como re-

---

35. O tema da supremacia especial é tratado pelo Autor no *Curso* ..., cit., pp. 720-725, passando a constar do livro a partir da 14ª ed. (fevereiro de 2002).
36. Nuno J. Vasconcelos Albuquerque Souza, *La Función Pública como Relación Especial de Derecho Administrativo*, p. 41.
37. Celso Antônio Bandeira de Mello, *Curso* ..., cit., p. 720.
38. Renato Alessi, *Sistema Istituzionale del Diritto Italiano*, p. 201.
39. Ob. cit., pp. 202-203.
40. Ob. cit., p. 202.

gra não possui poderes para agir senão extraídos diretamente da lei. Diversamente, assistir-lhe-iam poderes outros, não sacáveis diretamente da lei, quanto estivesse assentada em relação específica que os conferisse. Seria esta relação, portanto, que, em tais casos, forneceria o fundamento jurídico atributivo do poder de agir, conforme expôs, na Itália, Renato Alessi, entre tantos outros".[41]

A concepção tradicional da teoria da supremacia especial tinha como principal efeito prático a possibilidade de limitação, sem fundamento legal, dos direitos e garantias individuais, tese que perdeu força, na própria Alemanha, a partir de sentença do Tribunal Constitucional, prolatada em 14 de março de 1972, que declarou ter sido "o espaço livre de Direito" preenchido pelo prolongamento do princípio da legalidade, conforme noticiado por Nuno J. Vasconcelos Albuquerque Souza.[42]

Atualmente, tornou-se inadmissível reconhecer na noção de supremacia especial a potencialidade para limitar direitos fundamentais sem amparo legal, motivo pelo qual, na Alemanha, o conceito moderno de supremacia especial guarda pouca proximidade com sua concepção tradicional, havendo mesmo quem prefira falar em "relação jurídica especial", "relação de *status* especial", ou "relação de dependência mais acentuada".[43]

Assim, convém encarecer que, afastada a formulação inicial da referida construção doutrinária, a principal implicação prática decorrente do reconhecimento das relações de supremacia especial consiste em admitir-se a possibilidade de a Administração exercer, sobre particulares submetidos a tais posições de mais acentuada proximidade, poderes não retirados diretamente da lei, configurando-se, nesses casos, um modo diferenciado de atendimento ao princípio da legalidade.

Como fundamento concreto do reconhecimento de tais poderes especiais, costuma-se apontar a impossibilidade fática de o Poder Legislativo disciplinar a vasta gama de relações desenvolvidas na intimidade da Administração Pública, parecendo, além disso, inconveniente atribuir a outro Poder competência para tratar de assuntos domésticos do Executivo.

41. *Curso* ..., cit., p. 720.
42. *La Función* ..., cit., p. 42.
43. Nuno J. Vasconcelos Albuquerque Souza, *La Función* ..., cit., p. 43.

Celso Antônio Bandeira de Mello assevera, com o prestígio de sua autoridade, que "enquanto não construirmos categorias próprias para explicar detidamente as aludidas situações, há que aceitar a categoria das relações especiais de sujeição – ainda que bastante reformadas em relação a sua formulação de origem".[44]

Nessa esteira, o Professor paulista apresenta os seguintes condicionamentos positivos do exercício de tais poderes especiais: a necessidade de encontrarem fundamento último em lei e fundamento imediato nas mesmas relações de sujeição especial; que restrinjam suas disposições ao que for instrumentalmente necessário ao cumprimento das finalidades que presidem ditas relações especiais; que se mantenham afinados com os princípios da razoabilidade e da proporcionalidade; e que conservem seu objeto atrelado ao que for relacionado tematicamente e, em geral, tecnicamente com a relação especial em causa.[45]

Além desses, o referido Mestre indica ainda como condicionantes negativos de tais prerrogativas: não poderem infirmar qualquer direito ou dever; não poderem extravasar nada que supere a intimidade daquela específica relação de supremacia especial; não poderem exceder o estritamente necessário para o cumprimento dos fins da relação de supremacia em causa; não poderem produzir conseqüências restritivas na esfera de interesse de terceiros.[46]

Ao cabo de tudo o que foi dito, reconhecemos o fato de a teoria da supremacia especial "chamar a atenção sobre certos problemas materiais"[47] atinentes à disciplina de determinadas relações administrativas, aclarando, inclusive, algumas limitações do modelo de legalidade existente no Brasil.

Entretanto, no que tange ao âmbito de ação das agências pátrias, deve-se afastar a aplicação de tal teoria, pois, nenhuma das variadas relações que as entidades reguladoras travam no exercício de suas competências preenche um dos elementos que, segundo Alessi,[48] é condição necessária para identificação da supremacia especial, a saber: o

---

44. *Curso* ..., cit., p. 723.
45. Celso Antônio Bandeira de Mello, *Curso* ..., cit., pp. 723-724.
46. Celso Antônio Bandeira de Mello, ob. cit., p. 724.
47. Nuno J. Vasconcelos Albuquerque Souza, *La Función* ..., cit., p. 99.
48. Renato Alessi, *Sistema* ..., cit., pp. 202-203.

ingresso do particular, pessoalmente, na esfera jurídica e material, ou simplesmente jurídica, da Administração, tornando necessária uma especial disciplina mais acentuada de seu comportamento.[49]

6.7 Publicidade dos atos normativos

As normas gerais, sejam abstratas ou concretas, editadas pelas agências reguladoras devem apenas ser consideradas como juridicamente existentes após publicação no *Diário Oficial da União*.[50] Antes disso, são inexigíveis, não produzindo efeito jurídico algum (art. 41 da Lei n. 9.472/1997 e art. 68, § 2º, da Lei n. 10.233/2001).

No entanto, sendo o ato normativo individual, a irradiação de efeitos exige mera notificação.

6.8 Controle sobre o dever normativo das agências reguladoras

O controle de legalidade dos atos normativos expedidos pelas agências reguladoras é exercido mediante a utilização dos instrumentos convencionais de fiscalização sobre as atividades das autarquias, que serão analisados detalhadamente no capítulo seguinte.

---

49. As agências de polícia (ANS e Anvisa) e as de fomento (Ancine, ADA e Adene) mantêm relações com particulares incluídas indubitavelmente na chamada supremacia geral. Maior dúvida sobre a aplicação da teoria da supremacia especial poderia surgir quanto às agências que desempenham funções de poder concedente (Anatel, Aneel, ANTT e Antaq), justamente no âmbito da relação poder-concedente/beneficiários de outorgas. Entretanto, mesmo nesse caso, não nos parece admissível a prática, pelas agências, de atos administrativos não baseados diretamente em lei.
50. Sobre isso, ver item 4.3.1.7.

Capítulo 7
RELAÇÕES DAS AGÊNCIAS REGULADORAS

7.1 Considerações gerais. 7.2 Regime de pessoal das agências reguladoras: 7.2.1 Contratação temporária. 7.3 Relações entre as agências reguladoras e os particulares: 7.3.1 Usuários ou consumidores?; 7.3.2 Tributos arrecadados pelas agências reguladoras. 7.4 Formas de controle sobre a atuação das agências reguladoras: 7.4.1 Controles exercidos pelo Poder Executivo; 7.4.2 Controles exercidos pelo Poder Legislativo; 7.4.3 Controles exercidos pelo Poder Judiciário.

7.1 Considerações gerais

No exercício das competências que a legislação lhes impõe, as agências reguladoras estabelecem vínculos jurídicos com diversas categorias de pessoas.

Tais relações de direito são de variada natureza, revelando, cada uma delas, um aspecto específico do complexo de atividades desenvolvidas pelas ditas autarquias especiais.

No âmbito interno, há as relações travadas entre as agências reguladoras e seus dirigentes, conforme visto no Capítulo 5. Ainda internamente, existem os vínculos com os agentes públicos que compõem seu quadro de pessoal.

Externamente, as agências relacionam-se com a Administração Pública Direta – em especial com os respectivos Ministérios supervisores, que exercem a chamada tutela autárquica – e também com o Poder Legislativo e com o Poder Judiciário.

Além disso, há liames jurídicos estabelecidos entre os entes reguladores e as diversas classes de particulares envolvidos na atividade objeto de regulação – inclusive os submetidos à competência normativa, estudada no Capítulo 6 –, tais como os beneficiários de outorgas, os usuários de serviços públicos, os indivíduos sujeitos à fiscalização das agências de polícia e as pessoas, quer físicas, quer jurídicas, que desenvolvem tarefas nas áreas de incentivo das agências de fomento.

Assim, o objetivo do presente Capítulo é investigar algumas dessas relações jurídicas, enfocando, especialmente, aspectos da atuação das agências reguladoras que não tenham sido tratados nos Capítulos anteriores.

Por fim, trataremos, em item próprio, das diversas formas de controle sobre as atividades dos entes reguladores.

7.2 Regime de pessoal das agências reguladoras

O atual sistema constitucional prevê a existência, segundo Celso Antônio Bandeira de Mello, de três categorias de agentes públicos:[1] a) agentes políticos; b) servidores estatais; c) particulares em colaboração com o Poder Público.[2]

Agentes políticos ocupam cargos relacionados com a alta direção do Estado, isto é, ligados à condução política do país. É o caso do Presidente da República, do Vice-Presidente, dos Governadores, dos Vice-Governadores, dos Prefeitos, dos Vice-Prefeitos, dos Ministros de Estado, dos Secretários estaduais e municipais, dos Senadores, dos Deputados federais, dos Deputados estaduais e dos Vereadores.

Servidores estatais são "todos aqueles que entretêm com o Estado e suas entidades da Administração indireta, independentemente de sua natureza pública ou privada (autarquias, fundações, empresas públicas e sociedades de economia mista), relação de trabalho de natureza profissional e caráter não eventual sob vínculo de dependência".[3]

---

1. De acordo com Celso Antônio Bandeira de Mello, a expressão *agentes públicos* "é a mais ampla que se possa conceber para designar genérica e indistintamente os sujeitos que servem ao Poder Público como instrumentos expressivos de sua vontade ou ação, ainda quando o façam apenas ocasional ou episodicamente" (*Curso de Direito Administrativo*, p. 226).
2. Celso Antônio Bandeira de Mello, *Curso* ..., p. 229.
3. Celso Antônio Bandeira de Mello, *Curso* ..., cit., p. 230.

Dentro do gênero "servidores estatais" há essencialmente duas espécies: os chamados *servidores públicos*, titulares de cargos públicos e que possuem vínculo estatutário com o Estado, e os *empregados públicos*, estes, detentores de empregos públicos, cuja vinculação tem natureza meramente contratual.

Quanto à expressão "particulares em colaboração com o Poder Público", recobre todos os particulares que, sem perder tal condição, desempenham função pública, ainda que episodicamente, como ocorre com os requisitados para prestação de atividade pública, os gestores de negócios públicos, os contratados por locação civil de serviços, os concessionários de serviços públicos, os permissionários de serviços públicos e os delegados de ofício público.[4]

Feitas essas considerações de caráter geral, cumpre analisar a qual dos referidos regimes jurídicos sujeitam-se os agentes públicos pertencentes ao quadro de pessoal dos entes reguladores.

A legislação das agências determina expressamente que ao pessoal de tais entidades aplica-se o regime de emprego público.

O art. 1º da Lei n. 9.986/2000 prescreve: "As Agências reguladoras terão suas relações de trabalho regidas pela Consolidação das Leis do Trabalho, aprovada pelo Decreto-lei n. 5.452, de 1º de maio de 1943, e legislação trabalhista correlata, em regime de emprego público".[5]

E o art. 2º, *caput*, da mesma lei, ratifica essa circunstância ao criar, para exercício exclusivo nas agências reguladoras, entre outros, os empregos públicos de nível superior de regulador, de analista de suporte à regulação, os empregos de nível médio de técnico em regulação e de técnico de suporte à regulação.

Entretanto, a opção do legislador pela adoção, nas agências reguladoras, do regime de emprego público não encontra sustentação no ordenamento jurídico brasileiro, sendo, como demonstraremos, a seguir, inconstitucional.

Conforme visto anteriormente, o gênero "servidores estatais" comporta duas espécies distintas, submetidas a regimes jurídicos diferenciados: os servidores públicos e os empregados públicos.

4. Celso Antônio Bandeira de Mello, *Curso* ..., cit., pp. 232-233.
5. De igual teor, o art. 69 da Lei n. 10.233/2001.

Enquanto os servidores públicos, titulares de cargos públicos, têm com o Poder Público relação jurídica de natureza estatutária – que confere a seus detentores um conjunto especial de proteções e garantias dadas para assegurar-lhes condições propícias a uma atuação imparcial, técnica, liberta de ingerências que os agentes políticos poderiam pretender impor-lhes[6] –, os empregados públicos, ao contrário, possuem vínculo contratual, bastante aproximado à relação comum de emprego regida pela CLT, faltando-lhes significativa parcela das proteções e garantias asseguradas aos ocupantes de cargos públicos.

Entre as mais expressivas vantagens do regime de cargo público podem ser mencionadas: a estabilidade, após três anos de exercício, para os servidores concursados; a reintegração, quando a demissão haja sido ilegal; a disponibilidade remunerada, no caso de extinção do cargo; e a peculiar aposentadoria.[7]

A existência de significativas diferenças entre os regimes de cargo público e de emprego público tem uma razão de ser: a Constituição Federal de 1988 quis conferir a certas funções uma proteção especial, garantindo àqueles que as desempenham condições materiais propiciadoras da adequada tutela dos interesses públicos envolvidos.

Assim, o Texto Maior reservou a tais funções o regime de cargo público. E, quanto às demais atividades estatais, sujeitou-as ao regime de emprego público.

Portanto, no ato de criação de certa entidade estatal, o legislador não tem liberdade para optar pelo regime de pessoal que, segundo seu próprio juízo, entender mais conveniente. Antes, deve fixar, sob pena de inconstitucionalidade, o regime adequado, de acordo com os preceitos constitucionais, para atender à qualidade dos interesses envolvidos na atuação dos novos agentes.

Na esteira das lições de Celso Antônio Bandeira de Mello, entendemos que, diante do atual Texto Constitucional, os agentes ligados às pessoas jurídicas de Direito Privado pertencentes à Administração Pública Indireta sujeitam-se obrigatoriamente ao regime contratual, celetista (empregos públicos).

---

6. Celso Antônio Bandeira de Mello, *Curso* ..., cit., p. 236.
7. Celso Antônio Bandeira de Mello, *Curso* ..., cit., p. 239.

A respeito dos agentes vinculados à Administração Pública Direta e às pessoas jurídicas de Direito Público da Administração Pública Indireta, temos que o regime normal, corrente, terá de ser o estatutário (cargo público).[8] Excepcionalmente, empregados públicos poderão compor os quadros de autarquias, de fundações públicas e de órgãos da Administração centralizada, em três hipóteses: a) se admitidos, sob vínculo de emprego, para funções materiais subalternas; b) se contratados, sob vínculo trabalhista, para atender a necessidade temporária de excepcional interesse público, nos termos do art. 37, IX, da Constituição Federal; c) se remanescentes do regime anterior a 1988.[9]

Excetuadas essas três situações, a adoção de regime contratual para agentes públicos de autarquias, de fundações públicas e de órgãos da Administração Pública Direta é inconstitucional.

As agências reguladoras, sendo autarquias, não poderiam ter como aplicável a seus quadros de pessoal senão o regime estatutário, motivo pelo qual o referido art. 1º da Lei n. 9.986/2000, ao fixar que as relações de trabalho nas agências reguladoras serão regidas pela Consolidação das Leis do Trabalho, incorre em visível afronta à Constituição Federal.

Não por outra razão, tal dispositivo da Lei n. 9.986/2000 foi liminarmente suspenso pelo Supremo Tribunal Federal (ADI 2.310-1/DF, Relator Ministro Marco Aurélio).

7.2.1 Contratação temporária

O art. 37, IX, da Constituição Federal, prescreve: "a lei estabelecerá os casos de contratação por tempo determinado para atender a necessidade temporária de excepcional interesse público".

A Lei n. 8.745, de 9 de dezembro de 1993 – posteriormente alterada pelas Leis n. 9.849/1999 e 10.667, de 14.5.2003 –, disciplina as contratações temporárias no âmbito dos órgãos da Administração Federal Direta, das autarquias e das fundações públicas da União, fixando prazos máximos que, dependendo do caso, variam de seis meses a quatro anos, passíveis de renovação (art. 4º).

---

8. Celso Antônio Bandeira de Mello, *Curso ...*, cit., pp. 237-238.
9. Celso Antônio Bandeira de Mello, *Curso ...*, cit., p. 231.

A legislação das agências reguladoras estabeleceu, fora das hipóteses previstas na Lei n. 8.745/1993, a possibilidade de contratação temporária de pessoal técnico pelo prazo de até trinta e seis meses, conforme disposto no art. 34, § 2º, da Lei n. 9.427/1996, no art. 76 da Lei n. 9.478/1997, no art. 36, § 1º, da Lei n. 9.782/1999, no art. 16, § 1º, da Lei n. 9.984/2000, no art. 76 da Lei n. 10.233/2001 e no art. 65 da Medida Provisória n. 2.228-1/2001.

A título de exemplo, o art. 16, § 2º, da Lei n. 9.984/2000, considera necessidades temporárias de excepcional interesse público as atividades relativas à implementação, ao acompanhamento e à avaliação de projetos e programas de caráter finalístico na área de recursos hídricos, imprescindíveis à implantação e à atuação da ANA. Ocorre que tal circunstância não se encaixa em nenhuma das hipóteses de contratação temporária previstas no art. 2º da Lei n. 8.745/1993.

Sobre o tema, convém transcrever a opinião de Celso Antônio Bandeira de Mello, com quem concordamos integralmente: "ora, no caso das Agências citadas, se a atividade é realmente apenas temporária não se justifica contrato que possa se estender por 36 meses, que este seria um 'temporário' longuíssimo. Se o preenchimento é que deveria ser temporário, pela necessidade ingente de preencher cargos ou empregos necessários, então é igualmente absurdo o prazo, pois não se concebe que seja necessário tanto tempo para realizar o cabível concurso público. Em suma: há nisto uma ostensiva burla ao disposto no art. 37, II, da Constituição Federal, pelo que são inconstitucionais as regras introduzidas nas referidas leis de tais Agências. Pelas duas amostras – intento de escapar ao rigor moralizante da Lei Geral de Licitações e admitir pessoal sem concurso público – bem se vê a que vieram as tais 'agências controladoras'".[10]

7.3 Relações entre as agências reguladoras e os particulares

Dentro deste tópico, impõe-se que enfrentemos, *ab initio*, a controvertida questão acerca da aplicabilidade, ou não, do Código de Defesa do Consumidor às relações jurídicas travadas entre os beneficiários de outorgas sujeitos ao âmbito de atuação das agências

---

10. *Curso* ..., cit., p. 166.

reguladoras (concessionários, permissionários e autorizatários) e os usuários.

7.3.1 Usuários ou consumidores?

Antes de tudo, convém esclarecer que a presente discussão se restringe à análise da condição dos particulares que estão dentro do campo de ação das chamadas agências de serviço público – Aneel, Anatel, ANTT e Antaq –, já que a atuação das demais agências – ANP, Anvisa, ANS, ANA, Adene, ADA e Ancine – não envolve indivíduos que se encaixam na categoria jurídica de "usuários".[11]

A polêmica sobre a aplicação do Código de Defesa do Consumidor – Lei n. 8.078/1990 – às relações de Direito Público reveste-se de acentuada relevância na medida em que as proteções legalmente conferidas ao consumidor são distintas daquelas reconhecidas aos usuários de serviços públicos.

Em termos gerais, *consumidor* é toda pessoa física ou jurídica que adquire ou utiliza produto ou serviço como destinatário final (art. 2º da Lei n. 8.078/1990). *Usuário* é todo aquele que se beneficia pessoal e individualmente da prestação de um dado serviço público.

Assim, a relação de consumo é essencialmente de Direito Privado. Já a relação entre o prestador de serviço público e o usuário submete-se ao Direito Público.

No Texto Constitucional, a previsão de proteção aos direitos dos consumidores figura nos arts. 5º, XXXII, e 170, V, ao passo que a exigência de reconhecimento dos direitos dos usuários está prevista no art. 175, II.

Na legislação infraconstitucional, os direitos dos consumidores estão previstos no art. 6º do Código de Defesa do Consumidor, enquanto que os direitos dos usuários constam do art. 7º da Lei n. 8.987/1995 – a Lei Federal de Concessões e Permissões.

---

11. Inclusive, cabe frisar que a ANS e a Anvisa – que são agências de polícia – lidam, indubitavelmente, com interesses de particulares enquadráveis na categoria de "consumidores", como, *v.g.*, no caso da competência que a Anvisa detém para monitorar a evolução dos preços de medicamentos, equipamentos, componentes e insumos no setor de saúde (art. 7º, XXV, da Lei n. 9.782/1999), bem como na atribuição, cabível à ANS, de controle sobre os preços de planos de assistência à saúde, seus prestadores de serviços, e respectivos componentes e insumos (art. 4º, XXI, da Lei n. 9.961/2000).

Com isso, nota-se que, perante o ordenamento jurídico brasileiro, as noções de consumidor e de usuário não coincidem.[12]

Ocorre que a legislação pátria, lamentavelmente, incorreu em uma confusão conceitual entre as duas figuras, promiscuindo as situações jurídicas materiais e, via de conseqüência, os direitos do consumidor e do usuário de serviço público.

É que o Código de Defesa do Consumidor possui dispositivos expressamente dirigidos aos órgãos públicos, aos concessionários e aos permissionários (por exemplo, art. 22), e, por sua vez, a Lei Federal de Concessões e Permissões de Serviços Públicos declara, também de modo explícito, que os direitos e deveres dos usuários nela elencados não excluem o disposto no Código de Defesa do Consumidor (art. 7º, *caput*, da Lei n. 8.987/1995).

Em rigor, o Código de Defesa do Consumidor, diploma voltado a disciplinar relações materiais privadas,[13] não poderia validamente dispor sobre vínculos de Direito Público, pois a Lei Complementar n.

---

12. De acordo com Antônio Carlos Cintra do Amaral, as diferenças entre usuário de serviço público e consumidor são as seguintes: 1) diferentemente da situação de consumo, a relação contratual entre concessionária e usuário, mediante a qual uma parte se obriga a prestar um serviço, recebendo em pagamento um preço público (tarifa), tem como pressuposto uma outra, entre a concessionária e o poder concedente; 2) por força do contrato de concessão, a concessionária se obriga a prestar, ao usuário, "serviço adequado", definido pela Lei 8.987/1995 como o que satisfaz as condições de regularidade, continuidade, eficiência, segurança, atualidade, generalidade, cortesia na sua prestação e modicidade das tarifas; 3) a relação jurídica entre concessionária e usuário não pode ser equiparada à existente entre duas pessoas privadas, que atuam na defesa de seus interesses específicos. A prestação de serviço adequado, embora delegada à concessionária, continua na titularidade e sob a responsabilidade do poder concedente. Perante a relação de consumo, o Poder Público atua como protetor; 4) o tratamento dado ao usuário de serviço público pela Constituição e pela lei é diverso do dispensado ao consumidor; 5) o art. 27 da Emenda Constitucional n. 19/1998 determinou que o Congresso deverá elaborar "lei de defesa do usuário de serviços públicos", o que equivale ao reconhecimento implícito de que essa defesa é juridicamente diversa da "defesa do consumidor", já regulada pela Lei n. 8.078/1990; 6) a defesa, pelo Poder Público, do usuário de serviço público, por força do princípio da indisponibilidade do interesse público, é mais relevante do que a defesa do consumidor; 7) a defesa do usuário de serviço público não é atribuição do PROCON, e sim da respectiva agência reguladora ("Distinção entre usuário de serviço público e consumidor", *RDA* 225/217-218).

13. As relações de consumo não passam de relações civis que, em função de exigências impostas pelo atual desenvolvimento do capitalismo de mercado, foram subtraídas da incidência do Código Civil e do Código Comercial, recebendo, com a

95/1998 – que trata da elaboração, redação, alteração e consolidação de leis – proíbe que as leis contenham matéria estranha a seu objeto ou a este vinculada por afinidade, pertinência ou conexão (art. 7º, II).[14-15] Entretanto, diante da referida confusão conceitual existente na legislação brasileira entre as figuras do usuário e do consumidor, entendemos que o Código de Defesa do Consumidor deve ser tido como aplicável – conquanto de modo subsidiário e até que sejam criados instrumentos concretos adequados à defesa dos interesses dos usuários – às relações de prestação de serviços públicos.[16]

7.3.2 Tributos arrecadados pelas agências reguladoras

Algumas das agências reguladoras federais foram dotadas de capacidade tributária ativa, podendo cobrar taxas e contribuições de intervenção no domínio econômico, cuja arrecadação constitui a principal fonte de receita para custeio de suas atividades.

Nos casos da Aneel, da Anatel, da Anvisa, da ANS, da ANTT e da Antaq, a legislação permite a cobrança de taxas de fiscalização, consoante previsto, respectivamente, nos artigos: 12 e 13 da Lei n. 9.427/1996; 47 da Lei n. 9.472/1997; 23 a 26 da Lei n. 9.782/1999; 18 a 23 da Lei n. 9.961/2000; 77, III, da Lei n. 10.233/2001 (ANTT e Antaq).[17]

---

aprovação do Código de Defesa do Consumidor, um tratamento especializado por parte do legislador, fenômeno, aliás, comuníssimo na seara do Direito.
14. Reconhecemos, no entanto, que a referida afronta do Código de Defesa do Consumidor ao art. 7º, II, da Lei Complementar n. 95/1998 restringe-se às normas de direito substantivo, não comprometendo as regras processuais (que são de Direito Público) presentes no CDC, tais como aquelas constantes dos arts. 81 a 104.
15. Além disso, o fato de uma única lei tratar, ao mesmo tempo, de relações materiais de Direito Público e de relações materiais de Direito Privado poderia trazer graves complicações práticas, se, por hipótese, o Texto Constitucional atribuísse a entes federativos diversos as competências para legislar sobre Direito do Consumidor e sobre Direito Administrativo.
16. Não poderíamos deixar de reconhecer que, no Brasil, as entidades voltadas à defesa dos direitos dos consumidores – muitas vezes, utilizando os instrumentos previstos no Código de Defesa do Consumidor – têm desempenhado relevante papel também na proteção dos interesses dos usuários de serviços públicos, colaborando, na prática, para mitigar os inúmeros transtornos que o novo modelo brasileiro de regulação vem causando aos particulares.
17. Em relação à ANP, à ANA, à ADA e à Adene, não há previsão de tributos que possam ser cobrados por tais agências.

Em relação à Ancine, a Medida Provisória n. 2.228-1/2001, posteriormente alterada pela Lei n. 10.454/2002, instituiu contribuição de intervenção no domínio econômico chamada Condecine – contribuição para o desenvolvimento da indústria cinematrográfica nacional –, que tem como fato imponível a veiculação, a produção, o licenciamento e a distribuição de obras cinematográficas com fins comerciais (art. 32, *caput*).[18]

Deixando de lado a Condecine,[19] convém analisar, dada sua maior relevância prática, as taxas de fiscalização acima referidas.

O art. 145, II, do Texto Constitucional de 1988, determina: "A União, os Estados, o Distrito Federal e os Municípios poderão instituir os seguintes tributos: (...) II – taxas, em razão do exercício do poder de polícia ou pela utilização, efetiva ou potencial, de serviços públicos específicos e divisíveis, prestados aos contribuintes ou postos a sua disposição".

De acordo com Geraldo Ataliba, "taxa é o tributo vinculado cuja hipótese de incidência consiste numa atuação estatal direta e imediatamente referida ao obrigado".[20]

Para Roque Carrazza: "esta atuação estatal – consoante reza o art. 145, II, da CF (que traça a regra-matriz das taxas) – pode consistir ou num serviço público, ou num ato de polícia. Daí distinguirmos as taxas de serviço (vale dizer, as taxas que têm por pressuposto a realização de serviços públicos) das taxas de polícia (ou seja, que nascem em virtude da prática, pelo Poder Público, de atos de polícia)".[21]

Desse modo, as taxas são consideradas tributos contraprestacionais porque, além de seu nascimento ligar-se à prática de uma atividade do Estado referida ao contribuinte, o valor cobrado deve ser tal

---

18. O parágrafo único, do mesmo art. 32, determina que a Condecine também incidirá "sobre o pagamento, o crédito, o emprego, a remessa ou a entrega, aos produtores, distribuidores ou intermediários no exterior, de importâncias relativas a rendimento decorrente da exploração de obras cinematográficas e videofonográficas ou por sua aquisição ou importação, a preço fixo".
19. A Condecine não poderia ter sido criada por medida provisória. Ocorre que a Medida Provisória n. 2.228-1/2001 foi beneficiada pelo esdrúxulo teor do art. 2º da Emenda Constitucional n. 32, publicada em 12 de setembro de 2001, que perpetuou a vigência de todas as medidas provisórias então em vigor.
20. *Hipótese de Incidência Tributária*, p. 156.
21. *Curso de Direito Constitucional Tributário*, pp. 469-470.

que permita retribuir o custo da atuação estatal motivadora da cobrança.

Assim, no caso específico das taxas de polícia arrecadadas pelas agências reguladoras, a fórmula legal para fixação do montante devido a título de tributo precisa, necessariamente, sob pena de inconstitucionalidade, guardar uma correlação lógica com o custo da efetiva atividade fiscalizatória que a agência tenha exercido em relação ao contribuinte.[22]

Entretanto, tal relação lógica não existe nas taxas cobradas pelas agências reguladoras.

No caso, por exemplo, da taxa de fiscalização de serviços de energia elétrica, o valor devido à Aneel equivale a 0,5% (cinco décimos por cento) do benefício econômico anual auferido pelo concessionário, permissionário ou autorizatário, determinado em função da tarifa fixada no respectivo ato de outorga da concessão, permissão ou autorização (art. 12 da Lei n. 9.427/1996).

Nota-se facilmente, com isso, que não existe correlação alguma entre o custo da efetiva atividade fiscalizatória exercida pela Aneel e o valor cobrado do contribuinte.

Em verdade, o referido tributo constitui outorga onerosa travestida de taxa.

Semelhante vício atinge as taxas de fiscalização de instalação e de fiscalização de funcionamento das telecomunicações – criadas pela Lei n. 5.070/1966 – cujo produto da arrecadação é destinado ao Fundo de Fiscalização das Telecomunicações (Fistel), atualmente administrado com exclusividade pela Anatel, por força do art. 50 da Lei n. 9.472/1997.[23]

A taxa de fiscalização de vigilância sanitária, cobrada pela Anvisa, possui valores determinados em função dos diferentes tipos de atividades exercidas pela agência, não havendo, uma vez mais, qualquer relação perceptível entre os montantes cobrados e o custo da correspondente atuação fiscalizatória (anexo II da Lei n. 9.782/1999).

22. Roque Antonio Carrazza, ob. cit., p. 485.
23. Os valores das referidas taxas de fiscalização de instalação e de fiscalização de funcionamento estão estabelecidos no anexo III da Lei n. 9.472/1997 e não têm qualquer relação aparente com o custo da correspondente atividade fiscalizatória.

É igualmente impossível encontrar alguma correlação entre os valores fixados a título de taxa de saúde suplementar (arts. 18 a 23 da Lei n. 9.961/2000) e os custos das atividades de polícia exercidas pela ANS.

Portanto, pode-se concluir que as fórmulas utilizadas pelo legislador para determinação dos valores das taxas cobradas pelas agências reguladoras desatendem ao caráter retributivo característico dessa espécie tributária, ferindo a norma contida no art. 145, II, da Constituição Federal.

7.4 Formas de controle sobre a atuação das agências reguladoras

Por fim, convém tecer breves considerações a respeito das diferentes formas de controle sobre a atuação das agências reguladoras.

Para facilitar a compreensão e o desenvolvimento do tema, dividimos o presente item em três partes: controles exercidos pelo Poder Executivo; controles exercidos pelo Poder Legislativo; controles exercidos pelo Poder Judiciário.

7.4.1 Controles exercidos pelo Poder Executivo

O Decreto-lei n. 200/1967 prevê, em seu art. 27, as medidas que devem ser adotadas para exercício da chamada "supervisão ministerial" exercida sobre a Administração Pública Indireta federal, incluindo: a) recebimento sistemático de relatórios, boletins, balancetes, balanços e informações que permitam ao Ministro acompanhar as atividades da entidade e a execução orçamentária; aprovação anual da proposta de orçamento-programa e da programação financeira da entidade; b) aprovação de contas, relatórios e balanços; c) fixação, em níveis compatíveis com os critérios de operação econômica, das despesas de pessoal e de administração; d) fixação de critérios para gastos de publicidade, divulgação e relações públicas; realização de auditoria e avaliação periódica de rendimento e produtividade; e) intervenção, por motivo de interesse público.

A autonomia qualificada da qual as agências reguladoras são legalmente dotadas não impede que os ministérios supervisores possam influir sobre elas, mediante os instrumentos acima referidos, "com o propósito de conformá-las ao cumprimento dos objetivos públicos em vista dos quais foram criadas, harmonizando-as com a atuação administrativa global do Estado".[24]

Entretanto, conforme alerta Celso Antônio Bandeira de Mello, em lição aplicável também às agências reguladoras: "Desde que as autarquias são pessoas jurídicas distintas do Estado, o Ministro supervisor não é autoridade de alçada para conhecer de recursos contra seus atos, pois inexiste relação hierárquica entre este e aquelas, mas apenas os vínculos de controle legalmente previstos".[25]

Nesse sentido, o art. 10, § 2º, da Lei n. 9.961/2000, determina que compete à Diretoria Colegiada da ANS conhecer de recursos contra atos praticados pelos seus diretores, como última instância administrativa.

7.4.2 Controles exercidos pelo Poder Legislativo

As agências reguladoras sujeitam-se, também, ao controle de contas exercido pelo Poder Legislativo, com auxílio dos Tribunais de Contas, conforme previsto no art. 71 da Constituição Federal.

7.4.3 Controles exercidos pelo Poder Judiciário

Ao Poder Judiciário compete controlar as atividades das agências reguladoras e de seus agentes públicos quando questionadas, mediante provocação dos interessados, por meio de *ação popular* (art. 5º, LXXIII, da Constituição Federal), *ação civil pública* (Lei n. 7.347/1985), *mandado de segurança* (art. 5º, LXIX, da Constituição Federal), *habeas data* (art. 5º, LXXII, da Constituição Federal), *ação de improbidade administrativa* (Lei n. 8.429/1992), ou qualquer outra ação judicial visando a prevenir ou reprimir atos e omissões atentatórios às normas e princípios pertencentes ao ordenamento jurídico pátrio.

---

24. Celso Antônio Bandeira de Mello, *Curso* ..., cit., p. 149.
25. *Curso* ..., cit., p. 150.

CONCLUSÕES

1. As agências reguladoras brasileiras foram criadas a partir de 1996, na esteira do processo de privatizações e reformas do Estado, tendo sua concepção profundamente influenciada pelo doutrina neoliberal;

2. A intervenção estatal nos setores hoje regulados pelas agências não representa inovação alguma pois tais funções já eram desempenhadas por outras entidades públicas;

3. O modelo das agências reguladoras foi adotado no Brasil como conseqüência de alterações no Texto Constitucional destinadas a abrir a economia e o mercado brasileiros à ação do capital estrangeiro – representado pelas empresas e grupos transnacionais –, abertura esta francamente estimulada pelos Estados Unidos e pelos demais países desenvolvidos, e intermediada por instituições internacionais de crédito como o FMI e o Banco Mundial. Os alvos principais desse processo foram a exploração de recursos naturais e a prestação de serviços públicos, áreas até então protegidas constitucionalmente contra a ação de entidades estrangeiras e que consistiam nos setores mais atraentes do ponto de vista econômico;

4. A venda do patrimônio público e a abertura indiscriminada da economia ao capital estrangeiro foram viabilizadas por um discurso valorizador de elementos circunstanciais, tais como a ineficiência estatal, um suposto autoritarismo inerente ao Direito Administrativo e a questão da globalização;

5. As agências reguladoras brasileiras foram criadas em um ambiente de desprezo pelo Direito, o que está refletido nas diversas inconstitucionalidades existentes na legislação aplicável a tais entidades;

6. O termo "agência" não tem um significado específico na tradição do Direito Administrativo brasileiro, tendo sido importado dos Estados Unidos, onde a expressão significa "órgão público";

7. O qualificativo "reguladora" foi extraído da linguagem econômica. No Direito, sugere competências voltadas a disciplinar, fiscalizar e controlar determinados setores sociais;

8. Agências reguladoras são autarquias com autonomia qualificada frente à administração direta, criadas para atuar no controle, fiscalização ou fomento de setores sociais;

9. Conceitualmente, as agências reguladoras não se confundem com as agências executivas, com as autarquias comuns, com as organizações sociais e com as organizações da sociedade civil de interesse público. Não são agências reguladoras o Banco Central, o Conselho Administrativo de Defesa Econômica, a Agência Espacial Brasileira, o Conselho Monetário Nacional e a Agência Brasileira de Inteligência;

10. Atualmente, as agências reguladoras federais são: a Agência Nacional de Energia Elétrica (Aneel), a Agência Nacional de Telecomunicações (Anatel), a Agência Nacional do Petróleo (ANP), a Agência Nacional de Saúde Suplementar (ANS), a Agência Nacional de Águas (ANA), a Agência Nacional de Vigilância Sanitária (Anvisa), a Agência Nacional de Transportes Terrestres (ANTT), a Agência Nacional de Transportes Aquaviários (Antaq), a Agência Nacional do Cinema (Ancine), a Agência de Desenvolvimento do Nordeste (Adene), a Agência de Desenvolvimento da Amazônia (ADA) e a Comissão de Valores Mobiliários (CVM);

11. Existem, também, agências reguladoras estaduais e municipais;

12. Sendo autarquias, as agências reguladoras gozam de todos os privilégios conferidos a esse tipo de pessoa pública, e, pela mesma razão, sujeitam-se ao acatamento dos princípios e das normas componentes do regime jurídico-administrativo;

13. As agências reguladoras são dirigidas por órgãos colegiados compostos por brasileiros nomeados pelo Presidente da República, mediante prévia aprovação do Senado Federal;

14. As formas de extinção dos mandatos dos dirigentes são: término do prazo, renúncia, condenação judicial passada em julgado, processo disciplinar e exoneração imotivada;

15. Nos casos da Anvisa, da ANS e da ANA, a legislação prevê exoneração imotivada dos dirigentes durante os quatro primeiros meses de seus mandatos;

16. Como decorrência do princípio republicano, o Presidente da República pode, durante os quatro primeiros meses de seu mandato, exonerar *ad nutum* os dirigentes de agências reguladoras nomeados pelo Presidente anterior;

17. O dever normativo das agências reguladoras consiste na competência para emanar prescrições de natureza administrativa às diversas categorias de pessoas implicadas nos setores específicos de cada agência;

18. Dado que, no Brasil, a competência regulamentar é privativa dos Chefes do Executivo, não se admite que as agências reguladoras editem normas gerais e abstratas;

19. A competência normativa das agências reguladoras sujeita-se a limitações territoriais, temporais, pessoais e materiais;

20. Os agentes públicos pertencentes aos quadros de pessoal das agências reguladoras, em razão da natureza das atividades que desenvolvem, não poderiam ter vinculação contratual, mas estatutária, sendo inconstitucionais as normas que definem o regime de emprego público como aquele aplicável no âmbito de tais entidades;

21. As taxas cobradas pelas agências reguladoras são inconstitucionais já que suas bases de cálculo não têm relação lógica com os custos de atividades fiscalizatórias efetivamente exercidas sobre os contribuintes;

22. A atuação das agências reguladoras sujeita-se a controles exercidos pelo Executivo, pelo Legislativo e pelo Judiciário.

BIBLIOGRAFIA

ABREU, Jorge Manuel Coutinho de. *Sobre os Regulamentos Administrativos e o Princípio da Legalidade*. Coimbra, Almedina, 1987.
ALESSI, Renato. *Sistema Istituzionale del Diritto Italiano*. Milão, Giuffrè, 1953.
ALVES, Othon Moreno de Medeiros. "Agências reguladoras e proteção do consumidor de serviços de telecomunicações". *RDA* 226/219-229, 2001.
ARAGÃO, Alexandre Santos de. *Agências Reguladoras e a Evolução do Direito Administrativo Econômico*. Rio de Janeiro, Forense, 2002.
ARAÚJO, Edmir Netto de. "A aparente autonomia das agências reguladoras", in MORAES, Alexandre de (org.). *Agências Reguladoras*. São Paulo, Atlas, 2002.
ATALIBA, Geraldo. *Hipótese de Incidência Tributária*. 6ª ed., 5ª tir. São Paulo, Malheiros Editores, 2004.
AZEVEDO, Eurico de Andrade. "Agências reguladoras". *RDA* 213/141-148, 1998.

BACELLAR FILHO, Romeu Felipe. "O poder normativo dos entes reguladores e a participação dos cidadãos nesta atividade. Serviços públicos e direitos fundamentais: os desafios da regulação na experiência brasileira". *RDA* 230/153-162, 2002.
BANDEIRA DE MELLO, Celso Antônio. *Curso de Direito Administrativo*. 17ª ed. São Paulo, Malheiros Editores, 2004.
_____. *Natureza e Regime Jurídico das Autarquias*. São Paulo, Ed. RT, 1968.
_____. *O Conteúdo Jurídico do Princípio da Igualdade*. 3ª ed., 12ª tir. São Paulo, Malheiros Editores, 2004.
BANDEIRA DE MELLO, Oswaldo Aranha. *Princípios Gerais de Direito Administrativo*. vs. 1 e 2, 2ª ed. Rio de Janeiro, Forense, 1979.
BIELSA, Rafael. *Derecho Administrativo*. v. 2, 4ª ed. Buenos Aires, El Ateneo, 1947.
BOBBIO, Norberto. *Teoria da Norma Jurídica*. 1ª ed. Bauru, Edipro, 2001.
_____. *Teoria do Ordenamento Jurídico*. 10ª ed. Brasília, Ed. UnB, 1999.

CAL, Arianne Brito Rodrigues. *As Agências Reguladoras no Direito Brasileiro*. Rio de Janeiro, Renovar, 2003.

CAMARGO, Ricardo Antônio Lucas. *Agências de Regulação no Ordenamento Jurídico-Econômico Brasileiro*. Porto Alegre, Sérgio Antonio Fabris Editor, 2000.
CARBONELL, Eloísa, e MUGA, José Luis. *Agencias y Procedimiento Administrativo en Estados Unidos de América*. Madri, Marcial Pons, 1996.
CARDOZO, José Eduardo Martins. *Da Irretroatividade da Lei*. São Paulo, Ed. RT, 1995.
CARRAZZA, Roque Antonio. *Curso de Direito Constitucional Tributário*. 19ª ed., 3ª tir. São Paulo, Malheiros Editores, 2004.
CINTRA DO AMARAL, Antônio Carlos. "Distinção entre usuário de serviço público e consumidor". *RDA* 225/217-219, 2001.
_____. "As agências reguladoras de serviço público devem ser extintas?", *Revista Interesse Público* 18, março/abril de 2003.
COELHO, Fábio Ulhoa. *Manual de Direito Comercial*. 13ª ed. São Paulo, Saraiva, 2002.
COLLIARD, Claude-Albert, e TIMSIT, Gérard (orgs.). *Les Autorités Administratives Indépendantes*. Paris, PUF, 1988.
COTRIN NETO, A. B. *Direito Administrativo da Autarquia*. Rio de Janeiro, Livraria Freitas Bastos, 1966.
CRETELLA JR., José. *Curso de Direito Administrativo*. 17ª ed. Rio de Janeiro, Forense, 2000.
CUÉLLAR, Leila. *As Agências Reguladoras e seu Poder Normativo*. São Paulo, Dialética, 2001.

DERANI, Cristiane. *Privatização e Serviços Públicos*. São Paulo, Max Limonad, 2002.
DI PIETRO, Maria Sylvia Zanella. *Direito Administrativo*. 13ª ed. São Paulo, Atlas, 2001.
_____. *Parcerias na Administração Pública*: Concessão, Permissão, Franquia, Terceirização e outras formas. 3ª ed. São Paulo, Atlas, 1999.

ESTORNINHO, Maria João. *A Fuga para o Direito Privado*. Coimbra, Almedina, 1999.

FERNANDES, Antônio Alberto Grossi. *O Brasil e o Sistema Financeiro Nacional*. Rio de Janeiro, Qualitymark, 2002.
FERRAZ JR., Tércio Sampaio. "Agências reguladoras: legalidade e constitucionalidade". *Revista Tributária e de Finanças Públicas* 35, ano 8, nov.-dez. de 2000, Ed. RT.
FIGUEIREDO, Cláudio Eduardo Régis de. *Administração Gerencial & a Reforma Administrativa no Brasil*. Curitiba, Juruá, 2002.
FIGUEIREDO, Lúcia Valle. *Curso de Direito Administrativo*. 6ª ed. São Paulo, Malheiros Editores, 2003.
FONSECA, Tito Prates da. *Lições de Direito Administrativo*. Rio/São Paulo, Freitas Bastos, 1943.

FORSTHOFF, Ernst. *Tratado de Derecho Administrativo*. Madri, Instituto de Estudios Políticos, 1958.

GASPARINI, Diógenes. *Direito Administrativo*. 8ª ed. São Paulo, Saraiva, 2003.

GONÇALVES, Reinaldo. *Globalização e Desnacionalização*. São Paulo, Paz e Terra, 1999.

GORDILLO, Agustín. *Tratado de Derecho Administrativo*. t. 1. Buenos Aires, Fundación de Derecho Administrativo, 1998.

HOBSBAWN, Eric. *Era dos Extremos*. 2ª ed. São Paulo, Cia. das Letras, 1995.

JACOBY, Russel. *O Fim da Utopia – Política e Cultura na Era da Apatia*. São Paulo, Record, 2001.

JUSTEN FILHO, Marçal. *O Direito das Agências Reguladoras Independentes*. São Paulo, Dialética. 2002.

KELSEN, Hans. *Teoria Pura do Direito*. São Paulo, Martins Fontes, 2000.

KITIC, Dusan. *Aspects Juridiques de la Privatisation et des Investissements Étrangers dans les Pays d'Europe Centrale et Orientale*. PUF, 1995.

LASO, Enrique Sayagués. *Tratado de Derecho Administrativo*. v. 2, 4ª ed. Montevidéu, 1974.

LAUBADÈRE, André de. *Droit Administratif*. Paris, LGDJ, 2002.

_____. *Traité Élémentaire de Droit Administratif*. Paris, LGDJ, 1953.

MAGALHÃES, João Paulo de Almeida. *Brasil Século XXI, uma Alternativa ao Modelo Neoliberal*. São Paulo, Paz e Terra, 2000.

MARCUSE, Herbert. *O Fim da Utopia*. Rio de Janeiro, Paz e Terra, 1969.

MARQUES NETO, Floriano Peixoto de Azevedo. *Regulação Estatal e Interesses Públicos*. São Paulo, Malheiros Editores, 2002.

MARTORELL, Felio J. Bauzá. *La Desadministración Pública*. Barcelona/Madri, Marcial Pons, 2001.

MATOS, Mauro Roberto Gomes de. "Agências Reguladoras e suas características". *RDA* 218/71-91, 1999.

MEIRELLES, Hely Lopes. *Direito Administrativo Brasileiro*. 29ª ed. São Paulo, Malheiros Editores, 2004.

MENEZELLO, Maria d'Assunção Costa. *As Agências Reguladoras e o Direito Brasileiro*. São Paulo, Atlas, 2002.

MODESTO, Paulo. "Agências executivas: a organização administrativa entre o casuísmo e a padronização". *RDA* 228/75-84, 2002.

MOOR, Fernanda Stracke. *O Regime de Delegação da Prestação de Serviços Públicos*. Porto Alegre, Livraria do Advogado, 2002.

MORAES, Alexandre de (org.). *Agências Reguladoras*. São Paulo, Atlas, 2002.

MORAES, Luíza Rangel de, e WALD, Arnoldo. "Agências reguladoras". *Revista de Informação Legislativa* 141, 1999.

MOREIRA, Egon Bockmann. "Agências administrativas, poder regulamentar e o Sistema Financeiro Nacional". *RDA* 218/93-112, 1999.

MOREIRA, Vital. *Administração Autónoma e Associações Públicas.* Coimbra Editora.

MOREIRA NETO, Diogo de Figueiredo. "A independência das agências reguladoras". *Boletim de Direito Administrativo,* jun. de 2000.

_____. *Direito Regulatório.* Rio de Janeiro/São Paulo, Renovar, 2003.

_____. "Natureza jurídica, competência normativa, limites de atuação". *RDA* 215/71-83, 1999.

MOTTA, Paulo Roberto Ferreira. *Agências Reguladoras.* São Paulo, Manole, 2003.

MUKAI, Toshio. *Direito Administrativo Sistematizado.* 2ª ed. São Paulo, Saraiva, 2000.

NEIRA, César Carlos. *Entes Reguladores de Servicios.* Buenos Aires, Ad-Hoc, 1997.

OTERO, Paulo. *Privatizações, Reprivatizações e Transferências de Participações Sociais no Interior do Sector Público.* Coimbra, Coimbra Editora, 1999.

PEREIRA, Caio Mário da Silva. *Instituições de Direito Civil.* v. 1, 15ª ed. Rio de Janeiro, Forense, 1994.

PONTES DE MIRANDA, Francisco Cavalcanti. *Tratado de Direito Privado.* vs. I-V, 2ª ed. Campinas, Bookseller, 2000.

POTOTSCHNIG, Umberto. *I Pubblici Servizi.* Pádua, Casa Editrice Dott. Antonio Milani, 1964.

RIVERO, Jean. *Direito Administrativo.* Coimbra, Almedina, 1981.

ROCHA, Sílvio Luís Ferreira da. *Terceiro Setor.* São Paulo, Malheiros Editores, 2003.

ROSA, Renata Porto Adri de. "Reflexão sobre a função reguladora das agências estatais". *RDA* 226/243-250, 2001.

SALOMÃO FILHO, Calixto. *Regulação e Desenvolvimento* (coord.). São Paulo, Malheiros Editores, 2002.

SAMPAIO, Marília de Ávila e Silva. "O poder normativo das agências reguladoras". *RDA* 227/339-347, 2002.

SANTOS, Luiz Alberto dos. *Agencificação, Publicização, Contratualização e Controle Social.* Ed. Departamento Intersindical de Assessoria Parlamentar – DIAP, 2000.

SCHEINOWITZ, A. S. *A Descentralização do Estado.* Brasília, Brasília Jurídica, 1993.

SEVERINO, Antônio Joaquim. *Metodologia do Trabalho Científico.* 21ª ed. São Paulo, Cortez Editora, 2000.

SILVA, Fernando Quadros da. *Agências Reguladoras.* Curitiba, Juruá, 2002.

SILVA, José Afonso da. *Curso de Direito Constitucional Positivo.* 23ª ed. São Paulo, Malheiros Editores, 2004.

_____. *Aplicabilidade das Normas Constitucionais.* 6ª ed., 2ª tir. São Paulo, Malheiros Editores, 2003.

SOUTO, Marcos Juruena Villela. "Agências reguladoras". *RDA* 216/125-162, 1999.

_____. "Função regulatória". *Revista Diálogo Jurídico* 11, 2002.

SOUZA, Nuno J. Vasconcelos Albuquerque. *La Función Pública como Relación Especial de Derecho Administrativo.* Porto, Almeida & Leitão, 2000.

TÁCITO, Caio. "Agências reguladoras da Administração". *RDA* 221/1-5, 2000.

WALD, Arnoldo, e MORAES, Luíza Rangel de. "Agências reguladoras". *Revista de Informação Legislativa* 141, 1999.

_____. "Da competência das agências reguladoras para intervir na mudança de controle das empresas concessionárias". *RDA* 229/27-43, 2002.